Mental Health

心理衛生

五南圖書出版公司 印行

增修版序

　　時間過得飛快，轉眼間心理衛生第一版已經有十三年，由於內文資料有些可能過久，因此這個增修版希望能夠補足舊有資料，並做一些必要的刪減與增補。心理衛生是許多科系的入門課，也是諮商師教育訓練課程中的一部分，通常是在修習變態心理學與精神疾病診斷準則手冊（DSM-V）之前的必要；此外，一個很重要的理由是：諮商師本身需要身心健康，才有能力去協助或持續協助需要的當事人。

自序

　　心理衛生之前是師資培育課程的一環，目的是要讓準教師們在實務工作前先打一劑強心針，作爲因應生活與職場挑戰的預備知能。這些年來因應諮商師教育的訓練工作與執照考試，心理衛生也成爲一個熱門的議題，不僅是在專業助人預備知能上、也是目前現代人生活所面臨的情境，心理衛生工作是著重在第一線的「預防」、「教育」與「宣導」，顧名思義就是著重在「認知」層面，而在經濟與社會成本的考量下，也是相當有效率的措施，因而目前許多先進國家在心理衛生預防工作上投注甚多，也是希望減少之後的二級與三級治療工作的負擔與支出。

　　我的嗜好不是寫書，想要寫書主要是在教學過程中發現需要涉及的議題在當時坊間較難找到適當的教科書，因此就將自己教學所得多年之後整理出來的大綱與資料組織起來，加上自己上課的邏輯與內容，希望可以讓這一門學科可以更臻完善，此書之出爐也是基於這樣的理念。寫書對我來說，可以做資料整理、閱讀新近資訊或研究，也將自己的一些理念呈現爲具體的東西。

　　諮商師執照考試實施以來，我擔任心理衛生的教學近五年多了，每年要找新的教科書都需要花費一段很長的時間，但是卻不一定能找到適合使用的，雖然也與健康心理學一起使用，但是總覺得不夠系統化，因此要同時使用許多參考工具書，對學生來說都是一種不方便，因此此書的成形，也是因應實際教學情況而產生。

　　心理衛生所涉及的面向極爲廣泛，本書囿於時間與資料的限制，儘量將想要搜羅與整理的資料呈現在在讀者面前。稟持我一貫的習慣，我希望

這本書可以結合理論研究與實際，讓內容不流於枯燥乏味，甚至可以讓讀者有更多收穫，也期待先進不吝指正，更要感謝五南圖書出版公司副總編輯陳念祖先生一向的信任，以及辛苦為本書做後製的編輯。是以為序。

目錄

第 **11** 章　信仰與宗教

本書立論嚴謹，作者詳細列出參閱過的參考文獻共 62 頁，若以印量 500 本計算，就會產生 3 萬 1 千頁的參考文獻。

在地球日益暖化的現今與未來，為了少砍些樹，我們應該可以有些改變──亦即將參考文獻只放在網頁上提供需要者自行下載。

我們不是認為這些參考資料不重要，所以不需要放在書上，而是認為在網路時代我們可以有更環保的作法，滿足需要查索參考資料的讀者。

我們將本書【參考文獻】放在五南文化事業機構（www.wunan.com.tw）網頁，該書的「資料下載或補充資料」部分。

對於此種嘗試有任何不便利或是指教，請洽本書主編。

Chapter 1

心理衛生的定義與意涵

 ## 心理衛生的定義

　　我們很少說「心理衛生」，但是常常掛在嘴邊的是「心理健康」（mental health）或「健康」，也就是暗示著另一個極端是「不衛生」或「不健康」的，然而基本上這二者不是完全分開的觀念，「健康」意味著身體、心理與社會方面的正面情況，不只是沒有生病或受傷而已（Sarafino, 2005, p. 1）；加拿大國家衛生與福祉部（Canadian Minister of National Health and Welfare, MNHW, 1988）建議將健康與不健康之間的關係視為一種連續性（cited in Tudor, 1996, p. 23），其實所謂的「健康」也是一個連續性的指標，表示程度的多寡，不是「健康」或「不健康」的區分而已！Groder（1977）曾提出心理衛生必須要考慮到情感／行為／認知／生理／社會政治／靈魂與精神等幾個面向（cited in Tudor, 1996, p. 25），在英文文獻裡也採用「心理衛生」（well-being）這個字，主要是指生理、文化與科技環境的交互作用，需要從更統觀、全球性的角度來思考（Haworth & Hart, 2007, p. 19）。

　　本書所指的心理衛生是：個人身、心、靈與社會層面的健康與舒適，也考量到個人與身處環境（包括文化、社會規範與世界趨勢）的互動與影響。

一、健康的定義與內涵

一般人認為的健康通常是指：㈠沒有生病或疼痛的主觀徵兆，㈡沒有客觀上身體功能運作的生病或不正常指標（如高血壓）的狀態（Sarafino, 2005, p. 1）。年紀小的小朋友認為健康就是不生病，成人之後的健康就是正常生活、不需熬夜或透支體力，人到中年對於健康的定義就複雜許多，也顧慮到更多的層面，包括身體的活動力、快樂與活得充實（Bennett & Murphy, 1997, p. 143），也可以約略一窺個體隨著發展階段與生命經驗的不同，對於健康有更為複雜與深刻體認，從生理健康到心理其他層面，因此健康指的是一定範圍內身體、心理與社會面向的正向情況，不是沒有生病或痛苦而已（Sarafino, 2005, p. 1）。Blaxter（1990）在做健康與生活型態調查時發現：一般人與專家對於「健康」的定義包含了健康是一種狀態、資源、潛力、關係或過程、價值、信念、特別的行為與執行、不是生病或不健康、一種地位或指標、照顧的哲學、微觀與巨觀的政策，以及一個照護系統（cited in Tudor, 1996, pp. 39-40）。也就是說，健康表示一種狀態（不生病或不健康）、能力（資源、潛力）、信念（價值、照顧哲學）、行為（特別行為與執行）、過程（或關係）、政策（微觀或巨觀、照護系統）等面向，也不單只是個人層面的意義，還包括與他人的關係、政府的介入與政策執行，當然也有多種因素的交互作用。目前最常用的是所謂的「生物心理社會」（biopsychosocial）模式，也就是疾病是許多因素所造成，像是基因、生理、社會支持、個人控制、壓力、性格、貧窮、種族背景或文化等（Brannon, Updegraff, & Feist, 2018, p. 9）。

「心理衛生」與「心理健康」常常相提並論，有學者（如朱敬先，1992）將二者視為同一涵義，然而「健康心理學」所揭櫫的目的有增進與維持健康、預防與治療疾病、有關健康的辨識原因與診斷，以及分析與增進健康照護系統與政策（Sarafino, 2005, p. 6），本書所指的「心理衛生」比較著重在概論部分，聚焦在預防與維持健康，也就是將影響健康的幾個層面做探討，基本上不牽涉太多治療面向。

二、影響健康因素

影響健康結果的因素很複雜，可以說是生理、社會、環境與心理的諸多因素交互作用而成（Bennett & Murphy, 1997, p. 7），而不同文化與地區在遺傳、環境汙染、經濟障礙等方面都會直接或間接影響著當地人的健康照護、飲食、健康信念與價值觀（Flack et al., 1995; Johnson et al., 1995; cited in Sarafino, 2005, p. 16），許多的健康情況與個人所生存的大環境是相關的，因此我們談影響健康的因素，可不能只侷限在個人方面，這樣常常會讓生活在其中的人們很無力、無奈；在已開發國家中，主要的健康議題與致死原因是「慢性疾病」，前三名爲心臟病、癌症與中風（WHO, 1999, cited in Sarafino, p. 2），另外抽菸人口有四分之三是在未開發地區，邁入20世紀之後，工業地區抽菸人數大幅減少，但是未開發地區的抽菸人口男性依然維持在四成以上，女性則有二成四（National Center for Health Statistics, 2000, cited in Sarafino, 2005, p. 17）。

一般人也會認爲如果身體健康，基本上心理的愉悅滿意度也會較高，連帶地心靈上的感受也較爲舒適自在，但是只要其中一個因素產生問題（如身體微恙，心裡有事，或是有未解的議題與生命意義），可能也會影響到其他兩方面的舒適感，所以將身、心、靈並列爲心理健康需要維護的面向，理論上是說得通的。然而理論歸理論，遠古時代求得溫飽是最基本的欲求，這是維持生存的條件，後來醫學科技發達，人類壽命延長，健康的維護也較能掌握，所謂「衣食足而知榮辱」，不只是活得更長壽，進一步可能就會要求生活品質的提升，因此心理的與心靈的需求也應運而生，需要關照到。當然這樣的需求層次與心理學家Maslow（1971）所提的是可以相呼應的，Maslow的需求層次論包括「身、心、靈」三個層次，主要是說明低階的需求（如溫飽與安全，「身體」）若獲得滿足之後，更高階層的需求（如愛與關懷，「心理」）就會出現，最後出現的是「自我實現與靈性需求」。只是Maslow的需求層次論其實也受到挑戰，例如一個遭受家暴的婦女，爲何捨去「安全」的（低階）需求、不願意離開家？是不是她

的「愛與隸屬」（高階）的需求高過「安全」需求？同樣地，有人身體況狀不佳，或是物質生活未達基本溫飽標準，卻願意投身在心靈的追求，又怎麼解釋？可能的說法是：每個人在這個世界上所要的東西不同、追求的生命任務有異，有人追求錢財名利、有人要愛與奉獻、有人也許追求自我的實現與成就，因此就會有比重不同。

三、影響健康層面與模式

世界衛生組織（WHO）對於健康促進著重在社會、經濟與生態對於健康影響的層面（cited in Tudor, 1996, p. 46），也可見所謂的健康其實已經跨越了一般生理的範疇，而健康議題成為全球性的、無人倖免可見一斑！而對於健康策略的擬定通常是遵循Trent（1993, cited in Tudor, 1996, p. 55）所提的三等級預防，依據重點處理而有所不同（疾病移除、知能缺乏或是大眾態度的改變），而我們一般所說的三級預防，初級是針對預防與防範未然而言，避免生病或受傷，著重在知識層面的衛生與保健；次級則是針對早期發現的疾病或問題作處理，避免惡化；第三級是對長期或是慢性疾病做適當控制與深入治療，以免長期或不可挽救的後果（Sarafino, 2005, p. 9），英國近年政策著重在次級預防（Westmaas, Gil-Rivas, & Silver, 2007），而心理衛生顯然是較著重在第一級預防。

早在三十多年前就有學者針對健康行為做了研究，結論指出：每天睡眠達七至八小時、每天吃早餐、不抽菸、餐間少吃東西、接近或維持適當體重、適量或不使用酒類、做規律運動等是長壽的訣竅（Belloc & Breslow, 1972, Breslow & Enstrom, 1980, cited in Ogden, 2005, p. 17）。針對健康行為的預測，有學者歸納出幾個要點：社會因素（如個人學習的行為、社會規範等）、基因與遺傳、情緒因素（焦慮、壓力等）、知覺的徵狀（如疼痛、疲憊等）、病患的信念、健康專業人員的信念等（Levevthal et al., 1985, cited in Ogden, 2004, pp. 18-19），這裡特別指出信念對於健康的影響，也就是說明了「相信」（認知）與行為之間的關係。

主流「生物醫學模式」（biomedical model）的醫學訓練也用來彰顯

醫療系統裡的「客觀性」（objectivitifying' process）（Crossley, 2000, p. 17），但是這個客觀醫學卻無法解釋一些現象：譬如已經被診斷為癌末的病人，為什麼還可以存活超過醫生的預期？即便是科學儀器也有死角，無法偵測出一些潛在或是存在的疾病。在19、20世紀，「生物醫學模式」將疾病視為身體上的苦難，未將心理與社會過程納入考量，直到現在的西方社會還是將此模式視為主流（Sarafino, 2005, pp. 3-4），這也是Crossley（2000, p. 61）特別提到傳統主流健康定義與執行所欠缺的一塊，也就是說，傳統生物醫學模式太強調（或只是專注於）身體面向，忽略了其他層面的考量（Curtis, 2000/2008, p. 6）。許多的心理衛生理論未能解答的問題，也許就要將多樣的人性考量在內，或可以多一些瞭解，現在已經有相當多的研究證明個性差異與健康習慣也在健康領域扮演相當重要的角色（Emgel, 1977, 1980, cited in Sarafino, 2005, p. 4），Crossley（2000）的「批判建康心理學」（critical health psychology）挑戰傳統的生物醫療模式，認為疾病主要是許多因素所造成，包括生物、心理與社會等諸多原因（p. 36），最新進的模式為「生理／心理／社會模式」（biopsychosocial model）（Sarafino, 2005, p. 5），所揭櫫的就是看到也重視因素彼此之間的繁複關係。

以往許多的死亡是因為感染，然而文明與科技醫療越進步，人類壽命越長，相對地失能時間也越長。今日的死亡通常是與生活作息及行為有關，像是抽菸、酒精濫用、不健康的飲食、壓力或久坐的生活型態（Brannon et al., 2018, p. 3）。

為何需要心理衛生

心理衛生所涵括的內容，不僅限於心理層面而已，而是身、心、靈並重，或是「全人」（whole person）的概念。身、心、靈三者之間的關係是一體三面，彼此也互相影響，Thorwald Dethlefsen與Rudiger Dahlke（1990/2002）就將「身心整合」的觀念帶入醫療領域，他們提出人類是自

身疾病的「創造者」，而非「無辜受害者」（p. 25），而身體的每個器官與部位，都是意識的呈現，像是血液表示活力（因此我們說某人「氣色」如何）、腎臟代表伴侶關係（不是男性氣概的展現而已）、頭髮是自由與力量之象徵（「齒搖髮禿」表示年老與力量衰退）等，非常具有震撼力！有些人的性格與其身體上的毛病或有相連（參看許添盛「用心醫病」），有人認為罹患癌症的人是C型人格（Type C personality）（Temoshok & Fox, 1984, cited in Crossley, 2000, p. 91），也就是基本上這些人較為被動、無助、壓抑、不善於表達情緒，以及自我犧牲型。但是癌症是不分族群、社經地位與為人善惡的，這樣的歸因可能會讓病人處於無助，甚至無望的情況，反過來說，幽默、有正向思考的人較不容易罹患憂鬱或沮喪症狀，也讓身體的免疫力增加，或許就是提醒我們：心理衛生也要與個人因素一起參看。

　　為何需要心理衛生？其實將「心理衛生」列為一門學科是窄化了心理衛生，就像將「公民與道德」列為一科目卻未能真正提升公民意識與道德行為一樣。然而換個角度來說，如果「心理衛生」課程是一個「認知」的目標，作為心理衛生行動的先導，倒是無可厚非！通常行動之先要能有知識做先鋒，可以讓行動更具意義與執行力，心理衛生也是如此！以往在民智未開的時代，疾病是由於衛生習慣不佳，後來經過宣導，疾病也就大為減少，因此心理衛生課程的立意也就在此：知道怎麼做？有具體證據或結果的支持，可以讓民眾更有自信地過品質更好的生活。

　　Rutter（2000, cited in Cowie, Boardman, Dawkins, & Jennifer, 2004, p. 8）歸納出妨礙心理與情緒健康的幾個危險因素包括：家庭（如暴力、不和、忽略、父母精神疾病或是管教不良、拒絕型或犯罪父母、死亡或失落經驗）、社會（如經濟危機或貧窮、歧視、無家可歸、受同儕拒絕、幫派份子）、與個人本身的問題（如智力低落、慢性疾病、過動、腦傷、藥物濫用、學業低落、過早發生性行為）。也可以看出健康其實有許多面向，也受到諸多因素的影響，而這些所列出的「危險因素」有很多是不能由個人所掌控，因此要過健康生活，需要多方的力量（個人、家庭、社會、政

府）的匯集與努力，心理衛生的初步預防策略就是減少這些危險因素，防範未然。

　　心理衛生應該涵括哪些面向？Griffiths與同事（2007）研發了一個「生活地圖」（The Life Map）來評估生活品質，裡面包含六個項目：生理（physical）、心理（psychological）、靈性（spiritual）、社會（social）、環境（environmental）與經濟（economic）。Witmer、Sweeney與Myers（1998）將阿德勒（Alfred Adler）的生命任務（life tasks-work, love & friendship）加以補充、並且以實驗研究結果來佐證一個「健康輪軸」（The wheel of wellness）的概念（cited in Myers & Sweeney, 2005a, pp. 18-19）（見圖1-1）。在這個圓形由內往外拓展的「健康輪軸」模式裡是將「心靈需求」（spirituality）放在最中間，接著下一圈是「自我引導」（self-direction）（包括自我價值、自控感、現實信念、情緒覺察與因應、問題解決與創意、幽默感、營養、運動、自我照顧、壓力管理、性別認同、文化認同）、「工作休閒、愛與友誼」（work & leisure, friendship & love）、「貿易／工業、教育、信仰、家庭、社區、政府與媒體」（business/industry, education, religion, family, community, government, media），最外圈是「全球事件」（global events），也就是將個人心理衛生從最裡圈的個人因素開始，拓展到所生活的社區環境與文化脈絡，最後是寰宇或全球的情況。也就是要將心理衛生解釋得較為完整，不只是個人這個面向而已，還要包括周遭環境脈絡、更大的世界宇宙與靈性層面。

健康信念

一、健康信念影響大矣

　　「健康」有消極與積極的意義，消極是指「沒有生病或虛弱」，積極則是指健康或幸福感受（Downie, 1996, cited in Curtis, 2000/2008, p. 3），很有趣的是這樣的定義會隨著發展階段有所改變。根據街頭訪問的小作業

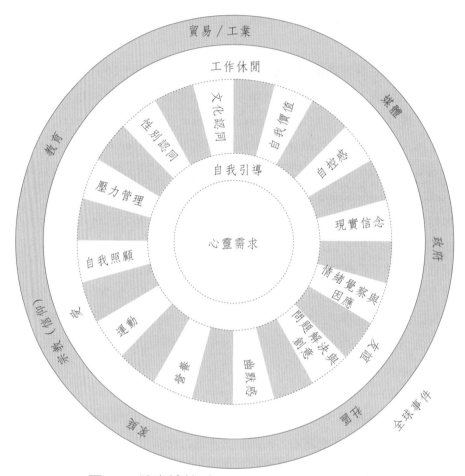

圖1-1　健康輪軸（The Wheel of Wellness）

Note. Copyright © J. M. Wimer, T. J. Sweeney, and J. E. Myers, 1998, reprinte (*from Myers & Sweeney, 2005, p. 19)

（2006），發現國小階段學童認為自己沒有生病、可以跑跳，或沒有不舒服就是健康，然而隨著年齡增長，對於健康的定義就會參雜其他像是心理快樂、平安、沒有煩惱等解釋；而Curtis（2000/2008, pp. 18-19）也發現現代人不是把注意力放在疾病預防而已，而是進一步的健康提昇（health promotion）上，也就是說，主觀的「知覺」因素（perceived factors，如風

險、酬賞、成本）較之其他「實際」風險或成本更重要。

　　一般人所說的「健康」比較著重在身體或生理層面的無病痛、活動力與安適上，隨著時代與科技的進展，其他心理、靈性層面的要求也開始浮現，而這些都與個人所持的「健康信念」有關。關於健康，你會相信什麼？這些有關健康的價值觀與信念，可能也會左右你的健康與生活習慣。曾經有位朋友看到抽菸與肺癌的相關報導後說：「你看麥克阿瑟抽雪茄，還不是活到八十多歲？」「超人（克里斯多福）的老婆也不抽菸，還不是年紀輕輕就因為肺癌死了？」抱持這樣觀念的人，多半會告訴你「生死有命、富貴在天」的道理，也就是人對於自己是否患病、生命短長是無法控制的，並不是說這樣的信念不對（某些層次上來說還是相當正確），但是重點是「信念」或是個人對於某事的認知，會影響其感受與行為。

　　一個人對於健康的信念會影響他／她的生活習慣與健康維護方式，而健康信念也反映出此人部分的性格。所謂的健康不是「健康」與「不健康」兩個極端而已，而應該是一個「連續性」的思考，也就是「程度」不同，而所謂的健康信念其實也包含了某人的價值觀、對於生命的看法，以及自己想要過怎樣的生活所影響。雖然維護健康似乎是一個很「客觀」的定義，但是儘管個人瞭解一些科學研究證實的「不健康」習慣，某些人還是會持續不健康的行為，有時候讓旁人很不能理解，但是也許此人認為「人生苦短，為何不趁機好好享受人生？」或是「生命在於精彩，而不在於長短。」這也就反映了他／她的生活哲學或生命信仰。人們也喜歡為自己吃某種危險性食物去找支持理由來反駁，有時候甚至與一般常識不符（Sarafino, 2005, p. 11），最常見的就是「我只是偶爾吃一下，又不是常常。」這也許就只能以多變的人性來解讀吧！

　　個人價值觀、動機與個性也會影響個人對於生活滿意度與健康，較積極、努力尋求生命意義個性的人有較佳的生活滿意度與健康（Hofer, Busch, & Kiessling, 2008）。有些人對於健康有不切實的樂觀，包括：㈠個人缺乏相關經驗，㈡相信問題會因個人行動而避免，㈢相信問題若不出現、未來也不會出現，㈣相信問題出現頻率不高（Weinstein, 1987, cited in

Ogden, 2005, p. 21），而這些信念也大大影響其後續的健康行為。

二、健康信念與行為

個人的健康行為與疾病是有關聯的，此外也牽涉到個人的個性（Engel, 1977, 1980, cited in Sarafino, 2005, p. 2），特別是一個人相信什麼；個性與健康是相互影響的，生病也可能改變一個人的個性（Cohen & Rodriguez, 1995, cited in Sarafino, 2005, p. 4），當然也可能挑戰了個人對於生命與健康的觀點。健康信念會影響一個人的健康行為（Westbrook, Kennerley & Kirk, 2008, pp. 159-160），也就是若個人相信怎樣對自己是健康的，他／她基本上的行為也會跟進，然而不可避免的是：人的認知與行為之間還是會有一些差距存在，也就是說，「相信並不等於執行」。看看自己與周遭的人，哪些健康行為是有科學依據的？但是是否所有人都遵循？

在研究生群中所做的健康信念調查包括：平衡、規律、相信直覺、簡單、覺察、不固著（保有彈性）、運動隨時可以進行、活著就是要動、樂觀正向思考、沒有太大的情緒起伏等（2006年上學期課堂筆記）；當然相對地，有人會堅持「一定要」如何，或是「如果沒有……就會覺得不安心」，也可能是信念的表現，像是有同學特別在乎自己的排便是否順暢：「我只要便不出來，就覺得渾身不舒服！」所以她也常垂詢如何讓自己更「方便」的一些秘方；也有人說：「天啊，我已經有三天無法好好睡覺了，老是覺得精神不濟。」細問之下，原來是最近趕報告，平時每天可以睡足七小時的權利被剝奪了，他的「睡眠不足」除了有生理上的因素之外，部分也是來自因為「認為」自己「沒有睡足七小時是不夠的」！而這樣的信念也可能成為個人的另一種壓力源──只要沒有達到某個水準或標準，就會不安心，認為自己「不夠」健康。許多人的健康信念是沒有科學依據的，即便有科學依據，只要有一個例外，似乎就可以推翻，像是前一段的案例就是如此。當然健康或不健康的信念，也是個人的生活哲學之一，有人會依據科學證據，有些是代代相傳或是老一輩的傳承，有人相信

生機飲食，也有人認為生死有命、不必強求，有研究者發現有些人即便是食用了不健康的飲食或是食物，都會用偏袒的推理過程來印證自己沒有錯，甚至只會用有利於自己的證據，故意忽略反對的證據（Sarafino, 1999, cited in Sarafino, 2005, p. 11），這就是所謂的「合理化」，由此可見：健康信念的修正需要矯正一些偏差觀念，但是並不太容易。

　　對於青少年發展階段的孩子來說，同儕關係是很重要的支持資源，然而也可能因為同儕壓力造成其不良健康習慣的養成（如抽菸、喝酒、嗑藥、不良性行為等）（Terre, Drahman, Meydrench, & Hsu, 1992），這也提醒教育者與家長必須要注意青少年環境、認同任務、自律以及督導的重要性。若要改變健康行為，基本上需要經過幾個階段：㈠前思考期（precontemplation──不想有任何改變），㈡思考期（contemplation──想要改變），㈢準備期（preparation──做小小的行為改變），㈣行動期（action──主動參與新行為）與㈤維持期（maintenance──長期維持改變的新行為）（Prochaska & DiClemente, 1982, cited in Ogden, 2005, p. 22）：一個健康行為的養成需要一段不短的時間，也因此相對來說，要修正一個不良的健康行為也需要一段適當的時間才可以看到成效。

三、健康信念模式

　　Curtis（2000/2008, p. 14）提到前人的「健康信念模式」，說明一個人會從事健康行為主要受幾個因素的影響：㈠知覺內部線索（如氣喘）／外部線索（如抽菸害處）；㈡知覺感染可能性（如若繼續抽菸罹癌機率增加）；㈢知覺嚴重性（如肺癌的致命性）；㈣知覺的利益（如若不繼續抽菸，有更多可以花費的金錢）；㈤知覺的成本（戒菸會讓我情緒暴躁、不容易控制）。這樣的信念模式是在發現自己的一些習慣也許是「不健康」的時候所採用的可能評估條件，正確地說應該是：改變不健康行為的評估向度。不過這也說明了一般人對於執行健康行為通常是在「發覺」自己行為不健康，甚至情況嚴重時，「可能」思考改變的情況。儘管有許多不爭的科學證據擺在眼前（如抽菸罹癌、高油脂食物與心臟血管疾病的關

係），有些人卻依然選擇繼續抽菸或吃油炸食物，他／她背後的健康信念
就是「宿命觀」或「人各有命」，就如同之前所舉的克里斯多福的妻子罹
肺癌病逝，或是麥克阿瑟抽雪茄卻活到八十多歲的例子，並不是不抽菸的
就不會因為肺癌早逝，也有人抽了一輩子菸卻長命百歲，為何會有這樣的
結果，只能歸諸於命。也有不少人不是因為相信科學證據，而是認為只要
自己可以更健康、有更多的自主能力，就是一種「好生活」，因此也會盡
力維護自身健康與活力。

　　還有若干學者發展了不同的健康認知模式，如Rosenstock與Becker等
人的「健康信念模式」（The health belief model——認為行為是個人若干
核心信念所造成的結果），Rogers（1975, 1983, 1985）的「保護動機模
式」（The protection moivation theory——個人依據徵狀的嚴重性、受影響
性、有效反應程度、自我效能與害怕程度而採取行動），與Ajzen等人的
「合理行動與計畫行為模式」（The theories of reasoned action and planned
behavior——強調行為的意圖與個人的態度、覺知的社會常模、與行為控
制程度有關）（cited in Ogden, 2005, pp. 24-35）（有興趣瞭解的讀者可以
參閱相關文獻）。這些理論都是希望可以「解釋」人為何從事或不從事健
康行為或習慣。

　　有健康信念，當然相對地也有「生病信念」，就是個人會認為自己
生病是依據哪些標準來看？Lau（1995, cited in Ogden, 2005, pp. 48-49）發
現個人會評估幾項條件：生理情況（如是否有活力）、心理狀況（快樂或
感受好不好）、行為（進食與睡眠情況）、未來結果（會活多久）與沒有
哪些徵狀（生病或徵狀）。打破錯誤或不良健康信念的最佳方式就是行動
（Westbrook, et al., 2008），許多健康行為在沒有實驗之前，可能會在個人
的腦海裡不斷產生「不可能實現」的錯誤認知，導致健康行為更艱難，因
此最好的方式就是「做了再說」！

健康行為與習慣

先進國家面臨的最大健康問題是慢性病,也就是會隨著時間拉長而進展的疾病,其中包括了心臟病、癌症與中風,大概占了先進國家死亡率的三分之二(WHO, 1999, cited in Sarafino, 2005, p. 2),特別是對老年人口影響最大!雖然健康與壽命長短和遺傳也有關,但是健康行為與習慣是後天的因素,有研究指出不健康行為或習慣,會促使健康情況惡化,早在二十年前就已經有足夠證據說明行為與疾病的關係,當時McQueen(1987, cited in Bennett & Murphy, 1997, p. 8)還舉出「四大神聖」因素(holy four)(即抽菸、濫用酒精、營養不良與少運動)與疾病的密切關聯,時至今日這個黃金律依然正確。

健康行為的養成通常可溯及年幼時期,像是刷牙、洗臉、飯前飯後洗手、洗澡等基本衛生維護,兒童期開始有遊戲與活動,也是培養個人能力的濫觴,如何與他人合作、學習特殊技巧(像是玩遊戲與球類活動),也是這個時期的學習重點,不少家長會開始陪孩子遊戲、參加運動,或是出席學校舉辦的活動,孩子們也參與校內的球賽、競技,或社團,慢慢體會活動與運動的功能及意義,甚至願意持續下去,然而在學校系統裡,唯一能夠讓孩子名正言順地運動的似乎也只有體育課;甚至進入國中階段,男女生運動的頻率有較大的差別,男生似乎較喜愛運動、也參與運動,女生則是逃避運動,甚至會找機會在樹下或蔭涼處納涼,有些女生開始有月經,即便是上體育課,也會有「例假」的權利,這與性別角色的要求有關。另外,我國自古以來重視文憑、輕忽運動,因此只要與學業相關的活動普遍受到重視,除此之外的活動都受到鄙視或忽略,以前的「東亞病夫」到現在的「33度以上不出操的軍人」,又有何不同?怪不得國人習慣以「補藥」來養生。

一般人參與身體動能的活動和本身對於自我效能的評價有關(Biddle, 1997),也就是說,個人對於自己的看法可以預測其參與健康活動的程度,包含了活動所需要的努力、潛在阻礙,以及自我調整功夫;而運動也

可以是在臨床上用來增進自信心的一種處置方式。一個人的個性與健康習慣息息相關，最近一項對於老年失智的研究也證明，個人性格（如較主動、外向）、生活型態（喜歡活動）也會影響其罹患老年癡呆症的機率（China Post, 1/20/2009, p. 2），不僅個性會影響疾病，相對地疾病也會影響人的個性（Cohen & Rodriguez, 1995, cited in Sarafino, 2005, p. 5）。

　　有哪些行為與健康關係密切？以下會舉出幾種大眾耳熟能詳的健康習慣作說明與討論。

一、抽菸

　　抽菸人口自1960年以來已經有三百倍的成長，然而在先進國家卻銳減五成左右，2010年預計將有六百萬人死於菸害，每年耗損全球五百億元，中國與印度是菸草使用最多的國家（分別是三千五百萬與二千四百萬人）（China Post, 3/1/2009, p. 5）。不少研究是針對不良衛生習慣的因果做探討，目前瞭解抽菸與肺癌的正相關，吃檳榔與口腔癌的關係。抽菸者與不抽菸者相形之下減少五年壽命（China Post, 6/12/2008, p. 11），流行病學家的研究發現抽菸者比不抽菸者有高到14-20倍的機率罹患肺癌（Rugulies, Aust, & Syme, 2005, p. 37）；當然進一步的研究有二手菸與健康的關係，最近香港大學的一項追蹤研究就指出：嬰幼兒在十八個月大前就在二手菸的環境下長大，到他們8歲時，不只有呼吸道的問題，也出現了免疫系統較差的情況（China Post, 6/6/2008, p. 7），甚至有很高機率罹患膀胱癌的危險（China Post, 8/1/2008）。最近一項美國的研究發現，青少年抽菸上癮可能有遺傳基因的因素在運作，因此若是青春期可以延緩抽菸的行為，也許就不會造成終身上癮的情況（China Post, 7/12/2008a, p. 8），其實這項研究還說明了早期習慣延續到後來的證據；倘若青少年開始抽菸的時間越久、抽菸時間越長，就更可能造成上癮行為，覺得自己無力戒除（China Post, 7/25/2008b, p. 5）；抽菸的孕婦也較容易有憂鬱症狀，這使得戒菸更困難（China Post, 9/12/2007），因為香菸裡的尼古丁是一種輕微的抗鬱劑，加上憂鬱症者較無行動力去完成一些事，何況是戒菸癮這項更需要毅力與行

動力的工作；過度焦慮是成人尼古丁上癮的危險因素（歐陽文貞，2006，引自江振亨、林瑞欽，2006, p. 140），現代人的生活環境與心理的壓力也是焦慮的來源，也是造成許多藥物使用上癮的潛因。

　　心理衛生的推廣對於戒菸與菸害的成果是否達預期效果？至少上學時間與抽菸是成反比的（Nayga, 1999），也就是上學時間增加、也減少了抽菸（或菸癮）的可能性，這或許是不同層級學校（特別是高中以下）儘量要將學生留在學校的主要原因之一，至少拖延染上不良健康習慣的時間。現在許多國家開始有一些措施，希望可以減少上癮行為所付出的社會成本（疾病、生產力、家庭與其他相關問題），對於菸害的防治是最明顯的，像是工作場所禁菸政策，幾乎已經成為世界的趨勢，而在十多年前就已經有研究證實：工作場所禁菸的確可以減少抽菸行為（Gomel et al., 1993, cited in Ogden, 2005, pp. 122-123）。2009年菸害新法上路，凡三人以上工作場所或公共區域都嚴令禁菸，也因此戒菸人數多了，協助戒菸的一些商業廣告也方興未艾，也許經由法令強加的限制，可以減少菸害；此外，最新研究也發現：即便是衣物上沾染菸味，也可能罹癌，就是所謂的「三手菸」！抽菸是發展早期所養成的習慣，菸草裡的尼古丁會讓人有上癮的後效，就如同喜歡喝茶的人一樣，一旦成癮，想要戒除就不容易。

二、睡眠

　　即便是最簡單的生活習慣，如睡眠充足，不僅在學校表現較佳（China Post, 9/3/2007, p. 6），也可以大量減少中年以後罹患憂鬱症的機會（China Post, 4/8/2008, p. 11）。睡眠被剝奪不僅會讓壓力的荷爾蒙可體松（cortisol）增加（Huang, 2007, p. 59），也會造成許多不良後果，像是精神不濟、不專心、易怒，或是其他精神症狀，有較充足睡眠或是睡眠品質較佳者，其憂鬱、焦慮程度減低，而對於環境的主控力、個人成長、與他人關係、生命目的感、與自我接納度都較高（Hamilton, Nelson, Stevens & Kitzma, 2007）。美國針對孩童與青少年（到20歲）的調查發現：學校上學時間早，或是距離學校較遠、看電視與做功課花較多時間的學生睡眠

較少，但是用餐時間較長，或是家規較嚴格者，睡眠時間較多，而且隨著年齡增加，睡眠時間減少（Adam, Snell, & Pendry, 2007），我國與日、韓學童上課時間長，加上補習，其睡眠時間以此推估應該更少！因此將睡眠充足列為自己的健康信念似乎也不無道理，只是在認知上若是有「不睡足八小時就不行」可能形成額外壓力，也可能反過來影響睡眠。曾經有當事人因為失眠求助，他說他很努力試過各種方式要讓自己入睡未果，我於是建議他：「不想睡就起來找些事情做，不需要去煩惱睡不著。」結果試過三天左右，睡眠品質改善許多。對於睡眠不足，或是睡眠品質差的青少年來說，也可能會造成高血壓的潛在因素，醫學上稱之為「高血壓前期」（pre-hypertension, China Post, 8/20/2008）。

　　我國年輕學子因為課業壓力，睡眠不足幾乎已成常態，現在加上網路發達，成為若干學子逃避日常生活壓力的一種方式，卻發現其實只是一種替代式的惡性循環。原本以為上了大學應該可以有較為充足的睡眠了，但是初得自由與掌控（遠離父母的監控），有時候反而作息顛倒，加上競爭對手更多，課業與學習壓力更重，很少有大學生或研究生不是「爆肝」一族，可以想見我們的年輕一代其身心健康可慮！

　　成年人因為工作或經濟壓力而忙得喘不過氣來，加上經濟衰退，擔心工作不保，或找不到工作，還有家庭與親職壓力，現代人要有好品質的睡眠就更難。隨著年紀的增長，不像年輕時那樣容易入睡，女性在更年期期間，或是有憂鬱症困擾的人，睡眠品質都較為可慮，也許以小憩來補充精力都是可以利用的配套措施。現代人生活緊湊，加上工作壓力或是工作時間不定，要有良好的睡眠品質的確也是許多人關切的議題之一，倘若睡不著、長期失眠，甚至有睡眠呼吸困難或停止的情況，還是必須要去請教專科醫生做瞭解與治療。

　　到底睡眠時間多少才算是足夠？也許因人而異，像傳說法國拿破崙一天只睡三個小時，年紀越長，睡眠時間也越短（雖然白天打盹的機會很多），因此個人主觀上認為睡眠足夠、可以讓自己有真正休息的感覺就很重要。

三、飲食與生活

現代人的許多疾病與生活習慣息息相關，尤其是癌症（The American Institute for Cancer Research's Program for Cancer Prevention, 1999/2009）；許多人有較多過重或過胖的傾向，甚至提早到兒童時期就是如此，這與現代人久坐的生活型態有關（如看電視與玩電腦）（Walker & Gerhardt, 1990, Dietz & Gortmaker, 1985, cited in Page & Fox, 1997, p. 231），加上看電視時零食不離口的習慣（Page & Fox, 1997, p. 231），此外，精緻或高熱量食品也是肇因之一（Page & Fox, 1997, p. 231）。2008年衛生署的調查發現，每四位國、高中生裡面就有一位體重過胖，其中影響的罪魁禍首就是「不良食物」，尤其學生喜歡各種含糖飲料（China Post, 11/26/2008, p. 4）與油炸食品或速食。飲食習慣也與癌症有關，三成五的致死癌症與飲食習慣有關（Doll, 1992, cited in Henderson & Baum, 2005, p. 84），特別是高脂肪、低纖維、不適當維生素與礦物質的攝取（Austoker, 1994, cited in Bennett & Murphy, 1997, p. 9）；食用烤焦或燒焦的肉類也會增加罹患胰臟癌的風險，包括喜歡吃全熟（well-done）牛肉的人（China Post, 4/24/2009, p. 14）。

一些西方飲食認為是有益於健康的，例如牛奶，也有研究者發現過多不僅可能影響鈣質之流失，也會影響腎臟功能（China Post, 9/9/2008, p. 19）。雖然一些關於致癌食物有衝突的結果，然而也不啻為提醒一般民眾在攝取食物時可以注意的事項。

許多關於健康行為的研究如雨後春筍，以往是著重在西式的養生方法，包括服用一些維他命，或是蔬菜生食，目前已經不拘於西方科技為基礎的養生之道，很多東方傳統的養生法也慢慢被研究與接受，例如冥想（或打坐）有助於情緒的平穩或激發（China Post, a, 4/14/2008, p. 11）、降低血壓（China Post, 4/13/2008, p. 5），或是打太極拳也可以協助老人家容易入眠（China Post, 7/4/2008b, p. 5）。老年人口增加，失智症與慢性疾病者也遽增，而壓力也讓現代人的記憶力受到負面影響，多食用魚類，最近

瑞典的研究發現可以增進青少年的智商（China Post, 3/10/2009, p. 1），而魚類中的鋅（Zinc）對於老年癡呆或記憶力也有幫助。許多研究已經證實食物與疾病的關係，目前瞭解蔬果、魚油與多纖維食品是可以促進健康的（Ogden, 2005, p. 135），甚至飲綠茶與喝咖啡的習慣，也有助於減低心臟病的罹患率（China Post, 7/4/2008a, p. 5），或是老年癡呆的可能性（China Post, b, 4/14/2008, p. 11），以及癌症（China Post, 5/6/2007, p. 5）。即便只是減少一成的體重，也可以讓血糖代謝改進許多（Blackburn & Kanders, 1987, Wing et al., 1987, citd in Ogden, 2005, pp. 135-136）。

　　過敏體質的人似乎也越來越多了。久坐的習慣已經是現代人的生活型態之一，英國研究者針對三千名兒童持續十二年的研究發現：看太多（每天二小時）電視的孩童罹患氣喘的機率大於一般較少看電視的同儕（China Post, 3/4/2009, p. 11），主要原因是因為久坐時的呼吸情況會影響肺臟的發展，導致呼吸喘息方面的疾病。上網、飲酒與睡眠不足是青少女體重增加的原因（China Post, c, 7/25/2008, p. 5），這也說明了生活習慣與健康的關係，大學生是最有名的「爆肝族」，許多人是第一次離家外宿、營獨立生活，也嘗到自由的滋味，終於可以自行運用時間，也因此在自律方面更需要努力，然而可能因為朋友邀約過夜生活，或是課業忙碌，也可能沉溺於網路世界，睡眠被嚴重剝奪，加上飲食不定時，都是外食機會多，攝取高熱量與過多添加物的食物居多，自然也影響健康。

　　中國有句老話說「吃什麼像什麼」，提到我們吃下去的食物就是影響個人的許多面向；像是罹患癌症的病人，會注意食用生機飲食，也就是注意農藥或添加物對身體的直接影響；許多年前美國紐約州的學校就發現讓孩子吃早餐可以提高學習效率，甚至只是吃得均衡、健康也都有許多的好處，包括在學校表現較優秀（China Post, a, 4/16/2008）。現代人凡事講求快與效率，連用餐也一樣，因此也有研究者建議：細嚼慢嚥可以減少熱量的攝取，也減緩了體重的增加，也就是一般人進食需要有足夠的時間讓身體（主要是大腦機制）去對食物做反應，吃得太快、很容易吃太多，在大腦發出飽足訊息之前就已經攝食過多（China Post, 7/9/2008）。飲食習慣是

自小養成的，童年對於食物的偏好或是偏食也是重要關鍵時期，因此親職教育很重要，而小朋友的社會學習中，飲食習慣也是很重要的一環。

四、運動

　　現代人嫌時間不夠，因此也導致睡眠與運動不足，「沒有時間」常常被拿來做為不運動的藉口。「活動」就是「活著就要動」，因此一般人對於活著的定義就是要「動」。運動就是一種規律，甚至是長期的活動，主要是增加肌肉強度與耐力、柔韌性與心臟呼吸強度，且可以保有精瘦的肌肉組織，不像節食者同時失去脂肪與精瘦組織（Curtis, 2000/2008, p. 121），日本國立癌症中心（National Cancer Center）最近的一項長期調查結果發現：運動可以降低多種癌症的發生率（China Post, 9/7/2008），當然這項研究有個混淆因素就是——常常有規律運動習慣的人，也可以維持較為標準的「體重」，相對地也減少了許多危險因素。運動也可以預防中風、改進高低密度的脂蛋白（HDL & LDL）（Brannon & Feist, 1997, cited in Bennett & Murphy, 1997, p. 122），還可以減輕情緒上的焦慮與憂鬱、增進自尊與幸福感，以及對抗壓力（Curtis, 2000/2008, p. 122），許多登山族發現爬山運動可以減緩血壓心臟方面的疾病，也讓自己的精神與心靈品質更好。

　　有學者將運動歸納為幾個類型：「靜態鍛鍊肌肉」，主要是增進肌肉組織強度（如用力緊拉）；「靜動態鍛鍊肌肉」（如健身）；「靜態為主運動」，主要是讓肌肉收縮與關節移動（如舉重）；「動態為主運動」，主要是促進肌肉強度與耐力（如使用運動器材的運動）；「缺氧運動」，目的是提升氧氣攝取量，增進速度與持久力（如短距離賽跑與壘球）；以及「有氧運動」，顯著消耗氧氣（如慢跑）（Curtis, 2000/2008, pp. 119-121）。每個人視其體能與喜好不同，可以採取不同型態的運動，然而運動也有過（強迫症）與不及（累積脂肪）的負面影響，同時隨著年齡的增加，也需要做一些運動方式的改變，以免體力負荷過重或容易造成受傷。

　　一般認為人們會從事與健康有關的活動應該是基於理性、邏輯、價值

中立的選擇，其實不然，而是參雜著文化、道德環境等等因素（Crossley, 2000, p. 39）。有些人從事健康活動是基於科學證據，有些人則是因為相信某些健康原則，但是也有人是因為社會的道德壓力（如「胖子懶惰」、「女人肥胖就是懶惰或醜陋」、「男人不運動就不是男人」，甚至「打高爾夫是上流社會的象徵」等）才參與健康活動，也可見健康活動還有其他「附加價值」存在，如提升自己的身分地位、拓展人脈、讓自己更有男性氣概等等；像女性選擇抽菸可能是因為一種時尚，抗拒日常生活的物質與關係壓力（Graham, 1993, cited in Crossley, 2000, p. 45），而不僅是一種上癮行為而已！而從事不安全性行為，是將性行為視為對於親密關係的信任與承諾，甚至是對危險與生命的肯定與挑戰（de Wit et al., 1994, Odets, 1995, cited in Crossley, 2000, p. 46），有些人從事一些冒險行為（如一夜情、與人分享針頭，或是飆車），都將自己列為「不可能有意外發生在我身上」的「特例」，由此看來，健康信念是居中運作的一個變項，也呼應了之前的論述。

有些健康習慣是自小養成，隨著年紀增長，許多人會累積更多的健康知識、也身體力行，當然也有人會在大病一場，或是目睹親密的人失去健康時，才真正有行動去改變一些生活與健康習慣，而也有人認為天命不可違，不需要做什麼改變，也是另一種人生觀。父母親對孩子的影響也出現在運動與體能訓練上，倘若雙親在孩子成長階段願意陪伴，甚至教導孩子遊戲與運動，孩子自然會養成習慣，讓孩子在運動技能上有一些根基或是能力，不啻也替孩子保存了一些個人資產！運動在心理學與治療上還有另一層功效，就是增加個人對於自己的效能感與自信心，還可以成為個人打發或運用時間的項目。

運動也可以降低膽固醇（Kannel, 1995, cited in Bennett & Murphy, 1997），科學證明中年（40到45歲）的高膽固醇族群，比沒有高膽固醇者罹患老年失智的比率增加五成（China Post, 4/18/2008, p. 5）；在西方國家有將近50%的早死（pre-mature deaths）是因為生活型態的關係（Hamburg et al., 1982），也就是之前所謂的「四大神聖」因素——菸酒濫用、營養不

良與缺乏運動（"holy four", McQueen, 1987）（cited in Bennett & Murphy, 1997, p. 8, Crossley, 2000, p. 36），近年來國內新聞也報導多起中年或青壯年因為突發性心肌梗塞而猝死的案例，這些多半與壓力、生活習慣或型態有密切相關。

有些人不太瞭解自己有心臟血管或其他遺傳疾病，平日沒有特別注重養生與健康維繫，加上後來作息與壓力問題，導致猝死，像有人在艷陽天下跑三千公尺，或是在網咖連續不眠不休地打電腦遊戲，甚至只是爬個樓梯就猝死，後來發現有遺傳因子加上後天的作息不良這樣日積月累，造成不可收拾的局面，不只令人遺憾，也讓親人悔恨交加！也因此目前趨勢是鼓勵一般民眾要有健康意識，也要有健康檢查的常識，只是健康檢查的習慣還是要有健康意識的主導才有可能，要不然不少人也擔心萬一檢查出個什麼來，反而增加焦慮與煩惱，因此乾脆就不要去做，省得讓自己擔心！這與另一些人動輒發現身體不適就去看醫生、做檢查，可以說是兩個極端。

雖然老年理論裡面提到每個人的活動與習慣不同，應該尊重個人的活動程度與老年適應的情況，然而即便是上了年紀的年長者，若是擔心自己跌倒、因而限制了自己活動，可能會讓自己未來三年的體力更衰退（China post, 5/4/2008, p. 5），這似乎也印證了之前所提的一句話：活著就是要動。雖然運動有許多好處，而最近的研究也提及老年癡呆與腦部血液的流量減少有關，而運動可以促進血流，當然也有助於減少此疾病的發生（China Post, 12/26/2008, a, p. 6），但是也要注意運動的限制（Curtis, 2000/2008，p. 125），包括自己能力不及的就不需要勉強，以免受傷，有些人因為過度運動，甚至造成強迫性行為（如一天運動超過六小時），也是現代人另一層擔心。「過與不及」都不是最好的原則，即便是運動也需要適能、適量。

五、正向心理學與健康

美國心理學家Martin Seligman（馬丁・塞利格曼）在二十多年前倡

導「正向心理學」（positive psychology）翻轉傳統心理學從病態的觀點出發，而試圖自健康幸福的角度重新審視心理學的運用與貢獻，至今已經有極大的成效，從正向心理學衍伸的許多研究已經證實在不同族群、文化與領域的效果。有許多人誤會正向心理學，由於傳統心理學主要是治療與修復，而正向心理學著眼於全面的康復，不限於改善或消除問題而已（Rashid & Seligman, 2018/2020, p. 6）。就如同一般的醫療是聚焦在治療與修復功能，而心理衛生則是希望維持全面性的健康與福祉。

　　正向心理學不是一門艱澀的學問，而是我們在日常生活中就可以執行、並養成習慣，這是一門有關幸福感與健康的已證實實務，其目的不是讓人類生存而已，同時拓展與建立專注、技巧與資源。人類傾向於負面思考、也較著重於負面情緒與事件，這雖然有利於生存，但同時也框限了人的視野與潛能。不妨從每天記錄三件讓自己感受良好的事物開始，你會發現其實人生如意事十常八九，而心懷感激與美感，不僅可以減少文明病的發生，也可以讓人類社會更有活力與和諧！

　　光是有正向感受也不是正向心理學所倡導的，因為有時候負面情緒也可以導致正向結果，像是考試前的焦慮感讓我們可以更積極準備、考試成績更佳。正向情緒有時候不合時宜也不恰當（像是比賽獲得勝利很高興，但是也同學受傷了），因為我們有反思的能力，也會有所行動，因此正向心理學是補充傳統心理學的面向（找出問題做補救或修復），拓展心理學在生活中的運用。從正向心理學的觀點出發，也讓心理衛生有了更廣更深的意涵。

 ## 健康與道德

　　所謂的「健康」不只是身、心、靈的議題而已，還會牽涉到「道德」議題。有人生病，旁邊的人也許會關切問道：「怎麼這麼不小心（感冒了）？」或「我不是勸你要小心嗎？」或者「不是早告訴過你要戒菸？」這些陳述的背後其實有一層「道德」的要求與批判在，彷彿一個人不健

康或生病，不只是因為他／她的生活或健康習慣不良，或是自律有問題，還與此人的「德行」有關，這就是所稱的「健康與認同」（health & identity）之間的糾纏關係（Crossley, 2000, p. 61）。許多人對於他人的刻板印象其實也蘊含著「道德」批判的意味，像是認為胖子「懶惰」或「懶散」、「不積極」，瘦子被認為是個性慳吝或是不大方等，因此健康還與個人道德水準與修為掛鉤。

最近一項警方的統計發現：臺灣地區青少年男性從事性交易的已經由1999年的1%驟增到30%（China Post, 6/7/2008, p16），這對於許多家長、教育者、心理健康專業人員或政策擬定者不啻為一大警訊，以往將性行為與道德嚴肅串聯在一起，當然也有顯著的男女差異存在（對女性的性自律要求更多），也許在倡導性解放與性自主的現代，不少傳統價值觀受到極大的衝擊與考驗，然而法律所維護的是最低標準的道德，是維持一個社會的基本規範，如果性自主與性解放沒有跟「責任」擺在一起，其意義就喪失了！青少年從事性交易不僅讓我們思考：㈠保護未成年人受到身體與其他方面的傷害是不是做得不夠？㈡需要檢視我們的社會價值觀或做適當修正嗎？㈢市場或金錢導向的價值觀與人權的維護是否衝突？該如何導正？㈣青少年對於自我的認同及自我界限的定義，在發展議題上是否有特殊意義？㈤大環境與青少年的自我發展的交互關係，該如何關注與拿捏？研究愛滋患者的性行為也發現，許多人寧可冒著被感染，甚至感染人的危險，其背後不是道德的問題、也不是報復，而是關於個人男性氣慨，甚至是生活哲學的挑戰（Crossley, 2000; Hamilton & Mahalik, 2009），因此應該是來好好檢討我們相關的一些健康政策與教育的時候了！

健康習慣與個人的生活作息有關，但是許多人會將健康或是生病與個人的自律或是道德修養聯想在一起，其實是有點誇大，因為事實上一般人是不願意自己生病的，也會以自己的方式來維繫健康的身體，況且有些人的遺傳疾病，個人可以決定的機率甚少，因此需要將這些觀念做一些釐清。然而反過來想：不可否認的，如果可以用道德的一些影響來讓個人更健康，其實也未必不是好事，只是也要有限制。

健康是一種學習

一、健康行為或習慣的養成

一般人所稱的「健康」指的是生理的層面（fitness），主要是有力氣（strength）、耐力（stamina）、柔軟度（suppleness）與技能（skills）而言（Downie et al., 1996, cited in Curtis, 2000/2008, p. 9），當然後來發現光是生理層面的健康不是真正健康，其所牽涉的層面更深更廣，彼此影響，因此一個人的健康是受到「生物因素」（如病毒或傷害）、「心理因素」（如態度、信念、行為）與「社會因素」（如階級、職業、種族）等交互作用而成（Curtis, 2000/2008, p. 8）。許多人的衛生或健康習慣是自小養成，而這些習慣可能就跟著我們一輩子，較難改變。習慣在剛開始學習時總是彆扭、不順，但是做多了，就成為一種「自動化」行為，甚至運動本身就可以是一種「自我增強」或「自我酬賞」（運動→身體與感覺很好→繼續運動）。如果說健康的習慣是需要時間練習、才慢慢將習慣養成的，反過來說，不健康的習慣也需要相等的時間與心力投入才造成，因此若是要加以改變，也至少需要耗上同等的心力。希臘哲人亞里斯多德說：「人是習慣的動物。」說的是人性，也可以是「惰性」，當然也指出了改變是「一條長遠又堅毅」的路。也就是說，健康習慣的養成與自我「意識」（conscientiousness）有關，個人自覺到健康的重要性，自然會培養健康習慣，減少妨礙健康的行為（Bogg & Roberts, 2004）。

二、健康習慣的維繫

健康是學習而來的，特別是一些健康習慣，有些學習是因為失去，像是生病之後才知道維持健康的重要性；有些學習是小時候被要求、不得不爾，像刷牙、洗臉、洗澡、飯前便後洗手等，而有些健康行為是因為自己的信念「責成」或「勉力為之」而來。許多的健康習慣是需要毅力持續維持下去的，像是運動、飯後刷牙，或是不吃不健康的食物，這些都要相當

的堅持才可能持續下去，要不然一曝十寒，只是一時興起或偶一為之，根本達不到預期的效果。其實健康習慣的維持也可以一窺一個人的個性，有人可以主動積極參與運動，當然獨力為之也行；較為被動的人可能需要小小成就（例如精神較佳、氣色較好，或是體重減輕了）驅使其繼續運動，要不然一群人或是幾個好朋友一起從事健康活動，也是不錯的。傳統對於健康的維護價值著重於主動性（activism）、工具性（instrumentalism），與現實性（worldliness）（Crossley, 2000, p. 159），也就是認為健康應該是要自己主動有所行動去維護或增進，因為這麼做對自己有益處，也比較務實。然而我們也發現要運動，或是養成習慣，還有其他因素參雜在內，若是可以有效運用這些資源（如大家一起、呼朋引伴，或有共同目標、運動器材的可接近性等），結果應該更可以期待！

　　健康習慣的養成的確需要有強烈的動機才可能繼續維繫下去，但是動機還不足以成事，需要有進一步的行動跟進，因為「健康行為」不是認知上的層面而已！維持健康行為與個人個性中的堅持、判斷健康的重要性、無外在環境因素的過度干擾（甚至可以有「加持」的因素，例如參加社團或集體行動）等有關。有研究發現「有意識地」維持健康習慣與長壽有關（Bogg & Roberts, 2004），因此個人意識到健康的重要性就比較容易從事健康有關的行為。在心理學或是治療上，治療師會建議使用「行為改變技術」的方式來進行健康行為的養成或改變，主要就是以「循序漸進」的方式，慢慢從「外鑠」的「增強」到「內鑠」的「自我增強」所建立的行為，稍後會再詳述。

三、現代人的健康習慣

　　現代人對於健康的維護已經有較高的敏銳度，即便只是短短十分鐘的運動，也會讓精力與生活品質增加，減少焦慮（China Post, 3/15/2008），甚至有研究發現長期以坐姿辦公的人，偶爾站起身來，活動一下，即便只是伸個懶腰、做個伸展動作，都可能對新陳代謝與體重有正向影響（China Post, 4/1/2008c, p. 5; China Post, 4/11/2008c, p. 11）。在身體健康的維護

上，一般人也是遵守「一靜不如一動」的簡單原則，尤其是對於一些久坐性質的白領階級而言，也有研究發現僅是一般的運動對於失智症者的身心健康促進都有效（China Post, 7/10/2008）。牙齒的健康也是一般人會注意到的，只是不明白它的衛生情況影響很大，許多牙齒的疾病與其他疾病有極大相關，像是牙齦疾病會導致骨骼流失、牙周病，而牙齦感染會造成其他更嚴重的病害，如最近一位中年人因為牙痛去看醫師，結果造成敗血症，回天乏術；而牙齒的健康不只可以預見糖尿病的警訊（China Post, 6/8/2008），最近的一項研究發現牙齦發炎與胰臟癌的關係（China Post, 1/19/2007），不容小覷！小小的健康習慣（如餐後或飲食後刷牙），不僅可以維護牙齒與口腔的健康，減少細菌孳生的機會，也可以節省上牙醫看診（如洗牙、牙疼）的費用，一舉數得！此外，現代的病菌也變形很快，威力更驚人，之前的「豬流感」（swine flu or H1N1）已經造成全球恐慌，許多人擔心如多年前的SARS與目前的COVID-19一樣、變成全世界的「瘟疫」！不過這樣的擔心不是不可能，國人出國旅遊或是不注意也可能會因為小小傷口，造成終身的免疫問題（如蕁麻疹、蜂窩性組織炎），提醒我們衛生習慣與相關衛生常識的重要性。

現在科技網路發達，健康資訊垂手可得，不少醫療專業人員也會追上潮流、提供一些自己本身的專業知識，但是網路「資訊」畢竟與經過科學驗證後的「知識」不同，閱聽者還需要進一步做查證。另外，隨著科技網路而來的一些生活習慣也受到挑戰，包括久坐或不良的姿勢、使用手機的頻率與習慣，導致視力、骨骼發育、親職、溝通或是情緒上的問題，也是現代人的另一項考驗。

現代科技讓食物取得更為容易，但是也必須要注意化學藥劑（例如反式脂肪、防腐劑與其他有害人體之添加物）或致癌物質的影響，前些年的大陸食品三聚氰胺的恐懼仍在，而過於精緻食品對於身體的危害也是不爭的事實！也因此現代人注重養生，也會攝取一些有機食品（免於化學藥物的侵害）、藥品、補品或是維他命，但是也可能會因為攝食過多，甚至只是因為道聽塗說，而讓自己身體或是內臟器官負荷過重。例如黃豆是中國

人五千年來就熟知其健康效益的食品，可以增進消化，熱量較低，有助於腦的發育，減少心肌梗塞，增進皮膚的緊實程度，減少壞的膽固醇，維持血管健康，營養成分高，減少停經婦女的更年期症狀，有豐富的蛋白質與鈣、強化骨骼，裡面的Omega-3 fatty acids也可以減少身體內的發炎症狀（China Post, 8/1/2008）。但是也因為若干奸商為了謀取利益，食品或是藥品的管制出現問題，甚至添加有害人體的物質，造成消費者健康與金錢上的莫大損失，民眾不可不慎歟！即便是服用醫師處方的藥物，科學上也有一些證據，要求用藥者要特別小心，像是有多種心臟血管的藥品不能與一些果汁同時服用（如柑橘類水果，或是葡萄柚汁與柳橙汁）（China Post, 8/21/2008），不僅會影響藥效，也會引發不良後果。

　　現代人的飲食要越粗食越佳，也就是不需要經過太多烹調的動作與手續，可以生食更好，添加的味道要越清淡越佳，不要在餐間吃其他食物，多吃蔬果，少吃有味道的飲料（如茶、咖啡、加糖飲品），作息要正常，不要常熬夜，要有經常性的活動與運動，保持適當體重與體能。科技發達，人類講究飲食的標準也升高，只是好吃的食物卻不一定健康，過於精緻的食品反而對健康有害，彷彿回歸到較為原始的時代，也是一種「物極必反」。

四、健康行動兩階段

　　健康的「行動階段」基本上分為兩個：「動機階段」（motivational stage）──維持目標、想去執行，可能是因為覺察到個人健康受到威脅；「意志階段」（volitional stage）── 計畫、行動與維持（Schwarzer, 1992, cited in Bennett & Murphy, 1997, p. 39），有足夠的動機才會採取行動，動機可以提供行動力量與目的，而情緒則是組織感受、生理部分、目的感、與表達，然後對環境做出統整的反應，因此動機需要有情緒的激發才會有進一步行動出現（Reeve, 2001, p. 23）。但是健康習慣是長期的努力，因此意志力相當重要。許多的健康習慣或行為，可以以團體或是與友伴一起的方式行動（社會支持），大家一齊來的氛圍可以維持更佳的動力，這也

是爲什麼有人登山要加入登山社、健走要參與健行社的緣故，甚至可以跟朋友一起減肥，感覺不孤單，效果也較佳，主要是以社會力來維持動機，另外有些人或以加入會員的方式逼迫自己運動（外鑠誘因），這也是另一種動力。這些健康習慣或是行爲也當然拓展到身體健康之外的其他健康需求，因此配套的適當時間管理、休閒活動，或是放鬆工作（如冥思、靜坐、與人互動）、參加智性發展的充電學習，也都可以納入健康習慣裡。

倘若以「行爲改變技術」的方式來進行健康活動的養成（如減少含糖飲料的攝食），也不失爲一種途徑，需要先給自己一個禮拜評估「基準線」（baseline，看一週內平均喝下多少杯的含糖飲料，如500cc 12杯），然後根據基準線定下一週的目標（500cc 少於12杯），每週都詳細記錄含糖飲料的攝取量，當然還要加上一些可以激勵自己達到目標的增強物（如讓自己每少一杯就存二十元，但是不要用不良增強物【如吃炸雞】，以免成爲下一次要改變的目標行爲），給自己足夠的時間（如三個月）來慢慢達成改變目標。在進行「行爲改變技術」計畫的同時也要注意幾點：㈠要將會突然發生、影響計畫進行的意外事件考量在內（如朋友聚會一定會喝含糖飲料），先預想可以避免負面後果的方式（如只喝不含糖飲料）；㈡增強與酬賞方式要眞正能吸引自己繼續努力，若是過一段時間酬賞失去原本的吸引力，就需要更換增強方式；㈢改變的時間要夠久，不是試個兩、三天發現無效就不繼續；㈣可以與一些同好一起做改變行動更佳。

行爲改變技術是要「增加」或「減少」某些行爲的發生，目標越明確越容易執行。另外增強物也很重要，不是自己喜歡的東西（或活動）當成誘因，比較容易失敗，因爲較無動力去「獲得」酬賞；是否加入「處罰」條款，視個人情況決定。

心理健康習慣養成

前面四個面向談的都是身體上的健康，沒有提到心理健康或是靈性方面的健康與需求。心理與靈性層面的健康包括哪些呢？影響心理健康的

因素除了之前所提的生理因素，還包含社會、環境與心理層面。社會方面
包括了大環境（以及文化）對於健康的定義、民俗與一些傳統的預防與維
護方式，心理層面的則需要考慮到情緒、智性與自我認同或自尊，此外還
可以涵括自我對於生命意義的定義等靈性層面，這些細節都會在稍後的章
節一一呈現。

行為改變計畫舉隅：
目標：減少飲用含糖飲料（以「杯」計算）
第一週基準線（如下圖）

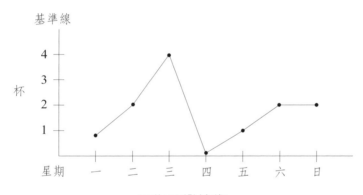

行為改變技術

平均數（M）＝12/7＝1.7（杯）
第一週目標＜1.7（杯）（每日）
增強方式：1天＜1.7（杯）（每日）→存10元
　　　　　3天＜1.7（杯）（每日）→看電影
　　　　　7天＜1.7（杯）（每日）→買衣服一件
注意事項：
(一)以一週為評估單位（每一週目標以前一週的平均數計）。
(二)酬賞（增強）方式可以在一段時間之後改變，但是要注意不要讓酬賞成為
　　下一波需要改變的行為（如「增強物」為「炸雞」，可能在含糖飲料減少
　　之後，需要訂另一計畫「減重」）。
(三)增強方式可以用食物、獎品或是活動（如逛街、打球、看電影等），也可
　　以邀家人或重要他人參與計畫（減少含糖飲料攝取）或「增強」（如全家
　　一起去九份玩），可以讓動力更強。
(四)計畫需要長時間執行（通常超過兩個月）才可以看出成果，因此要仔細記
　　錄，也在紀錄上說明碰到的障礙（如熬夜趕報告、參加宴會等），以及因
　　應之方。

一、安全、自在與舒適

現代人生活在競爭、緊張、忙錄、高壓力的環境下，有時候連最低程度的「安全」都可遇不可求，經濟情況衰退，犯罪率增加是可以預見的，高科技與現代化雖然讓人們生活更便利，另一方面其實也讓生活在其中的人們因為競爭對手多（所謂的「全球化」），心上的「安全感」欠缺，總是處於忐忑不安的狀態，這當然也影響到心理的自在與安適感。生活要舒適，通常需要物質上的報酬率高才可行，但是當物質層面的生活舒適了，卻不一定有閒去享受。基本上每個人都需要最基本的生存條件（溫飽、有棲身之處），然而每個人追求的生活舒適程度也不同，有些人認為「夠了」就好，但是每個人「夠了」的層次有差別，有人要舒適，有人要富裕，有人只要簡單就好，這就與個人的價值觀、對於生命意義的選擇有關了！

個人要感受到安全，環境的因素很重要，也因此環境的壓力（衛生、汙染或干擾、自然或人為因素、經濟、社會制度或政府政策、交通情況、犯罪率等等）也不能忽視。

二、物質層面之外的生活

基本的生存需求若獲得滿足了，一般人會希望朝其他生活重要層面去努力，包括愛與人際關係、智性需求、發揮能力與自我實現等。每個人都需要隸屬於（至少）一個團體（如家庭、社團、公司、朋友），在團體裡面得到認同與尊重，發展有意義的人際關係；智性需求是滿足人類與生俱來的好奇本能，人類喜歡去探索、瞭解自己不知道的事，想要知道為什麼，也因此有人投入「研究」領域，希望可以發現與營造對人類福祉有益的途徑或解決方式；人類希望可以有一展長才的機會與領域，讓自己可以有貢獻，即便是女性也不是為了一張長期飯票而進入家庭，擔任家庭主婦或是職業婦女，也都是自我實現的表現，在工作與成就中讓自我價值提升，得到肯定，也展現生命意義。

　　每個人的生命價值與意義不同，有些人希望成就名、利、助人濟世、自我修為等不一而足，這也是自我學派所提到的「生活型態」（lifestyle）與生命目的說（Dinkmeyer, Dinkmeyer, & Sperry, 1987）。有些人將物質慾望減少到最低，認為物質慾望可能會讓人心腐蝕、與動物無二，因此追求簡單生活，把更多的時間與精力用在精神層面的修持與滿足，以前希臘有位哲學家將所有可以省的物質都拋棄了，有一回看到有人用手喝水，就把自己的杯子給扔了，亞歷山大大帝特別去拜訪他，他還嫌大帝擋住他的太陽！人類的生命需求的確不同於其他生物，也有極大的個別差異。

三、健康情緒知覺、認知與處理

　　健康的情緒不是「控制情緒」而已，主要是可以明白個體情緒功能、不否認（接受）自己的情緒、也會做適當的處理。我們的文化常常否認負面情緒（如難過、氣憤、羞愧等），也因此造就了許多掩飾情緒、維持面子的一些不成文規範，但是卻讓個人發展產生許多障礙與困挫，甚至導致扭曲、心理疾病的發生。以性別來說，男性被規範要堅強、獨立，因此不能表現出屬於「女性的特質」，連情緒的表達亦如此，像是生氣可以被接受，然而如羞愧、挫敗、難過、失望等情緒就不行，細究之下，「生氣」情緒的底層可能就是羞愧、挫折感，這些真實的情緒反而不能大方表現，因為會減損男性氣慨，不為大眾或社會所允許。

　　「精神疾病統計與診斷手冊」（DSM-V, 2013）裡面也有許多關於情緒障礙的心理疾病，顯示了情緒的重要性。情緒的覺察是情緒健康的第一步，社會文化也占其中的關鍵，例如對於不同性別的情緒規範，男性不被鼓勵表達一些較為柔軟、陰柔的情緒（如羞愧、失落），但是男性最被詬病的情緒就是「生氣」，這是最被允許的情緒表現，但是卻也容易被濫用，而比較令人擔心的是「生氣」背後的真正情緒（如痛苦、受傷、羞愧、挫敗）沒有被認知與瞭解，造成男性在情緒發展上是較不成熟的。東西方在習俗上都將負面情緒（如悲傷、生氣、懊悔等）視為「不適當」的，然而情緒沒有好壞，因為都是個人的一部分，知道自己有哪些情緒、

情緒的複雜化，以及接受自己與他人會有情緒，最後才是在適當場所做合宜的表現，也注意到自己的情緒健康與管理。

四、自我認同與生命意義

蘇格拉底說人一生的任務就是「知汝自己」（know yourself），人的一生要為自己生命定位，創造自己的生命意義，那麼「我」是誰？我怎麼定義我自己？為什麼活在這個世界上？是偶然還是命定？我的生命是不是我自己可以控制的？我要成就的又是什麼？我與他人關係如何？什麼是我認為最重要的？知道自己的優勢或長處、限制或挑戰，也接受自己的樣子，這些都與「自我認同」有關。

生命意義就是去肯定自己存活的「道理」或是「理由」，每個人都是自己生命傳記的作者，因此要彩繪自己的生命成怎麼一番模樣，決定權也在自己。雖然每個人在天生配備上有所不同（如天資、長相、生長的家庭等），甚至際遇也不同，但是「著作權」還是在自己手上，有一句話說：「每個人手上拿的牌都不同，重要的是要把牌打好。」正是這個涵義。

五、維持適當的人際關係與界限

與人之間的關係是支持自己很重要的一個因素，存在主義者提到人是無端被拋擲在這個世界上，我們單獨地來、單獨生活、也單獨離去，有這些「存在的孤獨」，不是可以解的，也因此人的內心深處偶爾會出現「存在的虛空」感（Yalom, 1980）；然而因為人是生活在人群中，是與他人互相依賴的（interdependence），所以也要顧慮到他人的存在：「家人」是每個人的最初與最終，也是情感依繫的堡壘，與家人有親密良好的關係、與他人可以維持滿意的互動，通常可以減少情緒上的憂鬱與不安，也增加生命的質感與豐富。另一方面，人也需要與自己相處，因此懂得自處、有獨立處理事情的能力也是很重要的，只是在拿捏自我界限與人際關係的平衡需要許多的經驗與智慧。

六、工作與貢獻

佛洛伊德談到人有三大生命任務：愛、工作、與玩樂。愛讓人活得有意義、有目標，認為自己有價值，而玩樂是增加生命的豐富與質感，而人也都需要工作，不管是否有實質的收益回饋。工作可以讓人有成就感、生存價值、對社會有貢獻，也可以用來打發時間。一個人的工作可以與自我價值顯著相關，特別是對於成年人而言，工作占生活的一大部分，不只是個人展現與發揮才能的場域，也可以養家活口、協助家計，許多重要的人際關係與支持系統也在工作中衍生。倘若沒有工作，家庭經濟頓失依靠、陷入困境，個人也會將其視為個人的失敗；如果在工作上不順遂（工作量與效果、升遷、人際等），也會造成個人身心上的負擔與壓力，甚至有致命結果出現（心理疾病或自殺）。

七、宗教與心靈寄託

人生在世會發現許多不可理解的事物，這些不可解可能就不是人或現存科學可以解答，因此需要求助於更高的力量（如神祇、大自然、學說理論或宗教），宗教要解決的主要是「人往哪裡去？人為什麼來到這世間？人為何有生老病死？」甚至是「為什麼有這麼不同的人性？」若是可以給人類或信眾合理、可以接受的解釋，就會讓人少焦慮、心理得到安適。有些人無特定的宗教信仰、也不歸屬於特別的心靈團體，但是仍然有自己相信的生活哲學，人不甘於渾渾噩噩度日，總希望為自己的生存與生命找出意義，要讓自己不徒然走這一遭。

許多人是在生命面臨重大考驗或挑戰，甚至是衝擊時，會去思考生命的意義，然而不可否認的，在整個人生過程中還是有許多人在尋尋覓覓，甚至探討或創發自己的生命意義，只是在面臨生死攸關或重大失落時，對於生命意義的尋求更突顯而已！幼年的時候也許因為語言與認知能力不足，無法表達自己對生命的疑慮，然而隨著年齡增長、經驗增加，就會慎重思考人生存的目的，國中階段的青少年開始有自我認同的任務，同時也

意識到自己的生存目的為何？開始出現所謂的「存在的虛空」。而在生命發展的不同階段，人也常常有「存在」的思考，當然也會想到死亡之後往何處去？尋求宗教與心靈的寄託就是很重要的議題。

 ## 心理衛生的範疇

　　本書所聚焦的心理衛生範疇會從概論（現代社會與健康）開始，然後自最基礎、內環的「個人」（自我）開始，涉及社會制度與文化層面的「性與性別」、「家庭支持系統與親密關係」、「人際關係與友誼」，之後進入現代人生活所面臨的若干議題（如「壓力與調適」、「憂鬱症與其他壓力症候群」、「攻擊與暴力」），接著探討大環境與個體健康之間的關係（「環境與健康」、「適應問題與心理疾病」以及「職場心理衛生議題」），最後以心靈需求（信仰與宗教）作結。

家 庭 作 業

一、舉出幾項你／妳目前所做的「自我照護」行為。

二、訪問三位不同年齡階層的成人：「你／妳怎麼定義『健
康』？」

三、列出表格檢視自己一天當中的「健康」與「不健康」習慣或
作息（如下表）。

行為描述／健康與否	健康	不健康
	刷牙	吃過午餐就趴在桌上睡
	吃早餐	少吃青菜
	騎單車上學	喝水不足
	走樓梯	熬夜
	午間小睡片刻	手機使用太久
	吃過飯後剔牙	躺著看書

現代社會與健康

 ## 現代人面臨的挑戰

　　Covid-19（新冠肺炎）的肆虐讓全球都在恐慌之中，短期的封城封國或許影響不大，但是時日一久，就產生了問題，不僅讓家暴與離婚率上升（居家隔離時間卻讓親情與親密關係受到重大考驗），也造成全球性需要關注的議題：到底應該要求活（生命）還是求生存（經濟）？這就考驗了各國執政者的智慧。截至2020年底，新冠肺炎已經造成全球9,000多萬人感染、近二百萬人死亡，雖然疫苗出現似乎讓疫情有了轉機，但是變種病毒層出不窮，讓疫情更加嚴峻，尤其是Omicron的出現、傳播速度更快，也讓世界各國人心惶惶，現在又有BA5肆虐，各國幾乎都嚴陣以待。

　　手機的出現才十多年，卻已經大大翻轉了人類的生活。當我們還在享受手機的便利之際，其所引發的諸多後遺症也正在發酵，包括健康問題（姿勢、眼睛、生活作息等）、上癮行為、教育（莘莘學子學習型態大轉變）、人際關係（網路霸凌、約炮行為），以及現代人對資訊的取用及判斷等，這些也都是心理健康關注的議題。

　　恐怖攻擊的情況雖然已經稍減、但並未消失，科技武器取代了傳統作戰方式，政治意識形態取代了民主自由，許多國家變得保守、自私，世界變成「非我即敵」的截然二分，可能一夕之間就將一個國家毀滅，政治人物的野心的確會將國家帶入恐怖滅絕之境！偏偏每個人都不能自外於政治，因為政治無所不在地影響著我們的生活！

　　藥物濫用、手機或網路上癮、性上癮等與生命無意義感有關，因為

無法找出或創造生命意義，活得像行屍走肉，因此只能讓自己專注或沉溺於某個習慣，許多「繭居」（Cocoon——指蹲在家裡、選擇自我封閉的族群）或「啃老」或「尼特」族（No education, employment, or training, NEET——指經濟上依賴年老父母的一群人），說明了網路世界成為人們逃避現實的避難所，甚至讓年輕或中年世代害怕失敗、無法踏出家門，自然也無法貢獻自己的能力給社會。這些原應該對世界做出貢獻的人，卻無法有建設性的生產，反而造成社會成本或社會問題的增加。

　　有學者歸納現代人面臨的諸多問題是因為全球不安定的狀況，包括網路的使用、環境的遽變，以及社經、種族、宗教等之間更大的裂隙（Stokols, Misra, Gould Runnerstrom, & Hipp, 2009）。美國疾管局（U.S. Department of Health & Human Services, Center for Disease Control）在2004年的調查發現，美國有一半人口的死亡因素是生活習慣或行為造成（cited in Myers & Sweeney, 2005b, p. 1），人類壽命（若以2003年計）從1900年的47歲已經增加到77.2歲（Myers, 2005, p. 99），在短短一百年間人類壽命增加了三十年，這當然拜科技、醫學等文明進步之賜。誠如Dychtwald（2003）所描述：現代人過的是一種彈性的C（cycle）形（循環）人生，生命已經不是傳統按照線形在走，因為醫療科技的進展、出生與死亡率降低，以及嬰兒潮世代的許多突破，年齡的重要性已經減低，許多人生階段必須要重新來過（如中年再就業、再婚、再度學習、再度當父母親等），「我們有更多時間可活，自在地做一切想做的事。」（p. 40）（Dychtwald, 2003/2003），然而壽命的延長也表示失能的時間增加，更多種疾病產生，而科學的負面效應也層出不窮，新的挑戰產生（如化學物質、網路效應、關係問題、價值觀變化、壓力源更多等），身為現代人在享受科技與醫學進步的同時，雖然讓生活更便利了、壽命也延長了，但也多了所謂的「文明病」。文明病有哪些成因或來源呢？

一、壓力源增加

(一)時間壓力

現代人面臨許多的壓力與挑戰，包括壓縮的時間（總是有太多事要完成、嫌時間不夠用）、溝通過量（同時受到許多資訊的轟炸）、不接觸（身體或電子管道的接觸、無實質意義）、消費（財富或是大消費型態只屬於少數人擁有）、競爭（只有有限資源來達成想要的權力、地位與利益）、顧客的接觸（要與許多人接觸，但是卻缺乏溫暖、不愉快，或挫折）、電腦（需要使用大量科技、依賴增加）、變化（科技與社會的日新月異）、時代不同（社會變動也造成不同生命階段的經驗與期待不同、醫療與健康照護也不同以往）、複雜度（以上向度的總和）（Charles, 1999, cited in Newhill, 2003, p. 24）等。

人類學家Edward Hall（cited in Levine, 1997/1997, p. 6）提到「社會時間法則」是一種「沉默語言」，因此時間也有其文化意涵，不同的文化對於時間的看法也不一致：生活步調與經濟品質有直接相關，通常先進國家經濟較佳，生活步調較快，相對地，時間價值也因此越高。影響時間觀的主要因素有經濟安定與否、工業化程度高低、人口規模大小、氣候冷熱、個人或集體主義文化（Levine, 1997, pp. 21-32）等；身處在臺灣地區地狹人稠，加上是海島、資源缺乏，需要發展不同的經濟型態，而全球化的步調影響我們更大，臺灣人的工時長已經不是新聞，可以看到大家奮鬥過生活的景況，也見到時間的壓力。國人對下一代期待甚殷，從幼兒班開始就有不同的才藝與補習班，年輕一代除非家長能力不逮，要不然都儘量提供課外學習機會，因此我國學子從幼年補習到高中，甚至大學（為了考研究所、公職或證照）已經是常態，許多的時間都花費在學習上，家長則是花在工作上，家人共處與娛樂休閒時間被緊縮，更可以感受到時間的壓力！

時間有其客觀與主觀意義，客觀制式的時間是全球共同在遵守的，但是主觀時間則是看個人的感受（如不專注與快樂時間較短），雖然現代

人生活步調緊湊、常常感受到時間不夠用，或是總是忙碌，主要是因為不夠專注、壓力與缺乏內在深層動機，以德國人來說，有將近七成民眾認為「持續忙碌與不安」是壓力最大來源（Klein, 2006/2008, pp. 184-187），因此現在提倡的「時間管理」其實是針對行事效率來說，甚至是有充分的休息讓做事效能增加。

電腦化讓資訊傳輸與速度增加，資訊的立即與即時，也會造成一股壓力（有這麼多東西出現、要做判斷與決定的時間壓縮逼迫等），這也與時間或效果息息相關；如2005年美國《經濟學人》（Economist）雜誌報導：口袋型電腦「黑莓機」會讓使用者無時無刻都想檢查自己的電子郵件，使得使用者疲累不堪（Klein, 2006/2008, p. 254）；現在的手機功能也是日新月異，甚至可以連結電腦功能，對於習慣科技的現代人來說，除了正面影響之外，可能的負面效果也在評估之中。許多大學生也表示：現在他們的生活彷彿是被手機控制，偏偏自己無法控制在手機上所花費的時間，有時候就會將重要的事務往後拖延，甚至就無法完成，這也是現代人的憂慮之一；而這也讓人不禁思考：現代人生活到底是藉科技之便更有效率？還是因為科技而掌控了人類更多的主動性？

(二)經濟情況與大環境變因

經濟情況與大環境的變動，犯罪率增加，不安定感隨之而來，人與人間的聯繫也趨疏離，無所謂的「社區一同感」，這也是暴力社會的特徵（Newhill, 2003, p. 32）。臺灣近幾年來因為經濟情況的衰退，失業率增加，也使得家庭暴力案件遽增，單就2008年就有39起父或母攜子女自殺案件，其中有57名兒童受傷、21位兒童因此死亡，而這也只是檯面上的數字，真正的黑數應該更多，專家認為這些都與經濟衰退、失業家庭問題與財務困難有關（China Post, 11/17/2008, p. 19）。無獨有偶，美國加州最近也發生一起40歲男性在槍殺五名子女與妻子之後舉槍自盡的悲劇，這位男性也是在遭受經濟等多重壓力下，看不到其他的轉圜之道，才出此下策！一位受訪的犯罪心理學家Louis Schlesiner提到經濟應該不是主要原

因，而是因為絕望與沮喪（China Post, 2/3/2009, a, p. 6），也許可以說經濟因素只是最後加上的一根稻草而已！而當一個人將其主要自尊或自我價值放在工作上，失業對其來說就是很大的挫敗，也是產生暴力的危險因素（Newhill, 2003, p. 112）。經濟衰退不只影響家長，也會激起連漪效應，雙親的健康、婚姻關係、親職品質與孩子的身心健康都受到影響（Tytti, Leinonen, & Punamaki, 2004）。

　　失業可能嚴重影響到一個人在他人眼中的地位、自我價值感，以及現實生活的問題，因此若是家中唯一維持生計的家長突然失去工作、平日又沒有積蓄，不僅家人的生活頓時陷入困境，而此人對自我的評估也會受到極大挫敗，如果這位家長是男性，社會期許他的角色就是養家，養家的功能失去，也會影響他的「男性氣慨」，如果他平日的情緒管理就較疏忽，可能就會將壓力發洩在家中「較安全」的人身上，老婆孩子就可能成為出氣筒，就是典型的家暴行為！更嚴重的，還會舉家自盡，有一對夫婦就在全家自殺之前帶孩子去花東旅遊，了卻孩子的心願。國內有不少社會案件與經濟衰退有關，像是因為怕餓肚子去搶超商、等著被抓，因為吃牢飯至少不會餓死，可以維持最基本的生存；有家長失業不能帶食物回家而去偷竊的，甚至跪求在大庭廣眾之前乞討，希望可以為孩子求得一餐或半飽；不少低收入戶因為社福條件過高，無法申請到補助，於是就守候在學校門外，等候中午營養午餐的廚餘，不少學校甚至已經發起讓低收入戶的學生可以攜帶午餐的廚餘回家。

　　近年來臺灣社會的政治與經濟動盪不安，也使得一般民眾人心惶惶，不僅自殺率遽增，媒體也出現許多與命理相關的節目，甚至更多人瘋彩券，希望自己可以一朝發財，這反映了經濟的不穩定、人心的焦慮！目前一對夫婦要生養孩子，光是靠一份薪水是不夠的，得要雙薪家庭才差可維持，一旦其中一位家長失業，生活水準就驟降，甚至可能陷入困境。現實生活中的一些變動，當然也牽引著一般人的心理健康指數。經濟衰退，失業人口增加，也就是有許多家庭可能陷入經濟困境，有時候家長會因為自己連養家的責任都無法做到，在配偶或子女面前無法抬頭，為了自尊可能

會選擇走上絕路，倘若為免家人繼續受困，可能將家人也一起帶走，這也是近年來許多舉家自殺或是家長帶著子女自殺的悲劇事件發生。這其實也說明了政府或是當政者本身，對於一般人民的身心健康之維護與促進責無旁貸！

(三)心理疾患增加

攜家帶子結束生命、搶劫詐騙層出不窮，許多「不正常」的現象開始浮現，現在這個時代心理疾病的患者越來越多了嗎？是因為科學進步，檢驗出來比較精確也容易？還是真的是現代人承受壓力太多，造成負荷不了而生病？

一般人處理壓力的方式不同，有人是自我找安全管道發洩或是靜一靜、有人找傾聽對象、也有人選擇逃離不處理，以前有個案例是一法律系高材畢業生去考司法考試，因為父親也是從事相關工作、在業界頗負盛名，因此對長子的期待就更多，沒想到第一次落榜之後，接下來連續幾年也都如此，後來乾脆窩在家中足不出戶，成了真正的「宅男」，家人後來雖然懊悔施加給他的壓力太大，但是孩子成了這副模樣，又該怎麼辦？父母親的心理疾病也會遺傳給下一代，如精神分裂與憂鬱症等情感性疾患，及ADHD（過動）（China Post, 6/24/2008）。美國北卡大學的Julie Daniels的研究發現：父母罹患思覺失調症者，其子女有兩倍的機率有自閉症，而母親有憂鬱症或人格違常者其子女也有較高機率的自閉傾向（China Post, 5/6/2008）。最近美國哥倫比亞大學的Dr. Mark Ollison所發表的一篇研究，針對美國19到25歲青年作訪談，發現美國每五位青年中就有一位有人格疾患，僅次於藥物濫用，而最需要注意的是這些人格違常者中卻只有四分之一會去求診（China Post, 12/3/2008, p. 11）！近幾年來在學校環境裡的觀察，也見到更多罹患心理疾病的學生（如憂鬱症、強迫症、暴食、精神分裂、上癮行為等）出沒在校園內，有些是隱性的、沒有讓他人發現，有些則是常常有宣洩行為出現（如自殺、自傷或傷人），可惜的是我們較容易去處理「明顯」問題出現的當事人，而其他更多潛藏的危機則不容易發現。

也許文明的進展沒有顧慮到人類的因應之道,因此許多的處置動作都是發現問題了才著手,雖然為時已晚,卻也是人類必須面對的現實,畢竟憑藉著人類的智慧,總是後知後覺的多!許多的政策也需要考慮到施行之後的結果,經濟發達要付出的代價可能是人際的疏離、價值觀的變動,甚至是家庭的解離,譬如賭博雖然是人性之一,但是設立特殊的賭博場所,雖然可以增加國家的經濟收益、拼觀光,然而會不會因此製造更多的「上癮」賭徒、治安的危機、社會與家庭成本的付出等?當然我們也慢慢學會防範未然,希望不要重蹈歷史!

二、醫學發達的相關健康議題

(一)生命品質的增進

醫學發達引發的另一層考量就是病者的生命品質,雖然醫療科技可以延長壽命,對於患有疾病者也不例外,只是延長壽命,或延後死亡時間,對於病人本身或其家屬來說是不是「可欲」(desirable)的結果?三十多年前我國引進「臨終照護」的觀念,目前幾乎各大醫院都有安寧照護病房,其主要的功能是希望病人(尤其是癌末病患)可以在疼痛受到控制、不影響生活品質的情況下,讓病人度過臨終階段,也可以協助病人去完成他/她有生之年尚未完成的夢想或願望,這是很符合身心健康的維護取向。現代人對於生命的考量已經不限於「延長」,而是有意義與品質的要求,因此會期待活得「好」比活得「長」更重要。

現代人因為醫療科技發達,平均壽命也增加許多,然而也因為壽命的延長,造成人類年老失能與罹患慢性病的機會相對增加,一般認為腦的成長在成年之後就停止,然而最近的研究發現「老狗也可以學會新花樣」,德國的研究發現即便是老年人學習新的技巧,也可以促成腦細胞的發展(China Post, 7/11/2008),這也給了目前的心理健康專業一劑強心針。此外,幹細胞的新生功能也讓許多研究者與民眾,對於許多目前不治的疾病點燃了新希望。也因為醫學科技發達,許多以往救治不了的疾病可以治

癒，甚至掌控在可以控制範圍內，因此目前對於生命延長的另一項工作就是：如何維持與增進生命品質？而「臨終關懷」也成為生命品質維護的重要議題。失能與慢性疾病增加，讓老年生活憑添變數。當然退休時間可以延後，增加個人對社會的貢獻，然而相對地也會增加醫療與照顧的社會成本，而醫療發達（如幹細胞）也會引發另一層的道德議題，這也是現代人必須要去面對的課題。

(二)老年人口的照護

年逾65歲的老人人口，根據國家發展委員會（國發會）統計，台灣在2021年，65歲以上人口已超過16%，進入「高齡社會」，預估到2025年，全台65歲以上人口將高達20%（國發會人口推估查詢系統）。老人照護也成為現代人的另一個壓力，加上現在的少子化，到了西元2030年可能就必須兩個人撫養一個年過65歲的老人了，雖然中國傳統是養兒防老，經過世代的變遷，這樣的思維也受到極大的挑戰，政府單位雖然也看到這樣的**趨勢**，希望用政策做一些預防，不僅需要的預算龐大，執行起來有其困難度，但是基本上我國法律還是將撫養父母的責任放在子女身上（子女不能棄養父母、若某人有子女就不能請領一些補助等），要如何讓年邁雙親可以頤養天年，也是現代人要考慮的一環。我國的老年政策有許多進步空間，因為將照護責任歸諸家庭，許多無依的老人就可能成為社會的「人球」，沒有受到照顧；老年照護的專業目前還在發展之中，許多機構不僅費用過高、專業人員與素質不齊，也引發了許多問題與爭議，倘若政府可以提供品質佳、費用可以負擔的老年照護（包括養老院），可以減少個人負擔，當然也有人認為「這樣豈不輕易讓一些不肖兒女逃脫責任？」政策也都是朝向較有利且公平的方向思考，期待可以有較佳的平衡。長壽與活動力佳固然是好事，然而照顧老年人的公共設施仍大為不足，使得許多老人家都被迫待在家中，少了許多生活樂趣；像是老年人出門會有許多不便（如搭車、交通安全等），這些光靠公德心是不夠的，也不是設置一些「博愛座」（或免費搭乘）就足夠，還要加上「夠格」的服務（如老人專

用交通工具與服務人員）。再者，即便政府引進外傭協助照顧臥床病患或老人，但是規定的標準太嚴苛，許多家庭需要的僱傭不一定吻合標準，但是又急切需要，當然就只好找「地下」人力仲介，自然也衍生了許多問題。

三、飲食習慣改變

西方高油脂食物的普及化也影響到本國孩童的健康，包括體重過重，以及第二型糖尿病的增加，我國學齡階段的孩子體重較之十年前已經有明顯增加趨勢，主要與食物的改變有關，現在年幼的孩子對「麥當勞」可一點也不陌生，而不少父母也會以帶孩子去吃西式速食為獎賞；其他像高熱量的薯條、薯片，「吃到飽」（all you can eat）的餐廳策略，加上現代人吃宵夜或飲酒的習慣，體重與健康都因此亮起紅燈！飲食習慣與癌症的相關已經得到證實（Doll, 1992, cited in Henderson & Baum, 2005），而多食用蔬菜可以減少許多疾病的罹患率，包括心血管疾病與癌症（Kelloff et al., Potter & Steinmetz, 1996, Ness & Powles, 1997, cited in Henderson & Baum, 2005, p. 85）。

一項瑞典的研究也發現：50歲之前罹患糖尿病的成人，在半百之後失智或患老年癡呆的機率是未患糖尿病症者的一點五倍（China Post, b, 4/1/2008, p. 5）。女性朋友保持身材的纖細，也可以減少罹患乳癌的機會（China Post, 12/9/2007b, p. 5）；最近的研究發現，最嚴重的乳癌病患有近四成五是過胖體型（China Post, 3/16/2008）。全球大約有四億成人過胖，而依據世界衛生組織（WHO）的預估，到2015年全世界體重過重的人口會超過二兆三千萬，過胖者將攀升至七億（China Post, 5/17/2008, p. 8）。光是體重過重就可能會縮短壽命（China Post, 2/26/2009, p. 11），更可怕的是過胖或體重超重的人口將帶給世界能源與食物的重大危機，可見體重已經不是個人問題，也可能是社會與全球的問題，肥胖當然也有遺傳上的原因，可能是新陳代謝或味覺敏銳度的問題（Safarino, 2005, p. 5）。加州大學一研究員Xuemei Sui的十七年追蹤研究，發現維持正常體重，以及規律

運動對於第二型糖尿病有關鍵預防的效果（China Post, 4/4/2008）。最近的一項研究發現男嬰出生時若身材較為短小（少於四十七公分），或是體重較輕者，在其成年時較之一般身高男性自殺企圖高出兩倍，主要原因是早產可能造成腦部血清素（serotonin）的缺乏（China Post, 1/18/2008）。

美國《華盛頓郵報》（The Washington Post）曾經提出需要注意的十個體重事實，包括了：10歲孩童體重與四十年前相比增加超過十磅，近三分之一的4歲兒童體重過重（2006年統計），體重過重所引發的健康問題與花費較之酗酒或抽菸更嚴重，過去十年來青少年與兒童每天所攝取的熱量較之所需要多了110到165大卡，美國只有2%的孩童有健康飲食，2006年的統計發現有二十五萬6歲以下孩童體型過大，不適合坐一般房車的座位，飲料的消費在二十年內遽增三倍，也是青少年主要糖分添加物的來源，有四分之一的蔬菜攝取是來自薯條或薯片，有四分之一的美國人一天三餐中至少有一餐是吃速食，美國民眾較之上一代攝取多了五分之一的熱量（China Post, 5/20/2008, p. 6）。我國學童的飲食習慣也因為西方食物的輸入而有許多的轉變，學齡兒童的體型肥胖已經不是新聞，不僅發育提早（如月經來潮），還可能附帶有其他心臟、腎臟的問題出現。

美國醫療協會期刊（Journal of American Medical Association）的一篇研究結果發現，嬰兒出生時的體重可以用來預測其未來發生糖尿病的危險性，出生時體重過輕者容易罹患第二型糖尿病，體重過重者則會面臨成人期糖尿病（China Post, 12/26/2008, b, p. 6），可以想見體重的過輕或過重都可能是未來健康的問題。美國最近發現種族不同的兒童肥胖率也有差異，目前發現4歲兒童過胖者最高比率是印度裔（31%），接著是西班牙裔（22%），第三順位是非裔兒童（21%）（China Post, 4/8/2009a, p. 11）；7歲之前就已經是屬於肥胖型的兒童，在成年之後有相當大的可能性會持續肥胖（Fowler, 1989, Walker & Gerhardt, 1990, cited in Page & Fox, 1997, p. 232），連4歲幼童中五位裡都有一位過重（China Post, 4/8/2009, p. 11, a），這一個警訊也讓世界各國開始重視兒童肥胖的問題。美國疾病控制與預防中心也成立「營養、身體活動與肥胖中心」（Division of Nutrition,

Physical Activity & Obesity）做相關研究，發現兒童其肥胖不只會縮短壽命，還有許多健康問題會陸續出現（China Post, 5/20/2008），心血管疾病首當其衝（China Post, c, 12/7/2007）；新的研究發現肥胖不只造成身體上的疾病，其罹患精神疾病的比率（如憂鬱、焦慮等）也較之一般非肥胖者高出兩倍（China Post, 5/17/2008），也因此有些減重計畫都是以兒童為對象實施，最簡單的方式就是讓兒童喝較低熱量的飲料（China Post, 4/8/2009, p. 11, b）。

在澳洲雪梨舉辦的國際會議中，甚至將「肥胖」列為比恐怖主義還更可怕，是一種「默默進行的流行病」（silent epidemic of obesity），也是一種生活型態的疾病（"lifestyle diseases", China Post, 2/28/2008）；胰臟癌是其中之一，特別是「中厚」（腹部肥胖）型的婦女，較之腹部不肥胖者有七成高的可能性罹患胰臟癌（China Post, 7/17/2008）；而腹部肥胖的女性更容易生產腦部或脊椎病變的孩子（China Post, 7/28/2008）。當然不少民眾也將減重或維持正常體重視為重要生活目標，然而也可能有矯枉過正的情況，例如暴食或極端節食，甚至厭食，或像是現代人怕吃甜食會發胖，於是就用代糖取代，但是代糖吃多致癌也是有科學依據，最近的一期British Medical Journal報導德國醫師們的研究發現，即便是食用代糖口香糖，也會引發大腸毛病與不適，但是一旦停止，問題就不再出現（China Post, 1/12/2008）！

紐約有一項初步研究發現：保持運動的人，腦部萎縮情況較少，可能會防堵早期的老年痴呆（China Post, 7/16/2008），只是這項發現需要更多的研究背書。加拿大多倫多大學的一項研究發現，午餐時與電視共餐的孩童，平均較之未在電視前吃飯的同儕要多攝取額外228卡的熱量（China Post, 7/10/2008）；父母親本身肥胖或過重，也會在意或擔心孩子的體重，只是專家建議要「多行動、少說話」，也就是與其教訓或告誡孩子要注意體重，不如在餐桌上多提供蔬果、讓家人多一些機會一起用餐、讓身體活動機會增加，以及關掉電視，尤其是對於常將雙親的勸告解讀成批判的青少年而言，父母的行動力更重要（China Post, 6/6/2008），當然也要以身

教來示範最佳！在美國亞特蘭大疾病控制中心的Dr. Strine與同事的一項研究發現，被診斷為憂鬱症者有六成是肥胖及有抽菸習慣的，而在焦慮症者方面有三成是肥胖者及有抽菸習慣者，可見生活習慣與心理疾病似乎有相關，只是孰為因、孰為果仍未有定論（China Post, 3/7/2008）。

此外，也因為經濟發達，食肉人口也增加，以前在經濟貧困時代，肉類不常出現在餐桌上，現在則是很平常，然而像西方國家多肉的飲食習慣，也容易有健康上的危機，最相關的就是「血栓」（thrombosis or blood clotting），但是魚肉不在此限（China Post, 7/29/2008），紅肉（豬、牛、羊）與結腸／直腸癌的相關也是被證明的事實。現代人較有健康意識者，甚至會鼓勵輕食或素食，這也是反制多肉的飲食習慣的一種。我們東方人習慣說：「吃肉會讓血液變酸性，也會影響行動與思考（較為遲鈍）。」似乎也有它的道理在。

四、科技引發的健康危機

(一)電腦引發的危機

科技也影響了人們的生活，電視與電腦改變了人們的生活習慣已經不是新聞，久坐的生活讓健康亮起紅燈，高熱量的食品攝取也造成兒童期肥胖遽增，這樣的肥胖甚至可以延伸到成年期（Fowler, 1989, Walker & Gerhardt, 1990, cited in Page & Fox, 1997, p. 232）。科技與電腦發達，但是因此而衍生的健康議題也是最近才被注意到，像是網路上癮行為、手機使用問題、援交引發的性病與道德問題、過度仰賴科技的「生活白痴」、久坐冷氣房的身體問題（中暑、皮膚乾澀、過敏、脊椎病變等）、久盯（用）電腦螢幕的乾眼症或上癮問題，甚至因為交通工具便捷、減少身體活動與接觸陽光的機會，冷氣使用率增加破壞臭氧層、增加全球暖化現象，甚至全球暖化也增加了腎臟病變的機率，這些都是科技背後的負面影響。

(二)電視娛樂與健康議題

加拿大最近的調查發現，青少年一週中花在電視機與電腦前面的時間超過二十小時（China Post, 3/14/2008），而網路裡充斥著性、暴力與藥物，對青少年身心有重大影響（China Post, 1/7/2009, b, p. 11），這項統計不僅說明了一般現代人生活習慣的改變（坐姿時間太長、戶外活動休閒減少），也隱藏了一些科技可能帶來的危機，像是網路上癮、人際關係的疏離、久坐習慣引發的健康危機，以及缺乏休閒創意與時間管理等。美國在2004年的一項研究發現：1到3歲兒童每天看電視時間增加一小時就會增加一成注意力不足的機率，而臺灣與新加坡的青少年近視率更高達八成以上（Honore, 2008/2009, p. 127）！

(三)使用手機的後遺症

手機的使用與便利是眾所皆知，許多上班族或是年輕族群已經將手機當成身體或生活的一部分，手機不離手，一離手就不知道怎麼過生活，加上手機的功能越來越多，個人可以將自己重要事務全記載在手機裡，一日不可或缺，沒有手機就成為「生活白痴」！

雖然許多研究沒有發現手機與癌症之間的關係（最近臺灣有一起手機長置在胸前引發乳癌案例），但是總不能等到證據確鑿之後才去做預防動作，因此在綜合不少研究發現之後，美國Pittsburgh的癌症研究中主任Ronald B. Herberman（China Post, 7/25/2008a, p. 5）提醒手機使用者多用耳機接聽手機，也少在公共場合使用，以免危害他人。瑞典研究者Bengt Rnetz與其團隊發現：睡前使用手機聊天，也導致睡眠品質驟降，不僅較難入睡，也睡得較不安穩（China Post, 1/23/2008）。最近的研究已經證實手機的使用率過高，會影響到孩子大腦、身心的發展，也對親子關係有負面影響。手機的藍光影響睡眠節律，讓大腦無法利用睡眠時間，將白天所學或經驗做適當統整，影響睡眠品質、記憶力及學習效果；長時間使用手機，導致視力退化或不可逆的眼部（尤其是黃斑部）病變，甚至是脊椎因

爲姿勢不良而出現問題；手機上不良的食物廣告，或使用手機者貪圖便利，可能就攝取了過多熱量或是不營養的食物；或因爲都是坐姿或固定姿勢、缺乏伸展與活動，造成發展遲滯（大腦的發展與身體活動息息相關）或健康問題（Goodwin, 2016）。我還發現手機的另一個問題──個人隱私的曝光，常常在公共場合看人們使用手機，許多的內容都可以聽得一清二楚，有時候眞的是迫不得已聽到（像在捷運或火車上），有一回聽到一位英語流利的年輕女子在捷運上與一老美通電話，後來女生還說：「怪不得你是同志！」我當時就想：對方若是知道這個對話內容連我這個陌生人全程都聽到、也瞭解，不知道是何滋味？有沒有感受到自己隱私被洩漏？有時候還聽到許多家中不爲人知的一些隱私（像是欠債與吵架），都可從手機對話中窺知！手機原本是爲了方便與隱私，但是卻在使用當中減損了這些功能，這也是值得深思的議題！

五、長坐的生活習慣或工作性質

現在人足不出戶的習慣屢見不鮮，加上許多工作性質都是長坐居多（像是電腦相關科技等），造成運動就必須藉由上健身房或其他器具的使用來代替。即便是在戶外曝曬陽光，不只可以讓骨骼強壯、攝取維他命D、對抗憂鬱，也可以減少近視的機率，因爲陽光可以促進眼部發展（China Post, 1/7/2009, a, p. 11）。久待在一個室內空間，會讓人窒息、感到憂鬱，也因此變成懲罰的一部分（如監禁）。心情不佳時走出去，會發現大自然全然不受影響，而世界照樣運轉，看看別人的生活、想想自己，也許情況就不會那麼悲觀！陽光對於人的心情的確有影響，如北歐國家較多「季節性」憂鬱症，因爲陽光照耀的時間不同的關係，而陽光較多的區域（如南歐、加州，或本國的屏東）可能較少情緒上的沮喪，人與人之間的互動也較爲溫暖熱情。

然而即便戶外活動似乎不可取代，許多發明也針對現代人而設，希望可以補足目前人類運動量不足的問題，像是符合現代科技應運而生的許多運動器材，其實也成爲醫療上測試或檢驗的工具之一，即使是走步機

測試「運動能力」（exercise capacity），也可以知道一個人的健康情況，倘若不能在走步機上走動，也可能增加罹患心臟病的機會（China Post, 2/9/2008）。

　　長坐不動的生活型態的確也讓許多人的健康亮起紅燈，科技便利像是網路購物，可以讓人省去不少時間（所謂「少逛馬路、多上網路」的趨勢），但是也相對地減少傳統到市場或大賣場走動的購物習慣，大賣場貨品的齊全與琳瑯滿目，讓現代人可以去一處就購得所有必需品，雖然減少了去多處採買的時間與不方便性，卻也是讓人減少活動的一個成因。久坐不僅容易造成身體上若干特定部位的不舒服甚至病變，如肥胖、脊椎問題、特定關節疼痛、肢體或四肢僵硬、腿部循環欠佳、心臟血管疾病等，或是因為使用電腦過多造成肘部問題、視網膜病變、飛蚊症、乾眼症、近視等，可見現代人的文明病與生活型態休戚相關！

六、網路成癮症候群

　　電腦科技的發達，也改變了原來的生活樣貌，不少人（尤其是青少年）陷入網路成癮的陷阱中。網路上癮是科技進步的一個隱憂，目前國外研究發現大學生族群是網路上癮（internet addict）的最大多數（Chak & Leung, 2004; Chou & Hsiao, 2000; Hall, 2001, cited in Hall & Parsons, 2001），國內陳淑惠等人（2003）也發現網路成癮行為的大學生不在少數，理由不外乎可以離家獨立、享受自由，少受家人監控拘束、同儕與學校行政人員的鼓勵、之前受過網路相關訓練，再則是網路無特殊限制、遊戲的吸引人，可以暫時逃避大學生活的壓力、社交經驗的可怕與孤立（Young, 2003, cited in Chak & Leung, 2004, p. 560），種種因素容易讓人陷溺其中，另外也因為虛擬的社交網路與聊天室，可以滿足現代人的孤寂現實及與人互動的需求。網路成癮可以說是現代文明社會的不良結果之一，原本網路傳輸是最為便捷，也是資訊傳播迅速、廣被的一個管道，但是也因為因應網路孤立個人的情況，資訊設計與業者就想到人類最基本的互動需求，讓多人可以因為同一遊戲或視訊會議而「聚」在一起，滿足群聚需

求，也可以彼此因為競爭而有不同結盟關係，只是可能造就了更多足不出戶的「宅人」或「上癮一族」。

臺灣網路資訊中心（Taiwan Network Information Center, or TWNIC）在2008年的調查發現：臺灣本土以年齡12歲為區隔，該年齡以下網路使用者約有198萬人，以上則有1356萬人曾使用網際網路，以臺灣總人口數二千三百萬人計，已然超過半數；而網路使用人自2002年的九百三十五萬人，到2008年1月止，增加為一千五百萬人以上。網路使用人口激增的另外一層隱憂是：資訊爆炸，人們獲取資訊容易，但是也需要進一步的判斷力，因此許多人將網路資訊視為唯一的真理，甚至篤信不移，也可能混淆了價值觀與是非。

在治療現場極少是因為網路上癮行為而前來求助的當事人，最多的是家長受不了孩子沉溺在網路世界、荒廢了學業，甚至有情緒與行為的變化，擔心孩子未來可憂，前來詢問情況，若是教師轉介也通常是因為曠課時數過多，或是學習效果甚差，甚至有逃學、離家或被誘拐出走等情事，為了讓學生可以有所作為、不耽誤前程，而轉介到諮商中心。網路成癮也已經成為國家的隱憂，因此本節有必要將網路成癮的現代病做一些介紹與釐清。

(一)網路成癮的普遍性

網路的使用已經大大超出了當初的資訊搜索的用途，而成為社交生活的另一平臺，甚至是內在情緒的出口，虛擬世界不只是科技的日新月異產生的結果之一，也因此「出產」許多新的心理疾病，像是網路上癮、科技壓力（technostress）、上網人格違常，以及虛擬世界所產生的多重認同衝突（Ookita & Tokuda, 2001）。網路成癮大部分出現在年輕，或受高教育族群裡（Hall, 2001），有不少研究指出網路成癮者平均受教年限為十五年（cited in Hall & Parsons, 2001, p. 315）。香港在2002年調查10-29歲族群的網路使用情況，發現有15%為網路成癮（cited in Chak & Leung, 2004）；韓國針對高中生族群所作研究發現，有近5%的研究參與者是「過度網路使

用者」（Yang, Choe, Mattew, Lee, & Cho, 2005）；Ko等人（2005）在2003的調查發現臺灣青少年族群中有近二成的人有網路成癮現象（cited in Ko et al., 2007），而依據Yang 與Tung（2007）對臺灣高中學生的調查發現，有13%的參與者可以認定爲成癮者。成癮者使用網路時間爲非成癮者的兩倍（使用網路時間越長、上癮機率就越高），雖然普遍都認爲網路使用有其負面結果，但是參與者卻認爲網路是增進同儕關係的方式，其中較依賴、害羞、沮喪，以及自尊較低者，更容易成爲網路上癮者，這其實也說明了網路使用的匿名性讓使用者可以規避現實生活中人際關係裡、面對面的緊張與尷尬（Kandell, 1998, cited in Hall & Parsons, 2001），同時也可以稍稍滿足其與人接近的基本需求。

Young等人（2005）採用「十六項人格因素量表」（Sixteen Personality Factor Questionnaire, or 16PF）也發現「過度網路使用者」容易受到感受影響、情緒較不穩定、想像力豐富、常陷入沉思中、獨立作業、自給自足、喜歡做一些試驗、也喜愛自己所做的決定，而研究者也提及這一族群可能有較爲特殊的人格傾向，這個結果也似乎暗示了網路成癮者可能的自我中心與耽溺。大學生族群的網路成癮人數也不遑多讓，將近14%（Chou & Hsiao, 2000），對於未能完成發展任務（如親密關係、自我定位、人際關係與歸屬感等）的大學生來說，網路就成爲逃避許多責任與義務的最佳避難所（Hall & Parsons, 2001），同時可以讓學生滿足其在現實生活中未能滿足的自我身分認同需求（Young, 1999, cited in Hall & Parsons, 2001）。對於被譽爲「草莓」或「水蜜桃」族群的現代青年人來說，大學是其踏出雙親守護、開始離家獨立生活的第一關卡，大環境的新鮮與要求、學習過程中的挑戰與適應，都成爲主要壓力源，「逃避」也就成爲因應手段之一，只是逃避成爲習慣或慣性動作之後，所衍生的後果就不是那麼單純、容易解決了。

對網路上癮者來說，上網是爲了開拓新關係，非上癮者卻是用來維持原有的關係（Chou & Hsiao, 2000; Young, 1996, cited in Hall & Parsons, 2001），這個結果除了說明成癮者以網路拓展人際，甚至滿足其人際需求

外，也可能暗示著在實際人際關係上的失敗或不足，因而逃入網路世界企圖滿足其需求。大一新生族群進入新的學習領域，環境、學習與生活方式的改變都可能讓其壓力感受增加，學業表現、居住情況與家長的期許是最大壓力源（Economos, Hilderbrandt, & Hyatt, 2008），尤其目前的大學生凡事講求收益快、投資少，當遭遇到現實生活中的挫敗經驗，可能就退回到自己熟悉的空間、啃噬傷口或自我療傷，網路是許多大學生認為最便捷的情緒出口，只要專注於某件事就可以「協助」他們忘記哀傷或不快，雖然事情沒有解決，但是可以暫時得到情緒上的舒緩。

(二)網路成癮因素

　　林季謙（2003）針對臺灣中部國中小學年紀的族群做初步調查，發現網路上的虛擬人際容易讓人上癮，而網路上癮者在人格特質上較多「神經質」特性；或者個性較害羞、依賴、沮喪，以及自尊較低者（Yang & Tung, 2007），過去的研究發現網路成癮者有孤單、害羞、焦慮、憂鬱等徵狀，越害羞者對自我越無自信、卻深信自己擁有掌控他人令其無法抗拒的力量、也比較宿命論（Chak & Leung, 2004）；Ko與同事（2007）在2003年對臺灣南部高中生族群的調查，也運用了「三向度性格問卷」（Tridimentional personality questionnaire, or TPQ，包含「新鮮感追求」、「逃避受傷」，以及「酬賞依賴」reward dependence），結果發現：成癮者有較高的探索情緒興奮（exploratory excitability）與酬賞依賴，以及較低自尊，若是上癮情況降低時（remission），在人際焦慮與敵意表現就相對減低；邱聖玲（2003）以中學生為對象，結果發現網路成癮者的生活中有若干因素促使其遁入網路尋求安慰與逃避，如親子關係疏離、少家人情緒支持，同儕關係平平、無深交，喜好高科技產品與娛樂，學業表現中等以上、但覺壓力大；而在上癮因素方面主要是：網路滿足其成就感（包含可以賺取額外的金錢）、可以滿足交友與刺激新鮮等需求、空閒時間多無其他嗜好、家長約束少，以及逃避學校或家長壓力。家庭的保護因子（如親職態度、家庭溝通和凝聚力）及危險因子（如暴力）都與網路上癮行為有

關（Park, Kim, & Cho, 2008）。

　　學生容易成爲上癮一族，主要是因爲其容易接近電腦、可以運用的閒暇時間較多（Chak & Leung, 2004），上網經驗越長者、上網時數也越長（Nie & Erbring, 2000, cited in Hall & Parsons, 2001），Young定義成癮者基本上上網時數一週超過三十八小時，主要是耗在「聊天室」裡（1996, cited in Chak & Leung, 2004）。網路成癮有幾種類型：網路性成癮（cybersexual addiction）、網路關係（cyberrelationship addiction）、上網強迫症（net compulsions to online，如賭博、拍賣等強迫性行爲）、資訊過量蒐集（information overload to compulsive web surfing or databases searches）以及網路遊戲或軟體（computer addiction to game playing or programming）等（Young, 1998, cited in Chak & Leung, 2004, p. 560）。

　　香港針對年輕族群（所謂的網路世代）的調查發現，其參與四種主要網路活動——上網聽音樂、下載音樂、進入聊天室、去網咖玩線上遊戲，其中線上遊戲是成癮者認爲的上網主因，而成癮者的自我控制與自律部分較差（Chak & Leung, 2004）。此外，網路吸引人的原因還有所謂的「流動性身分」（fluid nature of the identity）（Turkle, 1984, cited in Chak & Leung, 2004, p. 568），網路使用者運用網路的隱密與匿名性，可以使用和變換不同的身分與他人做互動，滿足其在現實生活中不可能擁有的角色與力量，這也是虛擬世界可以達成的功能之一，當然也是重要吸引力。有若干研究針對網路上癮的一些人格特質做初步探討，除了之前所發現的自尊低落、情緒偏負向（朱美慧，2000）外，對現實生活不滿意（Young, 1998）、遭遇生活或學業困境（Kandell, 1998）、自我認同混淆或焦慮（方紫薇，2002；Kandell, 1998）、人際互動問題（方紫薇，2002）等，網路可以提供他們新的自我認同場域與表現，營造虛擬（現實生活中難達成）的人際關係與社交網路，也讓他們在自認爲安全、不需曝露自我真實身分或面貌的原則下，獲得一些需求的滿足。

三網路上癮改善或治療情況

網路成癮的幾個指標包括：常常想到網路、需要更多時間上網、曾經試圖減少上網時間但無效、不使用時會有戒斷（withdrawal）狀況產生、時間管理問題、環境加諸的壓力（家庭、學校、工作、友朋）、對上網時間欺瞞或說謊、情緒因上網而獲得調整（以上網來紓解情緒）（Young, 1999, cited in Hall & Parsons, 2001, p. 312）。柯志鴻（2007）也以Maslow的「需求階層」（need hierarchy）來看網路成癮行為，網路不只滿足個人原始的基本需求（如性、新鮮感、感官刺激），其匿名隱密的安全與自由也是吸引要素之一，加上歸屬感（同是上網一族）與愛的追求、自尊的滿足（跳脫現實、塑造完美），以及自我實現（線上或虛擬自尊與成就）。

邱聖玲（2003）發現網路成癮者主要是因為「環境」與「個人心理經驗」交互作用的結果，因此若是要將情況做改善也需要從這兩方面入手。成癮者對於網路認知與情緒經驗由負向轉變為正向，就是成癮行為改善的結果，然而這樣的陳述卻未將改變過程做說明，這一點也需要臨床治療的證據來支持。Young（2000, cited in Hall & Parsons, 2001）提及目前有三種模式的治療處置運用在網路上癮者有不錯的效果：認知行為治療、十二步驟的上癮課程，以及表達性藝術治療，也有提到需要將上癮行為背後的違常情況（如憂鬱症）先做處理（USA Today, 5/2001），然而以個案方式呈現的（如Hall & Parsons, 2001），信服力不夠，若是要減少浩大的社會成本，最好的方式還是可以在預測與教育（預防）這一區塊努力。

網路成癮行為所耗費的社會成本極大，與賭博不相上下。網路上癮行為要做改善行動，除了要先排除或處理其他心理疾病的可能性之外，也需要家長或自我的監控動作，而時間管理、讓生活有重心與目標、有其他的社會支援與網路，都是相當重要的，不可以就單一方向著手而已，可能有掛一漏萬之遺憾。此外，相關單位對於網路資訊的管理與網咖的管理，都可以採用較為正確的對策來因應。

社經階級與健康

　　健康與社經階級有關，對於生活舒適或富有的人來說，健康容易維持，甚至可以是每日安排的休閒活動，但是對於汲汲營生、求生活溫飽的較低社經階層的人而言，勞動就是運動，沒有所謂閒暇而產生的運動或是休閒。雖然在貧窮國家，個體快樂指數可能與財富有關，但是在富有國家，財富就不是一個重要指標（Clark & Oswald, 2002, cited in Ballas, Dorling, & Shaw, 2007, p. 164），主要是因為「不公平」所造成的負面影響更大（Jencks, 2002, cited in Ballas, Dorling, & Shaw, 2007, p. 164）！社經地位低，每天為生存在搏鬥，個人的資源被削減，也較無能力因應壓力情況，因此也讓自己的情緒與想法更負面（Gallo & Matthews, 2003）；家庭收入少、壓力自然也大，對於生活在其中的孩子來說，也會造成長期的情緒問題（Wadsworth & Berfer, 2006, cited in Mrug, Loosier, & Windle, 2008, p. 70）。貧窮家庭出身的孩子面臨許多的不公平，家庭情況變動較多，如暴力、與家人分開、不穩定與動亂的家庭，較少社會支持，父母親對孩子的需求較無反應、管教也較威權、較少參與孩子的學校活動、較無文化刺激、看較多電視、成長環境較差（如汙染、髒亂或犯罪）等（Evans, 2004）；針對貧困三代的研究發現，第一代的低教育水準並不能預測第二代提早做父母，但是第二代的嚴厲親職管教卻讓第三代出現外化行為問題（Scaramella, Neppl, Ontai, & Conger, 2008）；而低收入的女性，其資源短缺，尤其是家庭因素（如子女年幼，或是有障礙）、工作特質（長時間工作、工作轉換多）更增添其身為母親的角色壓力（Morris & Coley, 2004），這樣的結論也可以套用在我們目前的社會，因為經濟情況的變動，造成所謂的「新貧階級」，貧富差距增大、形成所謂的「M型社會」（也就是中產階級減少，反而是大貧大富者增加），「不公平」才是萬惡淵藪！M型社會（富者愈富、窮者愈窮，中產階級急遽消失）已經讓社會不公，而社會階級會造成資源分配不均，從新冠疫苗的採買與施打率就可見一斑！社經階級不同的資源分配也會轉為對健康不利，像是貧窮和教育

水準與健康問題、壽命有關（Brannon et al., 2018, p. 6）！

現在多數國家是處於M型社會的情況，社會階級造成資源分配不均，讓富者越富、窮者越窮。運用健康策略的以中產階級人士最多，而在健康與相關產品的消費上是以社經高階層的人占最多數（Savage et al., 1992, cited in Crossley, 2000, p. 52），這其實說明了一般人認為社經地位與所處環境也影響健康的結果。處於低社經地位者，每天忙著餬口、餵飽肚子，根本沒有多餘的精力用在健康養護上，甚至就將本身的勞力工作當成健康運動，而相反的，有錢有閒階級為了打發時間、讓自己活得更有質感，花費在健康養護的時間與金錢就相對增多。中高社經階層者也比較有資源，或是較會運用資源，因此照顧自己的身心健康不成問題，反之，中下社經地位者，不僅資源稀少、對於可利用資源的資訊亦不足，加上身體上的勞動已經是負荷過重，更無暇去處理心理上的壓力，這樣的結果只是惡性循環。

政府相關單位有必要照顧全民，也要注意到適當的福利政策，不是給錢就算是照顧到，而是要讓需要者可以獲得必要的協助，卻又不會讓人懶惰或不勞動以換取資源。我國執行全民健保有年，固然照顧了絕大多數民眾的健康，只是有些更弱勢者還是無法繳納基本健保費，甚至身體的健康照顧到了，心理或靈性層面的健康照護還有很長一段路要走。美國對於健康維護也注意到心理層面，例如以德州來說，貧窮民眾不僅在健康保險上有優惠，政府也會給付一年三十次的心理諮商費用，不會因為社經階級的差異，造成更多的不公平。

有些人似乎深陷在「階級複製」的惡性循環中，也就是赤貧家庭似乎永遠擺脫不了貧窮的命運（Edge et al., 2004, cited in Kagan & Kilroy, 2007, pp. 94-95），也因此成為社會的「邊緣人」，而經歷窮困、被剝奪、健康資源不公與受限的生活選擇的人們，就是受到「社會隔離」（"social exclusion", Kagan & Kilroy, 2007, p. 98）的一群，這些人與其後代，若是沒有政府相關機制與律法的保障和協助，不僅難改善其社會地位，其身心理健康是可慮的。

健康資源的獲取有社經地位的差異，其實連壓力程度也有差別。位

階低者較之位階高者有更大的壓力，因為在下階層者會比較擔心自己工作能否完成、成功效果如何，這些不可控制的因素讓他們覺得備受壓力。此外，女性對於壓力的感受也較之男性為高，主要是即便是職業婦女比較擔心的不是職位的升遷，而是自己是否扮演好母親的角色（Klein, 2006/2008, pp. 238-242），這也暗示了「階級」、「地位」與「權力」的相關，健康議題也不能自外於權力與階級的影響。

 ## 過與不及

前段說明社經地位的差異影響身心健康的現實，而對於身心健康的維護也可能有「過」與「不及」的憂慮。社經地位較低者，或因為便利之故，服用成藥成習，也可能因為健康資訊不足，服用沒有經過藥物認證的藥物，或是道聽塗說服用了有害健康的藥品（如不少鄉下地方老人家聽信廣播或電視藥品廣告而誤食藥物，引發不可挽回的悲劇）；社經地位較占優勢者，也可能會有營養過剩或是保養過度的問題。現代人吃營養品、有機食物，或是維他命補充劑，基本上還是需要經濟情況在中上以上才有可能，許多的基本營養素也因為現代人的精緻飲食等生活習慣所破壞，怪不得需要做額外補充。許多的維生素與生命品質或疾病也有相關，以維他命D來說，是鞏固鈣質很重要的元素，基本上可以從陽光照射而來（China Post, 6/25/2008），最近的一些研究也證明維生素D缺乏，可能會引起心臟方面的疾病而導致死亡（China Post, 6/26/2008），當然維生素也不可以攝取過多，可能危及生命！這也印證了中國傳統智者所說的「過猶不及」的養生之道。

現代人若要讓自己身體健康，必須要改變一些生活習慣，英國某期刊批露一個研究指出：適量飲酒、運動、戒菸以及每日攝取五蔬果的人可以延長十四年壽命（China Post, 1/9/2008），當然這項研究的結論還需要更多的證據證實，只是一般人也很容易信服這樣的結論，而這樣的養生方式不僅兼顧到「長壽」，還可以「健康」才是最重要的。總而言之，正確的養

生之道是「平衡」，太過與不及都不是最佳方式。

家 庭 作 業

一、上網查目前國內前十大死亡原因為何？查看這十年的趨勢與
　　變化。

二、如果以現代社會的文明病來看，妳／你認為還有哪些？

三、倘若你是一位政府政策擬定者，妳／你會注意到哪些健康策
　　略需要策劃與執行？

Chapter 3

自我與心理健康

　　一般的心理衛生相關書籍比較少談到「自我」與心理健康之間的關係。為什麼要在這裡特別提及？心理健康與自我當然有關係啊，是因為「自己」的健康嘛！但是在這裡要強調的是心理學上對於自我的定義，以及自我與健康的相關議題。我們常常聽到「自我概念」（self-concept），自我概念的評價主要是來自「自我統整」（self-integrity），也就是不僅瞭解自我的潛能或優勢，還清楚與欣賞自己的限制，並且知道自我與社會間的互動關係（Gergen, 1971, cited in Tudor, 1996, p. 71）。自我與健康的關係可以就幾個層面來談論：身體意象（個人對於自己身體形象與特色的接受度，會影響個人對自己整體的接納情況）、自我界限（自我身體與心理的界限、與他人之間因為關係不同而有彈性不一的界限），和自我與健康。

 ## 身體意象

一、身體意象指的是什麼？

　　「身體」（body）是我們看待自我最重要的因素，也是決定自我價值的主要依據（Synnott, 1993, cited in Sparkes, 1997, p. 83），但是西方文化裡對女性的「身體法西斯主義」（body fascism），以及對於苗條身材的霸權，儼然成為社會規範之一（Bartky, 1988, cited in Sparkes, 1997, p. 96）。兒童自小就開始接觸到社會文化對其發出的訊息，包括長相、身高、胖瘦、髮型與衣著都可以成為評論他人的面向，當然就直接影響到他

們對自己的看法（Page & Fox, 1997, p. 235）：雖然已經有研究證明（如Sonstroem & Potts, 1996, cited in Fox, 1997, p. 122）身體自我價值可以是自尊之外一個重要預測生活適應的指標，但是性別文化的傳統已經存在了這麼多年，要打破這一層制約還真不容易！

　　所謂的「身體意象」（body image）就是自我對自己體型的看法與相關關切議題，基本上包含幾個面向：吸引力（attractiveness）、有效性（effectiveness——協調、運動能力、體能）、健康（health——主、客觀意義）、性特徵（sexual characteristics——對於青春期身體變化的自在程度）、性行為（sexual behavior——與自己或他人性行為的自在度）與身體的統合（body integrity——對於自身擁有身體的感受）（Walsh, 2006, pp. 168-170）。身體意象其實也隨著文化與時代的演變而有不同，只是有些趨勢似乎還是延續了下來（Davis, 1997）。以前人們的體型似乎反映了國家的興衰，像我國唐朝盛世，楊貴妃這樣的豐腴體型才是國家的驕傲，宋朝國力衰弱，趙飛燕的纖細體型就是代表，只是曾幾何時現代人對於美的要求似乎更苛刻，追求的幾乎是標準體重以下的體型，甚至有所謂的「紙片美人」，也讓減重相關事業大行其道！這就是所謂的「消費者文化」所呈現的一種現象，指的是擁有理想身體美條件者，就具有較高的交換價值（Featherstone, 1991, cited in Sparkes, 1997），蔚為風行之後自然會影響到個人對於自我形塑與評估的標準，更進一步形成一種政治與外在約束力量加諸在個人身上（Sparkes, 1997, p. 90），也造成一種「社會規範」，要求「自我約束」，比如「減重」壓力、胖子被汙名化等，如果一般大眾都以「理想化」的要求為圭臬，怪不得目前不只是女性有飲食失調的問題，男性患者也增多！

　　Page與Fox（1997）的研究顯示，有關身體外表的一切，都可以獨立成為兒童時期有關自尊的情緒指標，可見許多社會文化的影響已經滲入個體，成為評估自我價值的重要依據。外觀或是身體體型是一般人最常注意的第一印象，也因此若是個人本身的外表或體型較接近理想，不僅對其本人自尊有所加持，也會影響他人對其的看法；常常有所謂的「月暈效應」

（halo effect）出現，甚至到目前爲止，許多人還是會認爲自己的外表特徵可能影響其交友、受歡迎程度、找工作成功率，因此年輕世代也會讓自己可以更美、受歡迎爲考量，考慮整形的可能性。在國小欺凌行爲的研究中也發現：身材胖瘦（靈巧或笨拙）、長相特殊也可以成爲受欺負的原因之一可見一斑（邱珍琬，2001）！

　　身體的體型也是遺傳居多，但是現代人對於審美的標準趨向瘦削，相對地也會無形中對於體型不同於一般標準的人有歧視或汙名化，即便是美國最近的一項研究，調查25到74歲的公民是否遭受到任何形式的歧視？其中有六成左右的人曾經因爲自己的肥胖體型受到錯誤解僱、未能升等，以及不受僱用的命運（China Post, 4/1/2008a, p. 5），國內也有一樁胖妹因爲體型而被解職的報導（2008年7月），也就是一般人對體型還帶有道德批判的意味，彷彿身材適中就是道德高尚，過重或肥胖可能就表示一種道德或性格上的「缺陷」或「瑕疵」，就如有人會說肥胖的人較懶惰、不積極一樣，呼應了之前所說的「健康與道德」的價值觀。固然身體意象彷彿是女性的注意目標，但是目前也有男性開始注意自己身體意象的趨勢（Mishkind, et al. 1986, cited in Davis, 1997），不過普遍情況還是對女性身材較有要求（不僅是社會文化，女性對自我也不得不如此），主要原因之一是：女性的身材條件也是其「價值」之重要評估因素。

　　體重或是體型還牽涉到社經階級的議題，對於中上階層來說，運動成爲休閒娛樂之一，然而對中下社經階層的人而言，與身體維持「工具性」關係是最常見的（Shilling, 1993, cited in Sparkes, 1997, p. 94），也就是身體是勞動力或能力的本錢，休閒娛樂對他們而言是奢侈，因爲他們根本沒有太多的空閒時間。對於女性來說，身材姣好是提升自我價值與自信的一種方式，唯生育過後，或是節省原則，身材變形或是不重打扮，就有被汙名化爲「糟糠之妻」的可能性，而男性基本上不需要被要求以「身材」爲「交易價值」，因此標準就較爲寬鬆。目前的一些研究結果發現女性對於自己體型或體重要求較男性嚴苛，這也是一種性別歧視或父權霸權的展現，女性要依照男性設置的標準來雕塑才算是美，所謂的「女爲悅己者

容」（為了討好喜歡自己的人而裝扮），即便在文明民主社會還是充斥著男性大沙文的不公平！

二、節食與身體意象

節食似乎已經成為現代人的日常活動之一，有些劇烈者甚至演變成飲食失調（暴食或厭食症），造成身心極大的創傷！有學者研究發現：出現在女性雜誌裡的節食文章是男性雜誌裡的十倍之多（Anderson & DiDomenico, 1992, cited in Davis, 1997, p. 144），而身體意象的形成還是以文化規範的「美麗」或「性吸引力」為主要評斷標準，甚至還可以連結到個人快樂的指數，負面的身體意象或飲食失調通常與低自尊有關（Davis, 1997, p. 146）。我們一般在聽周遭人聊天，也常常聽到節食或是減重的話題，尤其以女性居絕大多數，而法國甚至立法禁止以劇烈方式教人節食的網站（China Post, 4/17/2008c, p. 11），伸展臺上的模特兒也倡導不要做「紙片美人」，就是目睹節食惡風的囂張而有的反制行動！對女性來說，低自尊、高神經質與完美傾向等常見的心理特徵，都與體重、節食有密切相關（Davis, 1997, p. 150）！

傳播媒體將女性的外貌與身材視為「交換價值」，甚至鼓吹低於標準值的身材，造成有些女性（或男性）為了達到這樣的目標而採取劇烈手段讓自己在極短的時間內迅速減重，不只造成身體健康問題、還有心理疾病的憂慮；有些人常常減重，也因此造成體重起起伏伏，這也是另一層健康危機。而現代男性偏好纖瘦女性的事實（China Post, 12/20/2002），也給女性增加了許多外在壓力。一項針對澳洲13歲族群的研究發現：不吃早餐的女性較男性多出三倍，而且常略過早餐者對自己身體形象較不滿意、也較常以節食方式來減重（Shaw, 1998）。國內調查桃園國中生也發現：普遍對體重最不滿意，飲食方面攝取最缺牛奶與水果，而高熱量之含糖飲料與休閒食品則攝取過多（曾美娟、高毓秀、李裕菽，2007）。

個人體重是否超出正常值，一般可以用很簡單的（身體質量指數─Body Mass Index or BMI）公式來算：〔體重（公斤）〕／〔身高（換算成公

尺）〕²，以一個身高160公分、體重48公斤的成年人來說，他／她的值為：

48/1.6² ＝ 18.75，BMI值在18.5與24之間是正常，超過24表示「過重」，超過30則是「肥胖」（參見下表－BMI指數），當然還要考慮到種族（如亞洲人身型較小，歐美人身型較粗大），另外也將所從事的行業需要使用的體力程度考量在內，年輕者BMI指數較低、年長者較高；而一般男性腰圍超過90，女性腰圍超過80可能罹患心血管疾病率增加，這些數據都可以是健康的一種警訊。肥胖者的休眠代謝率較低，因此需要攝取的食物量較少，此外也有較多的脂肪細胞（Curtis, 2000/2008，p. 129）。

表3-1　BMI指數（引自Westbrook et al., 2008, p. 211）

BMI（公斤／公尺²）	WHO的分類
<18.5	過輕
18.5-24.9	標準
25-29.9	一級過重
30-39.9	二級過重（肥胖）
≥40	三級過重（超胖）

　　有研究指出：出生前與第一年家庭收入少於2500美元的孩童，其成年後的身體BMI值較大（Duncan, 2009），可能與父母餵食的食物有關。大學女性有較高BMI值的的確對自己的身體意象較負面，但是卻不影響其對自己性行為方面的變項，也就是女性對自己主觀的身體意象知覺比實際的BMI值更能預測其性方面的行為與想法（Weaver & Byers, 2006）。雖然女性飲食失調疾患者為男性的二十倍（Curtis, 2000/2008，p. 129），但飲食失調已經不是女性的專利，現在有越來越多男性也開始注意身材與飲食的關係，也有更多男性有飲食疾患，據估計約有1-3% 的女性有飲食疾患、有0.1-0.3%的男性罹患暴食症（Cowie et al., 2004, p. 153），特別是自青春期開始就嚴格執行飲食計畫者，可能就是飲食失調的先兆（China Post, 4/22/2008）。

　　運動員是飲食失調的高危險群（Brownell et al., 1992, cited in Jaffe,

1998, p. 509），而怯於表達自己感受者也是需要注意的族群（Lawrence & Thelen, 1995, cited in Jeffe, 1998, p. 509）。飲食疾患不是單一關切體重或身材的問題而已，而是與內在的一些需求與害怕有關，像是擔心失去對自己生活的掌控力，所以以飲食控制的方式來展現自我力量。最近發表在Archives of Pediatrics and Adolescent Medicine的一篇研究（China Post, 1/9/2008）發現：年輕女性若是可以固定與家人一起進食，也可以減少飲食失調的問題；而明尼蘇達大學研究員Dianne Neumark-Sztainer的調查也發現：許多青少年是以相當極端的方式在控制自己體重（例如使用瀉劑、自我引發的催吐動作、節食藥丸或利尿劑等），引發的健康後果更可怕！健康的飲食習慣應該要及早培養，也可以避免日後飲食失調的危險（Cowie et al., 2004, p. 155）。

三、運動與身體意象

運動原本是促進或維持健康的方式之一，身體機能就像機器一樣，需要時常維護，才能保持較佳的運轉狀態。運動除了養生、健康的益處之外，也證明了可以協助發展階段任務的因應，讓個人容易接受自我正在成長中的身體，也建立社交網路支持系統（Brettschneider & Heim, 1997, p. 225）。一般說來，運動較被歸為男性的活動範疇，而研究也證明女性比較不活躍（Armstrong et al., 1990, cited in Page & Fox, 1997, p. 231），這必須將社會文化對於男性與女性的「刻板印象期許」考慮在內，加上現代科技將網路或是一些視訊媒體帶入人們的日常生活裡，使得許多兒童、青少年，甚至成人的休閒活動都較為靜態，甚至是久坐，要運動得走出門，或是運用到運動器材，另外許多「沙發馬鈴薯」族（couch potatoes）在看電視時也容易養成吃高熱量零食的習慣，這也造成現代人肥胖問題與健康的隱憂。

「纖瘦法西斯主義」（body fascism and tyranny of slenderness）一旦成為流行趨勢，不只是社會標準、也成為政治迫害的一種手段（Sparkes, 1997, p. 96）。一般人要健康或認為健康重要，自然會注意飲食與多運

動，但是節食與運動也可以變極端化。美國文化崇尚運動，運動所展現的體能特別與年輕族群的自我認同有關，也可以視為個人資源與重要的「社會資本」（social capital）（Brettschneider & Heim, 1997），我們中國士大夫社會重視文憑、高學歷，對於運動技能這些項目不太鼓勵，甚至認為是三教九流、登不上檯面，無形中也會影響著父母親對孩子的要求與期許（邱珍琬，2007），當然目前國內對於運動員培訓與出路的制度依然極為不足，自然也是家長們擔心孩子前途的主要因素。

　　Carlson（1990, 298-299）提到運動的諸多益處：㈠生理上——促進血液循環，增加血紅素，穩定血壓，協助消化與排泄，協助清潔皮膚，增加肌肉張力與強健肌肉，協助紓解便秘，增強與發展肺部功能，強化心臟也減少心血管疾病，增進身體的調節機制，減少體重與體脂肪，維持體態，抵制肥胖，增加肌肉韌力，改善姿勢，增加疾病抵抗力，改善疼痛忍受閾；㈡情緒上——減少焦慮與憂鬱，也增加自信、自尊與樂趣；㈢認知或智力上——增進心智警覺力與表現；㈣社會或人際互動上——可以維繫與發展良好人際關係，不僅體能改善，也讓個人更有精力；㈤行為上——協助工作效率，減少疲憊感，運動上的自律可以延展到生活其他層面上，減少社會不允許的行為，增進睡眠品質，身體適能增加自信與自我肯定，改善反應，增進敏銳度，品嚐食物更有滋味。

　　運動不只可以增進身體機能與維持健康體態，也可以增加自信與心理的彈性（或挫折容忍度），也就是運動有許多的附加效果（Leith, 2002, p. 84）。「自我效能」（self-efficacy）通常最能預測一個人參與運動的程度（Biddle, 1997），當個人認為自己做得到、也較容易付出心力去完成，個人也會考慮到運動需要付出的努力、可能有的障礙、與行為管理（p. 74），當然運動之後的立即效果（如通體舒暢）與延續效果（健康、愉快）也可以是讓個人持續下去的動力。雖然個人的體重會隨著年齡而增加，身體功能隨年齡而退化，卻也發現年紀越長，個人對於自我健康的維護有越注重的趨勢（Bausell, 1986, Prohaska et al., 1985, cited in Davis, 1997, p. 151），至少可以延緩老化的速度，這個結果與我在心理衛生課堂上請

同學做課後一個小小訪談的結果一致：在中年過後，許多人回答「什麼是人生最重要？」的問題時，就會以「健康」為答案。

 ## 自我與界限

一、自我界限的重要性

「自我界限」（self boundary）是心理學上所使用的名詞，定義的是人與他人的關係，主要是說明自我與他人之間再怎麼親密，都有個界限或是分際存在（Greif, 1996），就像是狗狗或是動物為了維護自己的「勢力範圍」（territory），會使狠、尿尿做記號，或是做其他防衛動作一樣。把「界限」的觀念用在人身上，就可以發現其實到處可見，包括一般人對於自己的物品與空間（如房間）的維護，如果他人不經允許擅用，感覺上就不舒服，甚至有被侵犯的感受。人最極限的界限就是身體，不容許他人在沒有被授權或是同意的情況下任意踐踏或侵入，像是被觸碰或是騷擾，甚至是被控制或傷害，這些都違反了身體界限的原則，這也是近年來法律規範任何形式的騷擾或侵害的主因，當然不只是身體界限，心理（或精神）或是空間也是有界限的，包含之前所提的「所有物」也是。

「自我界限」一般說來有最基本的「身體」界限以及「心理」（或是「情緒」）界限（Ace, 2007, p. 311）。情緒的界限可以協助個人定義自我、保護自我免於他人情緒的需索、操控與虐待（Stibbs, 2001, cited in Ace, 2007, p. 312），例如被人罵「三八」，如果自己自省沒有這樣的特質，就不會「對號入座」，受到對方情緒或心理的干擾。每個人的身體就是自己最後的一道防線，沒有所有人的允許或授權，基本上是不能隨意違反或侵犯的，而心理的防線則是因人而異，有些女性為了成全與人之間的關係，心理上的界限較鬆弛，感覺上也常被利用或侵犯。而「禮節」是維持人與人間界限所約定俗成的規則，西方人的人際距離較疏遠，也很重視人與人間的身體界限，因此從最輕微的「碰觸」到親密性行為等都有規

範；東方人的人際距離較親密，因此有些人不太注意與他人之間的界限，也因此容易發生一些問題，或是不舒服的感受。

　　身體界限被侵犯嚴重甚至構成重大傷害，像是性侵或是肢體毆打與攻擊的暴力行為，這些目前也有法律規範。「心理」的界限比較抽象，但還是很重要，有些是隨著身體界限而來的，譬如在繁華的夜市被推擠，甚至不小心被碰觸到，都讓人覺得不舒服，或是有不安全的感受，這也是一種「界限違反」。每個人最基本的「界限」就是自己的身體，若是有人違反，或是不經同意之下觸犯，就是一種侵犯自我界限的表現。談到這個最低的「自我界限」，最明顯的例子就是肢體暴力或性暴力（包括性騷擾）──這些都是未經同意之下所造成的重大傷害，雖然被違反的是身體的界限，卻也同時侵犯了心理的界限。所謂「心理」的界限是一個人允許他人親近的一種規範或標準，不僅需要維護、也需要調整與滋養。界限是可以彈性調整的，因為個人與他人關係的不同而做適當調適，基本上與我們關係較親的人，我們與他／她之間的界限較緊密，反之則是較疏遠或僵硬，然而有些親密關係卻忘了維持適當的界限，這就是違反界限，自然會造成關係的緊張與個人受到壓抑或壓榨。中國人的人際界限與西方的人際界限有極大差異，主要肇因為中國人重視團體與家族，西方則是側重個人自由，因此在中國家庭裡較常看到「個人與家族榮辱一體」，或是個人空間被擠壓（甚至沒有個人空間），在家庭治療裡就是「界限」鬆散、混淆的情況。

　　每個人都希望維持或保護自己身心的「界限」，退可守──保持自己的獨立性與自由，進可攻──為維護或爭取自己的權益而奮鬥。界限在心理層面的範疇，我們也希望自己可以控制、自主做決定，許多人雖然沒有遭受到身體界限上的侵犯，但是卻很不自由，例如我曾碰到的一個案例：父母親太干涉子女的生活，或是做決定的機會，這也是一種不信任、超越界限的舉止；像是一對父母親硬是要孩子去考警校，他們的考量是目前經濟不景氣、工作難找，考個警校，畢業之後可以吃公家飯，也解決了競爭問題，要孩子放棄已經考上的大學，孩子擔心不吻合父母期待，也十分努

力,但是連考三年都沒有進榜,而且警專暫時停招,雙親這才放手,但是有但書:規定孩子不能考師院或私立學校,只能填選國立大學!孩子最後終於可以唸書了,但是她已經較之第一年同時上大學的同儕要晚三年了啊,同學都要大學畢業了!徘徊在孝順與自我生涯抉擇的孩子,心理界限被跨越、無法自己做決定,這樣的壓力是很大的!

界限還包括其他的許多情況,包括與人之間的關係與限制。例如我國人因為人口眾多、人際間的距離較近,所以連造訪朋友也是很隨意,不太會事先打個電話知會,有時就直接衝到他人門前,對於一些比較在意隱私權的人來說,就是一種侵犯、不被尊敬的舉動。此外,個人的優點與限制,生命的有限性也是人的界限;認可自己與他人或有不同(如個性、背景、文化、長短處等),但是也有共通性(皆為人類社群的一員,有生有死,有學習與情緒等),這其實也說明了「界限」的彈性,也就是個人可以決定自己的界限範疇,以及彈性程度。一般說來,對於關係較疏遠者,我們與之的界限較僵硬、固定、不可跨越,但是隨著關係的進展,界限也會做調整,會比較有彈性,偶爾可以跨越;然而界限太清楚或僵硬固著,也表示不容易親近,人際關係欠佳,另一個極端是「太有彈性」,甚至沒有界限,本人就會覺得不安全、被侵犯,甚至被操控。

維持自我界限是自我保護很重要的一環,基本上隨著年齡增長或是生命經驗豐富,人們對於自我界限的覺察與維護會更有能力,只是年齡幼小或是無行為能力者,就需要監護人或其他成人,甚至是法律與政府單位來加以保護。一般人維護自我界限的方式有許多,像是希望擁有自己的房間、所有物貼上自己姓名的標籤、自己做決定買東西、不去在意他人眼光而做或不做什麼、希望被看見自己的優勢與特色等等。人際間的自我界限有時不容易拿捏,我們要親近他人,就必須要讓自我界限可以更彈性化,或是可以有穿透性,但是要保有自我、不受影響,卻又需要嚴格的自我界限,也許我們可以用關係的親疏遠近作為標準,還有自己想要冒的險有多大來看或做決定;譬如要與對方更進一步交往,可能就需要往內退縮一些,讓對方可以越界一下,如果不想冒這個險,那麼就留在原地,好好護

衛就行。與他人的關係要更親密，通常也涉及界限的彈性，親密關係中很重要的是適度的自我揭露，當然自我揭露也需要冒險，因為要測試對彼此的信任度。

二、獨處與自我界限

「獨處」（solitude）也是維持自我界限的一種方式，也可以是人的需求之一，許多宗教領袖認為獨處可以提升頓悟與改變（Storr, 1988, p. 33），獨處可以讓人與自己、周遭環境做更親密的檢視。Rae André（1991）提過：「積極的獨處是智性的、也是療癒的工具，可以協助我們平衡社會所強調的關係，而將重點放在自我身上。」（p. xix），獨處不是去因應孤單，而是達成一種自我實現：所謂的獨處是「回歸自我」，特別是當周遭世界變得冷漠、無意義時，或是當生活充斥著人、而我們要忙於應付時（Moustakas, 1972, cited in André, 1991, p. xxii）。完形學派特別著重自我的真實接觸（Corey, 2005, p. 197），我們常常周旋在人際關係中，不管自己喜歡不喜歡，往往卻忽略了與自己相處、瞭解自己的機會，所以常常會希望有人陪伴，不知道自己獨自一人時如何打發時間，或是害怕自己一個人在一個空間裡。

孤單與獨處不同，孤單讓人感到：行動沒有得到回應，愛或需求沒有得到肯定，自他人那裡得到的回饋突然或慢慢消逝，而自己卻依然期待（André, 1991, p. 5）。一個人最親密的伴侶還是自己，蘇格拉底說人一生的重要任務就是「知汝自己」，以存在主義的觀點來說有兩層意義：一是人生來就是一個孤單的個體，自來自去；而人需要瞭解自己的界限與能力，雖然也可以經由他人的觀點來看自己，但是還不如自己看得清楚而明確，也因此當然需要與自己獨處。我們在日常生活中常常忙於事務，也會認為不做一些事似乎就不知道如何過活，這就是將生命中最重要的「存在」（being）以「做事」（doing）來替代，因此有時不免虛空，甚至是發現沒事做時的手足無措，有些人甚至因此耽溺於藥物的使用，希望藉用藥物讓自己不去經驗那種虛空的痛苦感受。現代人更需要獨處，因為

身處科技文明的複雜社會，許多根本的價值觀因此遭受到衝擊或考驗，常常讓人迷失自己，但是也因為忙碌慣了，一時之間不太能適應「與自己相處」的情況。我記得以前曾經對一位忙碌的母親說：「可不可以花五分鐘獨處？」後來她告訴我說「做不到」，因為「一個人什麼事都不做，真的好可怕！」於是我就請她改換方式，不要只是一個人待在房間，而是走出去，甚至散個步也好，可以讓自己在心理與時空上都獲得暫時的紓解。許多的家長或上班族特別需要給自己獨處的時間，有時候下班回來身心都很疲累，若要馬上處理孩子問題或是家事，這樣的「轉換」有時讓自己更力不從心、也容易情緒失控，因此不妨「暫停」（time-out）或喘息一下，即便只是三、五分鐘，讓自己可以沉澱一下思考或情緒，都是很有幫助的，接下來才會有精力去面對生活的挑戰。獨處可以讓自己與自己有親密接觸，比較清楚自己是誰？要的是什麼？也可以靜下心來思考一些重要的問題：可以跟自己相處的人，基本上也容易與人共處。

　　一個人獨自在一個空間不一定覺得孤單無助，主要是自己的解讀很重要，如果接受獨處也是一種存在的現實（being alone is a state of being），而不是被剝奪，感受就全然不同（Andre', 1991, p. 12）！我們在覺得自己孤單時會有一些衝動，也就是想要迅速逃離孤單的感受、匆促做決定，甚至變得被動與無望（André, 1991, p. 72-74），因此孤單有許多陷阱，包括：㈠誤信孤單是免不了的；㈡當自己感覺孤單時就要去找人；㈢每個人都需要他人；㈣認為人受文化影響，因此自然會影響到我；㈤掉入環境的陷阱裡，認為可以立即滿足自己的需求，然而卻無助於長期的自我瞭解與自足感（André, 1991, pp. 23-31）。存在主義學者認為獨處就是一種存在方式，接受獨處是人類發展很重要的一個因素。獨處不是刻意孤離自己，而是給自己時間與空間和自己相處，當然也有人會害怕獨處、孤單，這些都是過渡的現象，懂得與自己相處，不僅可以讓自己有更多認識與瞭解自己的空間，也可以讓自己沉澱下來，思考一些與自我有關的重要議題。有人說現代人太忙於外在世界的紛紛擾擾，沒有時間去照顧自己的內在，這也是給現代人一個很好的提醒。

　　「獨處」就是自己一個人，獨處不是孤單，孤單的人即便是在人群中也一樣覺得孤單。男性與女性在孤單感上的感受不同，處理的方式也不一樣。女性基本上因為社會期待與長久訓練之故，在人際關係上較擅長，因此在孤單時可以找到人支持的機率較大，但是女性通常較少獨立作業，或是單獨出現，若一位女性獨自出現，不免會讓人誤解為「她是不是在找男人？」或是「該找人照顧她了」，孤男寡女就會令人有其他遐想，這樣的迷思似乎在說明「人是需要伴的」。單身男性與家人的關係較疏遠，女性則恰好相反，已婚的男女性亦同，如果以男女壽命來看，女性獨立生活的時間要比男性還久；而男性通常自工作中找尋意義，女性則是在家庭裡找尋（André, 1991）。現代人生活忙碌、科技便利，手機與網路幾乎無遠弗界，加上中國傳統人際之間的距離較為緊密，不僅隱私權受到干擾，個人想要獨處也的確不容易，因而獨處就變得很重要，不只可以享受隱私，也可以做自我沉澱與成長的功夫。

　　以社會學的觀點來說，人需要生活在團體之中有所歸屬，也需要獨立自主，因此「互相依賴」（interdependence）與「獨立」（independence）是並存的，若是以依附理論（attachment theory）來看，早期與主要照顧人的安全依附關係，衍生至後來的發展階段就是「內在的安全感」（inner security），而這個安全感是獨處時最重要的能力（Storr, 1988, p. 19）。「孤單」是人類生存的一種現實，安於獨處卻也是自我成長重要的一環，有人建議積極的獨處需要三個步驟：覺察（awareness）、改變（change）與探索（exploration）（André, 1991, p. 39）。獨自一人時精力程度會降低，因此要保持身體健康是非常重要的，這樣當自己向內覺察時，才會有時間與精力去探索（André, 1991, p. 94）；獨處也讓一個人的感覺敏銳起來，更清楚自己的身體與情緒狀態，感受到舒適存在的情緒經驗；獨處也可以創造Abraham Maslow所說的高峰經驗，是「自我實現」人格裡的要件（André, 1991）。

自我與健康

建構心理學家Mahoney（2003, p. 153）曾經提到：一個人的生命品質主要是看此人及自我的關係而定，「自我關係」也是心理治療相當重要的一個主題（如自我心理學派、客體學派），其所含括的範疇不限於自我意象、自尊、理想我與現實我之間的距離，還有個人與其他面向之間的關係（思考、情緒、記憶、感受知覺、想像、夢境、幻想等等）。有學者（Baumeister, 1998）曾提出「自我」含括三個面向：㈠執行或改變行動方面（executive or agentic aspect）──反映出自我的力量與能力去做選擇與行動；㈡人際方面（interpersonal aspect）── 藉由互動與建構角色的關係中形塑個人身分；以及㈢反省的意識（reflexive consciousness）──能夠從主觀的「我」（I）去省思被觀看的「我」（me）（cited in van Vliet, 2008, p. 242）。

健康是關乎個人的生活習慣與衛生，與自我脫不了干係，但是如果將它轉變為「健康的自我」又會是怎樣的聯想？自我的健康習慣會影響與他人的關係、他人對我的看法，也會轉而影響到自己對自己的觀感。像是有一位國小男生因為身上常常有臭味，所以同學不肯跟他玩，他也認為別人對他有偏見，也不願意再去忍受被拒絕的滋味，所以就孤立自己，對自己的評價很低，原因只在於父母親離異，讓他由阿嬤照顧，但是阿嬤年紀大了，認為孫子應該自己洗澡了，也較少去注意孫子有沒有洗乾淨？需不需要協助？曾有一位女性研究生不喜歡洗澡，儘管衣服常替換，但是身上的那股味道持久不散，同室友後來都紛紛離去，女研究生卻怪罪他人故意疏離她，這位同學後來經過轉介，請精神醫師協助。國小學童的案例與研究生的是不同的，前者可能因為訓練不足、能力不夠，後者可能有心理上的問題需要協助。自我的健康不僅影響到自己，也會讓周遭的一些人受到影響，當然太乾淨、有潔癖則是另一個極端。這又牽扯到「適度」與「中庸」的問題，該怎樣做才不會「過當」或「不及」？的確是一個很需要智慧的解答。「認同」（identity）是讓我們試圖為自己生存在世上意義化的

一個過程，我們想要創造一種內在的聯繫與持續感，使得自我經驗不會片段或不完整（Suyemoto, 2002, p. 76）。「自我認同」（self-identity）就是一個人怎麼看自己、評估自己，以及自己在世界上的定位爲何？也就是人不只要瞭解自己，也要瞭解周遭的環境與文化脈絡，而不只是從與他人的關係中去瞭解、也從自己與他人不同處去瞭解（Suyemoto, 2002, p. 85），這就是所謂的「反省的意識」。

自我與健康可以從不同的向度來看，除了之前所提到的「自我界限」之外，還有：自信與自尊、自我認知、自律、智性需求與自我實現。

一、自信與自尊

在心理學上我們會將自尊（self-esteem）與「自我概念」（self-concept）聯想在一起，自我概念可以從他人對自己的評價到自己對自我的看法，以及對於自己這個人的整個狀態的看法。很多人會擔心他人對自己的評價，不管是褒貶都十分在意，這樣固然可以監控與約束我們自己的行爲，但是也似乎將評價的所有權放在他人手上、沒有個標準，常常會無所適從。人活在人類社群之中，爲了維持大多數人的利益，當然要遵守某些既定契約與社會規則，只是在遵守之時也有個人的評估與判斷，不是盲目遵從而已。我們中國是一個較從眾的社會，以整體的和諧爲最終目標，但是也不能因此壓抑個人的自由意志與思考，相較於西方社會的個人主義，可能就呈現較專制或霸權的現象。

我們在臨床上看到許多學生或當事人自信（尊）不足，鼓勵他們從事運動，或其他技巧性的活動，通常對他們的「自我效能感」（self-efficiency）的增進有幫助，「自我效能」與自信有密切相關，也可以看出自信其實是可以訓練出來的。自信高者不僅較少焦慮、少表現與焦慮有關的防衛行爲，也會努力去對抗不同的威脅情境（Pyszczynski, Greenberg, Soloman, Arndt, & Schimel, 2004），感受較少壓力、在面對失敗時也較能堅持下去（Thoits, 1994, Turner & Turner, 2005, Baumeister, 1998, DiPaula, 2002, cited in Baker, 2007, p. 334）。Deci與Ryan（1996, cited in Fox, 1997, p.

129）將自尊分成兩個向度：「有條件的自尊」（contingent self-esteem，符合外在標準、去迎合他人的期待）與「眞實自尊」（true self-esteem，安全穩定、自我決定）；就人類發展階段來看，幼年期的自尊是掌控在外在因素較多（如父母、成人，或同儕），隨著年齡漸長，對於自己能力與認識也較多，會慢慢拿回主控或決定權，只是對於女性來說，自尊還是多放在他人期待與眼光的評斷下，主要是與女性重視人際關係有關，也可能是「性別化社會」下的一種負面影響。通常女性會在中年之後有較多的自信，也許是因爲人生經驗的累積，也許是生活智慧的成長使然。針對國中生所做的一項研究發現：自尊要素包括歸屬感、使命感、能力感、安全感與自我感，而學業成就、父母教育程度與整體自尊有關，學業成就、父親教育程度、與重要他人情感都可以顯著預測男女生的自尊，唯對女同學而言，還增加一項生理成熟度（鄭方媛、施香如，2007），但是成人之後其預測的指標會有變動，主要是成熟度、個人經驗、效能感等等的因素，「外在」的因素（如長相、身材或出身）重要性漸減。一般人要有相當程度的自信，跟自我的一些條件會有關係（如智力、出身背景、教養方式、被關愛或照顧到等），也與其他個人經歷有關（如適當的成功與失敗經驗、學習歷程與領悟、得到的結果滿意度等），然而過高的自信也會產生偏見、攻擊行爲，甚至出現像殉道者式的恐怖主義者（Pyszczynski, et al., 2004, p. 464）。

　　青少年階段是個體自我認同很重要的一個發展與形塑階段，有些青少年甚至會以性行爲或是藥物的使用來提升自己的自信，或是在團體中的地位，尤以女性爲然，也因此一些教育者也倡導要讓年輕人有適當的自信與判斷力，那麼其他的可能偏差行爲就可以減少（Cowie et al., 2004, p. 111）。反觀現在許多電子與平面媒體，也將女性的自信塑造在對於自己身材的改造上，雖然這也是提升女性自信的途徑之一，然而過度地強調，反而容易讓一般大眾誤認爲身材就是唯一提升之道，甚至以此論斷自我價值，也產生了適得其反的效果。

　　「自我悅納」是自我認同的第一步，知道自己的優點、可以努力

改善的地方、也瞭解自己是與他人不同的，承認與接受這個「個殊性」（uniqueness），因此「自我悅納」與瞭解自己有相當大的關係。就理論上來說，越瞭解自己應該更能接受自己，但是一般人會比較容易看到自己不足或不好的地方，刻意去掩藏自己不足之處，甚至對於他人看到自己的好或優點不以為意，甚至否認，也可以說一般人會希望自己是很「完美」的，這就呼應了Carl Rogers所說的「理想自我」（ideal self）與「真實自我」（real self），兩者若是差距越大、焦慮越高！我們不只是以「理想我」來看自己或要求自己而已，也會將其強加在他人身上，特別是那些與我們關係較為緊密的人（如親密伴侶或家人）。

在電影「新娘不是我」裡面有一幕是女主角茱莉亞‧蘿勃茲知道好友的未婚妻五音不全，於是就故意設計要對方出糗，推她出來唱歌，結果卻適得其反：男友很高興，還說：「我就是喜歡她這個樣子！」我們愛一個人，或是希望別人愛我是「愛我現在的樣子」（Love me as I am），可是在現實生活中執行起來，似乎是另外一回事。Harter（1996, cited in Fox, 1997, p. 123）的研究發現，影響自尊的前三項指標是外表、社會接受度與學業或體育表現，而個人其他因素（如情緒、道德）影響很小。一個人接受自己的外表、願意維持相當的整潔與美觀，此外還有表現自己能力擅長之地，一般說來就是一個對自己悅納、有相當自信的人。

社會對女性一般的約束較多，加上女性以關係來定義自己，因此會更在乎他人的看法，也造成許多女性的自信不足。自信不足就容易以他人意見為尊，沒有自己看法，需要做決定時考量太多，反而猶豫不決！男性通常以「成就」來彰顯自己的價值與自尊，女性卻不能用同樣的標準，所以「自信」其實也牽涉到周遭大環境與文化社會因素，不可以單一向度的因果來看。

二、自我認知與健康

在心理學裡常常提到自我，包括自我的成形（自我意象）、自我概念、自尊與自信，自我認知就是對於自我的意識與觀念，我們希望知道自

己是誰？想要成就的生命爲何？在社會或是在乎的群體裡的地位如何？他人怎麼看我這個人等。對於臨終或癌末病人的研究裡發現個體最害怕的不只是死後將往哪裡去，還有「自我」的幻滅，因此必須要處理這個部分（Lair, 1996/2007），就如同失智症者一樣，自我認知的部分慢慢失落，甚至不認識自己，對於當事人而言是相當驚慌與痛苦的。我們一般人較難去想像「不知道自己」是怎麼一回事？心理疾病裡面也有因爲忘記自己原來身分、到另外一地去開啟新人生的案例。誠如蘇格拉底所言，人一生的任務就是「知汝自己」，而一旦我們發現自我會消失時，是多麼大的恐懼！彷彿自己立基的底盤在崩落、瓦解，然後自己即將消失！這其實也說明了人所需要的安全感，只要先瞭解前面所要經歷的「無我」是可以接受的，安全感也有了，人也許就可以進入死亡的無我（無意識）世界，這與佛家所說的「我執」也可以參照來看。

在心理學上將「自我的一致性」（identity consistency）視爲心理健康的先決條件，對自我的看法越一致者，其自我知識更清楚，也更肯定，而且較不受他人觀點的影響（Suh, 2002）。對於自己認識得越多越深，就更能接受自己的模樣，也瞭解自己將往何處去，甚至可以同理他人的經驗或遭遇，對他人更寬容。對自己認識不清楚的，可能就隨波逐流、人云亦云，沒有自己主觀的想法，這些甚至會影響到對自己的看法與信心。清楚自己是誰，比較不會慌亂，或是做錯誤決定，不清楚自己是誰、做什麼、要什麼，自然會很迷惑、困頓吧！

三、自律

「自律」（self-discipline）與第一章所說的「健康與道德」有關。一般人會有與周遭環境「有效互動」的基本需求（White, 1959, cited in Biddle, 1997, p. 75），這包含了可以有某種程度掌控環境、利用資源的意味，當然人類也需要有安全感，安全感的一部分就是對於環境有所掌握（可以控制），而不是全然處在未知、不明的情況下。「自我控制」（self-control）與個人情緒福祉、成功因應壓力、較好的身體健康，以

及生命過程中的心理健康有關，也與較為符合現實的信念有關（Myers & Sweeney, 2005b, pp. 22-23）。倘若一個人發現許多的因素不在自己的掌控範圍內，就會有失控、無助或無望的感受，情緒上的焦慮與沮喪就會產生；當然儘管一個人有足夠的能力，或是掌握了所有個人因素，卻也不表示可以成功，因為其他的變項（如環境、時間、他人配合情況等，所謂的「外在控制」）不在自己確實掌控內，要「完全」自我控制是不可能的。

　　自我的人格型態也會影響健康，最著名的應該是所謂的「A型人格」，有極高的成就傾向、好競爭、趕時間、且具敵意，這類型的人常常罹患心血管疾病（Friedman & Rosenman, 1959, cited in Contrada & Goyal, 2004, p. 145）。在心理學上有「內控」（locus of internal control）與「外控」（lotus of external control）人格的研究，其結果發現：內控人格者較之外控人格者較不容易有情緒上的焦慮或過度表現，因為外控者較易將所有成敗歸諸於外在環境或因素，自己比較不願意承擔責任或後果，而內控者會先檢視自己的個人因素，然後做較為公允的判斷，也負起該負的責任（Rotter, 1966, cited in Sarafino, 2004, p. 8）。關於健康也有學者（Wallston et al., 1978, cited in Bennett & Murphy, 1997, pp. 30-31）發現三個顯著控制歸因：內控（internal）、機會（chance）與有力他人（powerful others）；只有第一項歸因為「內控」者，對於健康是可以在自我控制範圍內，也比較會採取維護或增進健康的行為。

　　「自律」就是一種自我控制，可以約束自己的行為並維持心理層面的安適狀態，不管是因為重要他人或機會的影響（外控），還是自己認為有需要、也喜歡（內控）也許都可以達成「自律」的效果，因為「外鑠」的習慣也可能轉變成「內鑠」的動機（例如是因為方便而吃素食，後來發現素食也不錯吃）；自律或自我規範（self-regulation）其實也顯示個人是否將某些健康習慣或行為視為重要，自己可以視事務的優先次序做較佳的決定，甚至犧牲一些不方便、不再為自己找藉口。我們的身體有「自我規範」或「自我調整」的功能，但是若無止盡地濫用、不注意保養（如喝酒、熬夜），其調節能力就降低，有時候以生病模式出現來提醒，有時候

甚至是更嚴重的後果會發生，因此光靠我們身體本身的調節當然是不夠的，需要個人本身願意去履行適度的控制，這就是「自律」的工夫了。

四、智性需求與自我

　　人有求知的本能，也就是滿足自己的好奇心與探索世界或未知的潛能。每個人在人生中希望成就或是完成的意義不同，求知都是最基本的需求，也就是希望去瞭解、知道、與探索問題的答案，不一定是要在學業上的努力才算是求知，每個人在自己生活周遭或是工作上去找問題的答案都是。另外有些人可能想瞭解人生的意義與目的，成為哲學家，或是瞭解人世間的苦難不可免，希望可以探求永恆之道而成為宗教家，或許不一定要成為「專家」，有人研究不同的學問、探勘不同領域的知識，這些也都是追求或滿足自己的智性需求的例子。美國學者Howard Gardner（1999）曾經分析人類有以下幾種智能，只是每一種的能力不同，它們是：身體運動、人際關係、語言、邏輯－數學、自我反省、自然、視覺－空間觀念、與音樂。每個人可以就自己喜愛的事物做探究、瞭解與深入研究或學習，也許並不是每一個人都有同樣的機會或是資源可以去發展自己的潛能，但是也都可以從生活中去發現新鮮、有趣，或探索究竟與答案。

　　我們小時候對於周遭環境感到好奇，只要發現自己的行動力增加，自然探索的範疇就更廣，然而隨著年齡的增長，不少人的好奇開始慢慢被消耗，後來甚至對於新奇事物無太大好奇，也許因為經歷多了，許多的新鮮感不再，也許是因為俗務繁多，剝削了個人去探尋新鮮事務的時間與精力。若能保持好奇的心，不只可以拓展個人的經驗智慧，也可以讓每日的生活更添趣味與豐富。目前科學上研究腦細胞的增長已經與老化無關，即便是老狗也可以學習新花樣（China Post, 7/11/2008），因此即使是老人，或是罹患失智症者，都可以經由一些適當的刺激（遑論智性、規律行為或社交），讓大腦有更新經驗與儲存的可能！這也提醒我們：生命過程是學習的過程，只要開始永不嫌晚！智性的探索可以滿足人的好奇天性，也可以豐富生活、情緒愉快，甚至增加自信，還可以更瞭解自我。

五、自我實現

　　每個人都希望成就自己的生命，賦予自我生命不同的意義，希望可以做一些自己想要完成的事，也讓自己的這一生有值得紀念或被稱道的結果，這就牽扯到一個人對於自己一生想要成就或自我實現的目標有關。自我心理學派學者Alfred Adler（1870-1937）提到：人類的每個行為都是有目的的，因此他倡導「生命目的論」（Corey, 2005; Sweeney, 1989）；這也表示了每個人的確向生命要的東西不同，也許有人希望功成名就，有人要修成正果，有人想要貢獻社稷或服務他人等等，而每個人的行為都朝自己想要成就的目標前進。若是能朝自己可欲的方向前進、有所成就，當然滿意度就高。即便是生活，有人要求舒適即可，有人要有某程度以上的物質享受，有人希望平淡過生活，有人希望生命可以起起伏伏，有人要住大豪宅才舒服，有人認為有屋頂遮蔽、不需要太多的物品，有人要被仰望、享受名聲與威權，有人只要默默為他人服務、即使對方不知道也沒有關係。

六、幽默與樂觀

　　Martin（2002）指出幽默有四項功能：歡笑與幽默可以造成生理上的變化，像是肌肉放鬆、呼吸較順暢、促進血液循環、增加內分肽（止痛）的產生，同時增進免疫力，也減少壓力對健康的負面影響，以及贏得更多的社會支持。樂觀並不是指不在意或敷衍，至少不將箭頭指向自己（或他人），而是聚焦在問題解決上，或者是從中可以學習到的部分。既然健康是多面向的，彼此也互相影響，有許多時候我們可能無法改變現狀或現實條件，但是可以轉換想法或角度，也許就會有新的契機與發現。我們一般人對自己的要求較多，許多情況下很難放過自己，因而造成更多負面情緒，也無助於現況或問題之解決，從不同的觀點來看問題，也給予自己更多思考與創意的空間。

自我照顧的重要性

　　健康是自己的，當然需要自己來維護與增強，而健康的維護其中最重要元素是「自我控制」或「自律」。小時候有家長或照顧人照護我們的一切，除了讓我們的生存機率與品質提高以外，也讓我們體會到愛與被愛的重要性。在教育心理學的研究中，曾有一個在孤兒院內進行的研究，研究者將嬰兒分成兩組，其中一組是控制組（也就是不做任何處理，只做基本的餵食與照顧工作），另一組則是讓照護人員早晚除了基本照顧之外、還加上將嬰兒抱起來呵護，多年後當這些嬰兒進入青春期、再做測試，發現接受擁抱的嬰兒平均智商高於控制組將近十個百分點，從這裡可以知道：人類的生存不是滿足基本的生存所需（如空氣、水、陽光、食物、保暖與遮蔽物等），還有愛與連結、歸屬等需求，才能讓一個人茁壯健康。自我照顧也是同樣的道理，只有將自己照顧好，才會有餘力照顧他人！在人口老化的現代，年長者更期許自己不會成為子孫或社會的負擔，把自己照顧好就是第一步，接下來也不必擔心自己是受照顧的「依賴人口」，一則是因為社會本來就是互助的團體，人類才得以綿衍，二來受到照顧也表示讓其他人有發揮功能的機會！

　　規律作息是最簡單的、也是維護健康最好的方式，像是規律、充足與品質佳的睡眠，固定運動及活動，有意義的人際與親密關係，適當自處與放空的時間等等，這些都與自我管理有關，而現代人身處科技網路時代，自我管理的功夫更是關鍵。由於身心靈是一體的，身體的健康會影響心理與情緒，相對地情緒或心理狀態也會影響身體（如身心症），而人是萬物之靈，還有更高的靈性需求，不管是追求生命意義、價值觀、哲學或信仰，通常可以增加生命質感與意義。

　　自我照顧最難的不是認知方面，而在於執行的行動。我們從不同管道了解哪些是健康行為或習慣，但是光是了解卻不能促成改變，總是要在行動上跟進才有可能。

家 庭 作 業

一、訪問三位心理衛生專業人員他們對於自我照護做到哪些？如何持續？

二、檢視一下自己與他人之間的關係界限如何維持？這樣的界限區分是否合理、具彈性？

三、訪談青少年與成人各三名，詢問其對於自己身體的印象如何？有沒有採取一些行動做改善？

Chapter 4

性與性別

　　性別也意味著權力的差異，許多的宗教或信仰，還是遵照著性別差異的社會化，也就是男權至上，環顧世界上一些國家或社會，男性仍堅守著自己的利益與權力不願意分享，2022年伊朗一位未戴頭巾的女性遭宗教警察毆打致死，掀起了國內風起雲湧的抗議事件，目前仍在持續中，然而這樣的抗爭面對的是由來已久的宗教力量，到底會有什麼結果也不可知。性別不同會受到不同的對待，當然也影響著身心健康，我國於2019年通過同婚專法，是亞洲國家之先驅，但是徒法不足以自行，許多法律上的條文是否能夠真正落實在生活中、達到真正的性別平等，仍有待時間的考驗。

　　這一章會談論到「性與健康」、「性別與健康」等議題。一般人會認為性與健康有密切關係，但是卻較難啟齒，接觸心理衛生就不能諱疾忌醫，當然也不能逃避這個問題。我們東方人對於「性」總將其劃歸為「私人的」或「隱私的」區塊，除非真正遭遇到嚴重問題了，才會去真正面對這樣的議題。許多女性會去找婦科醫生，男性則是找泌尿科醫師，似乎要發現明顯的問題了，或是影響到家庭生活了，才會去就教專家。我們生下來就有性別、有性衝動，隨著年紀成長會有性成熟與性需求出現，因此性就是我們自我的一部分，不能否認。

　　許多國家，特別是亞洲國家以男性為傳宗接代的觀念，已經造成生物上的性別不平衡，例如中國大陸以前的一胎化、殺死女嬰的情況，臺灣許多男性已經找不到適婚對象，必須迎娶新移民（外籍新娘）；而近鄰的印度情況也沒有更好，以2001年6歲以前的男女比例就已經是1000比927，性別比例相當不平衡，加上只有最有錢與最窮階級的家庭拼命要生男孩（China Post, 12/8/2002），若再考量男性壽命較短、成年之後意外死亡增

加，以後的世界就可能是女性占絕大多數，社會問題因此而更增加、也複雜。性別也可以是影響健康的一個因素，性別不僅是生理上的差異，也有重要的社會文化意義，許多的社會習俗與約束是以性別來要求的，不僅男性或女性，甚至是第三性或是同雙性戀者，都受到社會有形無形的規範與約制，此外性別間的關係也影響個人的心理健康，因此有必要在此加以闡述。

 ## 性與健康

親密關係影響個人的身心健康與滿足感，而親密關係中很重要的就是「性」。國際衛生組織（WHO, 1975）曾經定義「性健康」（sexual health）是整合身體、情緒、智力與社會各層面，以增進性格、溝通與愛；因此Mace等人（1974）將性健康基本元素分為三：㈠有能力享受與控制性及生產行為，並吻合社會與個人倫理價值觀；㈡免於恐懼、羞愧、罪惡感、錯誤信念、與抑制性反應或傷害性關係的其他心理因素；㈢免於干擾性與生產功能的器質性障礙、疾病與缺陷（cited in Coleman, 2007, p. 3）。關於性的表達（sexual expression）或滿足，目前的研究發現有以下幾點的益處：增進身體健康、減少心臟疾病與中風機會、減少罹患乳癌機率、增加免疫力、協助睡眠、看起來較年輕、減輕慢性疼痛、減少情緒上的憂鬱或自殺意念、減輕壓力、增加自信與親密感、增進社交功能，以及靈性上的收獲（Whipple, Knowles, & Daves, 2007, pp. 18-26）。

隨著時代的進步與觀念開放，青少年開始性行為的時間也提前了，美國在2002年的全國調查發現：不少青少女以口交方式來保持自己的處子之身，只是口交同時也合併性交，而有十分之一的青少年（年齡在15-19歲之間）有肛交經驗，而且以白人、高社經階級者最多（China Post, 5/22/2008）。最近的一項研究提到年過五十的美國人性生活仍然活躍者，出乎一般人保守的想像，其對於生活的滿意度也增高，而性的問題也可能暗示著糖尿病、感染、癌症或其他健康的問題（China Post, 8/24/2007），

因此性不僅是人類需求與親密行爲之一環，也可以是評估健康的參照指標。Gail Sheehy（2007）在其著作「Sex and the seasoned women: Pursuing the passionate life」（性與熟女：追尋熱情生活）裡也提到女性在中、老年之後仍然可以恣意享受魚水之歡，對女性的生命來說就是展現另一階段的青春期，男性即便到了老年期可以保持性生活活躍，也較少勃起問題出現，有點是「用進廢退」（use it or lose it）的原則（China Post, 7/9/08），女性的更年期較早，也可能因爲荷爾蒙分泌不足、造成性交時的疼痛，但是現在科技文明，已經有許多的方式可以減緩，甚至有許多女性因爲少了懷孕的問題，更能享受更年期之後的性生活。我們以前的觀點受儒家思考影響甚深，認爲年齡到了某個程度，就要達到某些道德標準，才堪稱「符合社會規範」，因此對於年過半百的老人，會要求其應該往更高層次的「心靈」發展，超越「肉體」或「物質」的享受與慾望，因此如果年紀到某一階段，依然受肉慾所擺弄，就會被譏爲「有道德瑕疵」；但是現在的看法又不同了，對於「老來得（生）子」是科技之光、也是老人之光，雖然以往對於「老來得子」有較多性別歧視（重視男性的「生育力」）意味，目前漸漸減少，女性五、六十歲尚能懷孕生子也不是新聞了；個人可以在年紀老大依然享受魚水之歡或肌膚之親，已經成爲一個健康指標。

一、健康性行爲

「性慾」（sexuality）是人格的一部分，是讓人有動力去去尋找愛、溫暖與接觸，影響一個人的思考、感受、行爲與互動，當然也影響一個人的身心健康（Langfeldt & Porter, 1986, cited in Coleman, 2007, p. 4），負責的性行爲強調個人與社區的責任（Coleman, 2007, p. 4），因此不單是個人行爲而已；健康性行爲包含生理上的健全，此外也含有生理的滿足與歸屬感意味。美國麻州在1994年的調查發現：年齡在40-70歲之間的男性有三成五有性功能問題（Feldman et al., 1994, cited in Slowinski, 2007, p. 1），估計美國有兩千到三千萬名男性曾經有勃起障礙（Slowinski, 2007, p. 7），主要與年紀、健康狀況與情緒功能有關（Laumann et al.,

1999, cited in Slowinski, 2007, p. 1）。男性性功能是在生、心理與社會的（biopsychosocial）環境下進行，牽涉到性生活的生理、情緒、社會與關係，而男性性功能與其身體健康情況、生活型態、個人情緒狀態、關係品質、生活與環境壓力息息相關，而男性性功能也常與其表現的焦慮有關（Slowinski, 2007, pp. 2-3），勃起的障礙通常不是單一因素所造成（Slowinski, 2007, p. 7）。

健康性生活與健康的生活型態有關，舉凡環境與生活因素（如壓力、慢性疲勞、濫用酒精菸草或藥物、體重過重或缺乏運動）、情緒疾患（如憂鬱症）、健康問題（如糖尿病、高血壓）等都可以是肇因（Slowinski, 2007, p. 8）。影響性功能的還有一項是「性藍圖」（sexual script），「性藍圖」是個人在成長階段中受到環境或文化等影響對於自我與他人的性態度及對性的看法（Slowinski, 2007, p. 16），許多男性對性有不切實際的迷思（Slowinski, 2007, p. 24），像是一定要「直搗黃龍」，或是持久才是真正男子漢的表現，這些也會影響其實際的性行為與功能。

日常生活中相處的點點滴滴、雖然無關乎性（如口語互動、對彼此或對方的感受），但是也會影響到性關係，而配偶或親密伴侶之間彼此不同的「性藍圖」當然也居中影響（Slowinski, 2007, p. 25）。此外，個人的性格也會影響其與他人和世界的互動，性格影響個人面對壓力或衝突的態度，倘若此人較常憂慮、又是完美主義者、自戀狂，或是有情緒障礙者，較容易有性功能障礙（Slowinski, 2007, p. 22），個人對自己的信心也會影響到性表現與性關係，而相對亦然（Slowinski, 2007, p. 33），因此在看性功能障礙時不能只是就徵象來作治療，而是需要去探討配偶間的關係品質（LoPiccolo, 1992, cited in Slowinski, 2007, p. 23），繁忙的現代生活與壓力，也都會造成伴侶的負擔，其他性行為的搭配條件如時間、地點也都有關（Slowinski, 2007, p. 25）。

女性當然也有性功能障礙，包括性渴望（如性慾降低或是過度）、生理上的問題（如肌肉痙攣）等（Ellison, 2007）；伴侶之間的關係涉及權力、信任與親密（Oberg & Fugl-Meyer, 2005, cited in Brandon & Goldstein,

2007, p. 107），權力是個人對於關係的尊重與價值，而親密則是蘊含著坦誠開放的分享、傾聽、尊重、與溝通（Slowinski, 2007, pp. 30-31）。性行為是親密關係的一種，也是心理健康的指標之一，現代人的生活方式也許不一定以婚姻為唯一方式，性慾望的滿足也有不同形式，只要個人認為可以、適合，即便無性也可以健康生活。

二、健康與性病

㈠性病

由於目前的性行為多樣、性觀念也較開放，不僅性行為提早發生，相關的健康問題也因而需要注意。像是青少年未婚懷孕、性病感染（包括愛滋），甚至是約會暴力或性暴力都時有所聞。不少美國青少年現在都擔心懷孕與性病的威脅，而採用較多的口交，然而「安全的性」依然是最主要的防禦之道！根據聯合國最近的統計，2006年全球估計有三千三百多萬人有HIV，其中的兩百五十萬是最近才感染的（UN-AIDS, 2007, cited in Scott-Sheldon & Kalichman, 2008, p. 129）。愛滋病不是同志的專利，青少年異性戀者罹患愛滋的比例還是每年節節升高（Stiff et al., 1990, cited in Bennett & Murphy, 1997, p. 11），主要是因為青少年是勇於與死神博奕的一個階段，此外，他們也不認為自己是感染的可能族群，或是認為自己應該不會那麼倒楣（Valdisser et al., 1988, Allard, 1989, Greig & Raphael, 1989, cited in Bennett & Murphy, 1997, p. 12），這些迷思都可以是其增加感染率的因素。然而罹患愛滋病者仍然採用不安全的性行為，其主要原因不是想要與死神爭鬥，或是不知道不安全性行為的可怕後果，而是認為這樣是一種「愛的極至」的表現，愛本身比生命本身更為重要（Joffe, 1997, cited in Crossley, 2000, p. 51），而生命如果沒有冒險，根本不值得活（Crossley, 2000, p. 51）。可見即便是性行為，還是牽扯到許多心理因素。

根據一項估計，亞洲在2010年愛滋病患者會高達一千萬，每年成長五十萬，尤其以婦女為最危險罹病族群（China Post, 11/29/2008, p. 7）。

我國對男同志族群的調查發現：六成以上同志在與伴侶進行口交時不會使用保險套，其一是他們認為口交不會傳染愛滋，另外是因為保險套的味道「妨礙」其興致，而有近三成的同志進行肛交時不使用保險套，甚至大多數同志以「嬰兒油」來做潤滑劑，這也增加了感染愛滋的危險（China Post, 1/29/2008）。美國2004年的統計就有超過九十萬人罹患愛滋，而自1981年發現愛滋病毒至今，就美國本土計，已經有超過五十萬人死於愛滋（CDC, 2005, cited in James, 2007, p. 251）。一般大眾對於愛滋病的懼怕較深、也有較多迷思，而愛滋的HIV病毒可以藉由精液、女性體液、共用針頭、與母乳傳染，性行為傳染愛滋更可以經由性交，包括肛交與口交傳播，而且絕對不是同性戀者的專利（James, 2007, p. 252），而愛滋也不是一次機會就傳染，病毒在體液中的含量、接觸次數、由何管道進入，以及個人對此病毒的抵抗力也都有關（James, 2007, p. 253）。

　　美國近期對青少年族群的調查，發現每四位青少女中就有一名罹患性病，以此推估全國就有三百萬青少年感染性病，而性病是女性罹患子宮頸癌的關鍵因素，不孕症也是其後果之一（China Post, 3/12/2008）。要防止性病傳染，最保險的方法就是禁慾，然而也許不太可能，因此就需要瞭解自己與伴侶的性健康情況，最好可以維持一對一的關係，若是有性病也要對伴侶坦承（James, 2007, p. 261），只是在親密關係的情況下，詢問對方是否有性病，或是坦承自己有相關疾病，可能都不是一般人會做的選擇，除非有真正的信任做前提。

　　儘管許多國家倡導性教育或安全的性行為，但是似乎只針對性行為本身，而不是所有相關的議題，因此英國有研究顯示：越是周全的性教育，越能防堵青少女懷孕或青春期孩童的性行為濫觴（China Post, 3/26/2008），而家人聚在一起的時間多者，其子女發生危險性行為的比率減低許多（China Post, d, 7/25/2008, p. 5），這也說明了父母親的監控與教育是非常重要的！負責的性行為應該是個人與社區的責任，瞭解自己的性慾與性發展、尊重自己與伴侶、確定懷孕是在期待下發生、認可與容忍社區內存在不同的性價值，社區則是提供健康照護資源與教育、不允許因

不同性別或其他因素所造成的性暴力（U.S. Surgeon General, 2001, cited in Coleman, 2007, pp. 7-8）。我們的性教育還有很長一段路要走，現代年輕一代雖然性行為較開放，但是性觀念還是很傳統，甚至不夠正確，導致許多問題產生，國內未婚女性（特別是青少女）每年懷孕的比率已經引起教育與相關單位的重視，而所謂的「九月墮胎潮」已經不準確，甚至延伸為「週末墮胎潮」了（2008年與婦產科醫師的對話）。

　　網路科技發達，藉由手機就可以做完成許多事項。網路的「約炮行為」在年輕族群中已經是解決自身性慾最便捷的方式，這雖然表現了身體自主權的一個面向，甚至是宣稱性自主或性別平權（至少女性不是被動者或受害者），然而也隱藏了許多不可預知的危機（如性病、暴力或犯罪行為）。

(二)性上癮

　　「性上癮」（sexual addiction）或是性強迫症也都是與性有關的疾病，只是屬於心理層面的意味較濃，美國「X檔案」男主角大衛承認自己有性上癮，也讓一般民眾更瞭解其普遍性。網路的發達雖然帶來許多的益處，網路的可接近性、經濟上的可負擔性，以及匿名性〔Al Cooper（1981）所謂的「三重A-Access, affordability & Anonymity」, cited in Tepper & Owens, 2007, p. 349〕可以讓不少人利用，甚至可以為一些有生理障礙或是目前無實質性伴侶者提供滿足性慾的管道（Tepper & Owens, 2007, p. 349），然而卻也可能造成不可收拾的後果（如破壞伴侶關係、援交、性病、上癮，甚至犯罪行為）。目前研究文獻上對於性上（成）癮者的研究結果發現：有九成五以上為不安全依附型（逃避或焦慮），將物化想像（objectified fantasies）作為人際依附的替代，若是人際依附增加、其物化想像就減少，以及虛擬實境的遐想讓性成癮者可以從對方反應、肯定與情緒接近的情況滿足其依附需求（Leedes, 2007, p. 375）。

性與溝通

一、性溝通的重要性

有人會問：「怎麼連性也需要溝通？」當然！「性」已經超越傳統傳宗接代的定義，還含有享受親密、揭露自我、承諾等意義，不是讓自己性需求獲得滿足就好，也要讓伴侶的需求受到尊重與滿足，因此性也需要溝通。對許多男性來說，「性」是親密行為的必需，但是較著重在「行動」或「工具」層面，女性對性通常需要有愛為前提，這也是兩性對於親密行為的定義不同（如女人因愛而性、男人為性而愛），譬如男性認為「性交」或達到高潮很重要，女性卻需要有氣氛、前戲，而所謂的親密行為不一定就是性交，而是親吻、撫摸、一些親密的對話，或是身體的按摩等，都可以是親密行為。也因為不同性別對於親密定義有異，因此很重要的是「溝通」。男性要表達親密感受較為困難，因為要在親密與獨立兩者之間取得平衡（Tannen, 1996, cited in Ahlborg & Strandmark, 2001, p. 324），這麼說來，男性對性的表達也與社會對其的期待有關。

許多的「約會強暴」通常是男性的迷思，根據美國的調查研究發現：青少男在約會三次之後，有七成五以上認為應該發生親密性關係，同時也有三分之一的青少女如此認為；而當對象轉為成年族群，也發現男性在付費買禮物給女性幾次之後，就認為對方應該要以「性」為交換。這是因為男女性認知的差異？還是社會文化給人的錯誤解讀？所謂的「親密」，兩性之間有不同的解讀，對男性來說就是「直搗黃龍」（所謂的「性交」），但是對於女性來說，親密可以有許多的方式與形式，卻不一定就是單指性交。倘若兩造雙方對於性與親密的定義不同，自然會造成許多誤解，妨礙真正的親密。

二、有效的性溝通

因為親密關係是建立在信任、尊重與有效溝通上（Slowinski, 2007, p.

41），因此更要細心經營：性的溝通是親密關係中很重要的一環，事實上，性健康會隨著性關係而成長，因此性溝通就成為重要的技巧，這個技巧當然也需要練習。伴侶之間對於性的表達就是聯繫彼此，表現出熱情、愛、創意、相互同意，或是漠不關心或剝削的重要管道（Slowinski, 2007, p. 40），讓彼此知道對方的需求，也才容易去配合或滿足。不少研究發現：有效的性溝通不僅可以增進性滿足，還可以讓彼此關係都更進一步（Barratt, 2005 et. al., cited in De Vilers, 2007, p. 128）。不只是美國文化充斥著性的曖昧，中華文化亦然，也因為這樣的曖昧，讓談論性或開放談論性都變得很困難（De Vilers, 2007, p. 128），特別是口語的表達上（Barratt, 2005, De Vilers, 2006, cited in De Vilers, 2007, p. 129）。針對同一個對象的性行為也許缺乏創意，結婚多年的夫妻就是一例，但是創意是可以去締造的，彼此也可以為關係的更進一步而做努力。

　　一般人對於性的溝通有哪些迷思呢？基本上有：㈠性是自然的，談只是浪費時間；㈡談論性就不浪漫了；㈢性是骯髒的；㈣性不是用來談論的（De Vilers, 2006, cited in De Vilers, 2007, pp. 130-131）。而為什麼個人會害怕談性呢？焦慮來自於：㈠否認或扭曲感受，㈡感覺不自在或丟臉，㈢倘若性需求與不安全被披露了會顯現自己的弱點，㈣害怕傷害伴侶的感受，以及㈤若沒被聽見會感到絕望（De Vilers, 2006, cited in De Vilers, 2007, pp. 131-132）。彼此都可以袒裎相見的夫妻或伴侶，當然可以自在表達對對方的情意與關愛，溝通可以讓彼此關係更好，何不？

三、性溝通障礙

　　「性」是溝通的一環，親密關係中需要有性來達成所謂的「靈性合一」，而性行為出現問題也表示彼此關係出現了問題、需要去解決；一般男性若是碰到性功能障礙，比較不願意去求診，除非問題已經很嚴重了，才會去泌尿科掛號。女性本身看醫生的機率較多，主要也是因為注重健康，或是照顧全家人健康之故，但是為了房事問題去求診的比率也不是很高，因為這樣似乎也曝露了自家隱私。而泌尿科醫生對於性功能障礙較一

致的看法是「心理因素」多於生理因素，也許是因為工作壓力大，或是夫妻配合度，或是丈夫急著要表現男性氣概等，所以在性行為「表現」上失常，當然也有因為沒有正常性行為而導致親密關係生變的。若是伴侶之間性行為出現問題，通常都需要兩造的共同努力，要不然只靠一方是不足以成事的。對於女性來說，臨床經驗上顯示女性會將正向性行為與自尊、愛、熱情、利他、同理、接納、釋放、美麗、尊重、優雅與有力感連結在一起，也就是有靈性層面的意義（Ogden, 2007, p. 132）。

有人以兩性性別發展與性慾需求不同來給婚姻或是親密關係找藉口，最常聽見的就是：「男人一次就有幾億精子，女人一生只有四百個卵子，男人多情是天生。」或者說男人「逢場作戲」是正常，女人就應該潔身自愛拿「貞節牌坊」，不少企業家或是政治人物的「一夫多妻」似乎也暗示了這個現象，許多的親密關係問題就是出在這個男性霸權的觀點上，倘若彼此相愛的兩人不能以同一種標準來要求彼此、也努力達成這樣的承諾，任何荒誕不經的理由都可以用得義正辭嚴！親密關係是兩造的責任，彼此都信守、也以行動背書，關係才可以綿長久久，只要一方不願意繼續，即使相守一生也是空虛。

四、性教育

「性慾」是有關我們是誰，而性教育（sexuality education）就是與我們要成為怎樣的人有關（Roffman, 2007, p. 400）。有一個針對歐洲與北美國家青少年的擴大調查發現：有相當多「少數族群」的15歲青少年已經有性經驗，而其中性活躍者只有13.2%沒有使用避孕措施，雖然大多數青少年對自己的性行為是很負責的，但是只是採用一種避孕措施其實還是很不足夠，最常用的保護措施是保險套，其次是避孕藥（China Post, 1/11/2008）；一項比較荷蘭與美國的青少年性教育現況，研究者發現前者的青少年懷孕與性關係問題遠遠少於後者，因此建議美國公共衛生部門應該就幾個面向做改進：㈠除了技術層面的知識外，讓青少年可以用正向的語言表達他們的性感受與性慾望，而不是一碰到性就用譴責或是負面的陳

述；㈡青少年的性不只是生理現象而已，還要涵括對親密與真正關係的情緒和慾望；㈢美國家庭裡必須能夠「正常」地談論性（Schalet, 2007, pp. 384-385），因此越完整的性教育可以減少許多的後續問題。

　　所謂的「完整性教育」內容應該包括哪些？Roffman（2007, pp. 390-398）建議：㈠健康與安全——安全性行為之外，還有情緒、社會、人際、智力、社會文化與精神層面的考量；㈡價值觀——合倫理的性行為（不批判但是吻合道德倫理的尺度）；㈢發展議題——性的發展是一生的；㈣親密關係——心理的親密與生理的親密都要觸及；㈤性慾與愉悅——對於自己性生理的舒適感與功能的瞭解、性態度與身體意象、接受與享受性愉悅的程度，以及相關的懷孕、不孕、性功能問題等；㈥性別——與個人的生理、認同與性格有關。而Holmes（2007, p. 117）也特別提醒：性慾是相當複雜的，不只牽涉到性行為、性生理，還包括了心理、情緒與政治等因素，而且性別與慾望是流動（fluid）、非固定的（p. 127）。

 # 性別與發展

一、生理發展

　　對於有性生殖的族群而言，性是生命的基礎，得以綿延後代。男性與女性在生理發展上本來就有差異，目前的許多研究也發現性別間的確有發展速率的不同，包括腦的不同區塊與功能的發展，也因此有研究者建議不要提早讓孩子接觸讀寫的無聊活動，讓孩子回歸其玩耍本性，也最好不要提早使用藥物做過動兒治療，或可挽回男孩對世界的好奇與成就動機（Sax, 2007/2008）。性別（sex）基本上是生理議題，但是性別角色（gender role）卻受到社會或文化的影響，因此也影響到發展的範疇，像是性別行為（男女應該表現什麼樣的行為）就可能助長或壓抑了原本的行為，有研究者發現性荷爾蒙就可以解釋不同性別的行為（China Post,

10/23/2007），然而一般社會學者還是相信許多的性別行為是受到社會規範的影響。

　　女性在青春期之後，本身發育的情況與男性不同，男性是較多肌肉組織、女性則是較多脂肪組織，脂肪原本是為保護女性生育的功能，但也因此女性也必須更注意體重與健康的問題，而青春期的女性對自己身體的改變有複雜的感受（Jaffe, 1998, p. 508）。生理早熟的女性較不受同性歡迎、卻較吸引異性的注意，生理早熟的男性在同儕中則較吃香；男性抽菸、喝酒、嗑藥與開始性關係的時間也大概在青春期開始（Sarafino, 2005, p. 18）。有研究發現男性每五分鐘就會有性幻想，而男性的性衝動似乎也較女性更常發生，也許是因為男性性器官外露的緣故，所以較容易受到刺激，然而也就在這個時期，社會文化的影響開始介入，包括男性氣概應該如何表現、男性與性表現的關係等。

二、性別的社會化

　　「性」（sex）通常是指生理上的性別，心理或社會上的「性別」（gender）則是依據生理性別社會化（socialization）的結果，我們的社會與文化會依據每個人出生的性別而加以教導或約束，讓每個人可以表現出符合自己生理性別的行為。儘管性別多元已經是世界趨勢，然而依照生理性別打造的「社會化」行為還是社會教育的一種，許多年輕世代還是被要求要遵照社會規約行為，若不然則會受到糾正、譴責、鄙視、差別對待或排斥！因此，在性別社會化的框架下要「做自己」還是有許多難度，即便許多民眾對於性別刻板印象與偏見有較大的寬鬆與容忍，然而大體說來，我們目前仍處於男權至上的社會，對待女性或是其他少數性傾向族群還是不盡公平，仍有許多可以努力的空間，不管是在家庭、職場待遇及升遷制度等方面。

　　女性社會化的過程中一直被鼓勵要自我控制、安全與聯繫（Collins, 2002, p. 204），也因此女性之間的情誼較為親密、長久，女性也較擅長表達自己的情緒；男女性的性別刻板化發展在青春期時到達巔峰，也就是男

性與女性在外在要求、同儕比較與壓力，以及自我的概念上都會以自己生理性別的行為來做自我要求，倘若有人的表現不是自己所屬性別的行為範疇（如男性表現得很「娘」，女性沒有表現出溫柔、怯弱），可能就會惹來非議與批判的眼光，甚至受到排擠或社會孤立。男性在發展階段被要求要獨立、勇敢、堅定，女性則被期待要依賴、關懷他人、文雅柔弱等，因此社會對於不同性別的行為要求都是一種壓力、沒有任何一個性別可以豁免。男性被訓練少表現自己的情緒，卻也增加了心理上的挫折（Wester, Kuo, & Vogel, 2006），女性較常有情緒與免疫系統的問題，男性則是較多心臟疾病或是感染方面的問題，而男性也較女性多反社會或藥癮的問題（Gilmore et al., 1999, cited in Dedovic, Wadiwalla, Engert, & Pruessner, 2009），這些都不應該將社會因素排除。男性與女性都同時擁有兩性特質，但社會只以生理性別來要求與規範，使得男性只能表現社會認可的男性行為、壓抑自己的女性特質，反之，女性亦然，倘若社會文明可以讓性別不須受「性別化」框架，是不是每個人就可以更自在？生活更舒適、滿意？

三、性行為與發展

許多家長很擔心孩子表現出來的性行為，包括自慰，或是與其他孩童玩起性的遊戲，許多性虐待案件的新聞也讓父母親聞之色變，擔心自己的孩子是不是在自己不知情的情況下遭受虐待，或是被曝露在不適齡的性行為或媒介（如色情影片或圖片）前面？研究者建議家長們不要過於驚慌，有些性的探索活動只是成長過程中的一部分（尤其是青春期），然而認清哪些行為是不適當，或是有問題需要進一步探索釐清，也是必要的（Pluhar, 2007, pp. 158-159）。既然現在媒體網路這麼發達，家長們有時候還是不能夠全然監控孩子諸多訊息的來源，因此父母們自孩子出生之後，都需要進行適當的性教育，做適當的溝通瞭解，讓孩子培養判斷、批判的能力（Pluhar, 2007, p. 172）。祇是我們的家長本身可能接觸的性教育也不多、不足，加上中國父母與孩子之間談性也是一種禁忌，如果這個觀念可

以改變，相信孩子就不需要經由一些不尋常或非法的管道瞭解「性」，當然這樣的改變最好自父母親開始。

不少青少年或年輕一輩很能利用「性自主」的概念為自己的性行為發聲，也有人認為身體是自己的，要怎麼用、怎麼對待都是自己的事，所以才有「只要我喜歡，有什麼不可以？」的現象；正確的「性自主」是性行為與相對的責任兩方面都要顧及，倘若年輕人願意為自己的性行為與可能後果（如懷孕、性病）負責，也在行動之前考慮清楚了，才是真正的「性自主」。

許多人在性行為的表現上與其依附行為是有相關的，也就是早期與主要照顧人之間的關係（依附行為），形成成人之後不同行為與關係型態，如「邊緣型人格」就是「焦慮依附」的極端典型，呈現出來的是人際關係不穩、衝動、老是擔心被拋棄（Ace, 2007, p. 312）。而依附行為當然也表現在性行為上，焦慮依附型態者會經由性行為來與人親近，逃避依附型態者較不會涉入性行為中來體驗親密（Davis, Shaver, & Vernon, 2004, cited in Ace, 2007, p. 313）；而受到凌虐的孩子對於自我的天性與性都抱持著否定的態度（Schloredt & Heiman, 2003, cited in Ace, 2007, p. 315）。婚前性行為與青少年未婚懷孕也是目前極為重視的議題，我國青少女未婚懷孕的比率已經是亞洲第一，雖然美國的「疾病控制與預防」在一項研究指出：性教育的確可以讓青春期少年第一次性行為延後或較願意使用避孕措施（China Post, a, 12/21/2007, p. 5），但是許多的懷孕情況都是在沒有計畫的情況下發生，也是不爭的事實，倘若施予適當且完整的性教育，不僅可以延後性交初發年紀（China Post, a, 12/21/2007），也可避免其他許多相關的青少女懷孕或未婚生子、性病，以及早產兒的發生。

四、性認同

性認同對於大多數的異性戀者很少想到這一環，然而對於性取向的少數（同雙性戀者、第三性）卻是自我認同與發展極為重要的一個關鍵。目前大部分的科學家相信性傾向是有其生物基礎的（Parker, 2007, p. 242），

倘若性傾向可以用生物因素來證明與解釋，基本上大眾較能接受性傾向的少數族群，因為成因是「天生自然的」，而不是後天的選擇。曾有研究者想要針對一些人口學的變項來看同性戀者的出現情況，有人發現兄長人數多者與男同性戀有關，但是結果並不顯著，相反的若是有姊姊的，則會降低男同性戀或男雙性戀的機率；對女性來說，有兄姊的會降低女同性戀機率（Francis, 2008）。

對於大多數的異性戀族群來說，沒有所謂的「性取向」認同的問題，也不需要為了自己的性傾向而企圖掩飾、逃避、害怕他人眼光，不敢呈現真實的自我，當然也無法體會到許多的權益會因為自己的性傾向而受到刁難與剝奪。通常一般人對於「非我族類」者會相當迅速且自動化似地以刻板印象做區別反應（Wittenbrink, Jodd, & Park, 2001, cited in McLeland & Sutton, 2008, p. 104），這也說明了少數族群所承受的社會與文化壓力。倘若個人與父母願意接受也肯定自己的性傾向、家人給予情緒上的支持，以及健康的家庭環境與互動，對於性傾向的少數族群自然是「現身」（coming-out）最好的條件（Heatherington & Lavner, 2008, p. 329），然而目前社會文化卻瀰漫著異性戀為主、為「正常」的氛圍，有多少人抵擋得住這些社會壓力？願意冒現身之險？來自較為傳統家庭的性傾向少數，認為其家人對於同性或雙性戀者的態度更是負面，尤其是父兄對於男同志更容易以言語侮辱加之（D'Augelli et al., 1998, cited in Heatherington & Lavner, 2008, p. 330），特別是家庭關係較疏遠、僵化、與威權的家庭，對於孩子是同志的反應更負面（Willoughby, Walik, & Lindahi, 2006）。這些性傾向的少數族群即便在學校環境裡，彼此也不熟悉、較少聯絡，與雙親或同儕的關係較差，使得其情況更加孤立也危險（Ueno, 2005, a, p. 258）！

中國人傳統父權社會對於性傾向的少數族群（尤其是男性）更不能容忍，一般人也是如此（2005-2009年課堂調查與訪談作業結果），傳宗接代已經不是唯一的關切，主要還是擔心子女在異性戀為主的社會中如何自在生存？連找工作、居住權等都會碰到阻礙！以前遭遇到同志的父母，他們第一件事就是「罪己」，認為自己前輩子造孽，今天才遭受這番懲罰，然

而生物科學上越來越多的證據，以及社會對於不同生活型態的容許，其實都是讓少數性傾向族群可以享受一般人權的正面條件，但是在法律與其他層面可以努力的空間依然很大！

異性戀青少男較之女性同儕受到更多的欺凌，特別是對於自己性傾向有疑問或是不清楚的，而性傾向少數、弱勢種族與女性則是更容易呈現受害、藥物濫用與自殺想法（Poteat, Aragon, Espelage, & Koenig, 2009），男同志特別是社會規範與男性氣慨的受害者，在這兩個壓力之下更容易從事危害健康的行為（Hamilton & Mahalik, 2009）。男性似乎較容易受到男性規範或是性別刻板印象的影響，也因此印證了男性特質是優勢的社會文化價值。無獨有偶，男同志間也很執著於性別刻板印象，在親密關係間的自我形象也是負面多於正面，例如情感與情緒表達的困難、維持身體吸引力的壓力、還要呈現出男性氣慨以被社會接受，或是成為其他同志渴望的對象（Sanchez, Greenberg, Liu, & Vilain, 2009）。影響男同志伴侶的因素基本上有：男性的性別規訓、「出櫃」或「現身」的個別差異、承諾的表達與確認（男同志受到傳統歷史文化影響，其承諾具有過渡性、秘密性與匿名性特徵）、學習如何兩人親密相處、性別角色與性等，還要考慮到是否有性傳染病或上癮行為（Kaplan & Kaplan, 1999/2009, pp. 153-163）。

性認同包括對自己身體、心理、性別、親密關係等的認識與肯認，其所涉及的不只是個體本身、家庭，還有整個社會，倘若拉高到人權的位置來看，每個人都應該享有其身為人類一份子的權利，其他的附帶條件（如社經地位、教育、種族、性別等）都是細枝末節，這樣方可達成真正的平權與平等！

我國於2019年通過同婚專法，讓倡議多年的多元性別可以落實，但是在執行上仍然需要接受許多實際的考驗與修正（胡郁盈，2019）。性別多元化就是不論是何種生心理性別，每個人都享有應有之人權及對待，教育、職場或其他場域不因個人性別而有差別對待或遭受霸凌、虐待，每個人都可過自己想要的生活。

性別與健康

一、壽命與健康習慣

　　一般的數據是女性比男性平均壽命多四年，在已開發國家則是八年（WHO, 1999, cited in Sarafino, 2005, p. 17），可能因素包括男性比女性容易發生意外事故受傷或死亡，男性也比女性更多抽菸與酗酒行為、體重過重，男性有比女性更高的生理反應表現（高血壓），儘管如此，女性的健康問題卻高過男性（National Center for Health Statistics, 2000, Reddy et al., 1992, cited in Sarafino, 2005, pp. 17-18），之前提到全世界有四分之三的抽菸人口在未開發國家，其中男性占近五成，女性一成不到，工業國家中男性抽菸者也占四成二、女性占二成四（National Center for Health Statistics, 2000, cited in Sarafino, 2005, p. 6），可見不良抽菸習慣有文化、經濟因素，也與性別有關。

　　男性與女性對於運動的看法也許牽涉到社會對於不同性別的要求（如運動可以讓男性展現男性氣概，女性不應該表現出粗野動作），但是運動量也有性別之分，以美國為例，男性在成年早期到晚年涉入運動的人數較之女性要更多（US Bureau of the Census, 1999, cited in Sarafino, 2005, p. 13）。女性通常有較高的健康意識，也許是因為她的角色被認定為是一個「照顧者」之故，而女性也較會使用醫學方面的諮詢與資源，也使得女性使用藥物較男性為多（Cooperstock 1981, cited in Liburd & Rothblum, 1995），甚至在求診過程中詢問得較詳細（劉仲冬，1998，引自潘叔滿，2003）。女性的「照顧者」角色與隨之而來的壓力，可以讓人心力耗竭（Abbott & Wallace, 1990/1995），加上女性本身具有生育能力，其荷爾蒙分泌（Butler & Wintram, 1991）也是影響健康的原因之一，此外，女性壽命較長、易受暴力侵害，或是性病感染（Mertus, Flowers, & Dutt, 1999/2004，pp. 98-99），這些也都與其使用醫療資源有關。

　　女性的健康意識通常較高，也較常去尋求諮詢或是看醫師，然而卻

常被誤爲「浪費醫療資源」，但是最近一項調查更證明了女性的健康意識與行動，這是一項針對美國一萬四千名成人所做的電話調查發現：男性喜歡在冰箱囤積肉類與披薩，女性則喜歡放置一些優格、水果與蔬菜，男性對於冷凍食品與餐點較喜歡，女性則是喜好新鮮的食物（China Post, 3/21/2008）。

美國一項調查也發現：年輕人與中產階級的成年人最不願意去求醫，其中又以青少年男性爲甚（Garland & Zigler, 1994, cited in Curtis, 2000/2008, p. 39），也許是因爲青少年正值生命勃發之時，較少去思考「病、老、死」的議題，認爲這些都與自己相距較遠或無關，也因此我們說青春期是「叛逆期」，常常會做一些無法理解的事，或是挑戰一些危險動作，爲的就是證明自己的強韌生命力。一般人求醫也會依據症狀的能見度（較爲醒目的症狀如傷口、跛腳）、嚴重性（通常是疼痛）、對日常生活的干擾（如吃不下飯、妨礙活動），以及頻率和持續性（如過了一週都不見好轉）等來決定就醫與否（Curtis, 2000/2008, pp. 39-41），有時候這些症狀並不一定是最佳指標，因爲許多的疾病是沒有明顯徵狀表現的，如癌症、肝病或心臟血管疾病，若是沒有定期健康檢查的習慣，常常是等到徵狀出現時，情況已經是相當危急！這也可以呼應女性對於健康較在意，男性則是在極不舒服情況下才有就醫或諮詢動作。

二、身體意象與飲食失調

當個體身體漸趨成熟的同時，有研究者發現不同性別對於身體意象的滿意度是不同的，男性對於理想體型的滿意度與自己漸漸成長壯大的體型有正相關，女性則恰好相反（Cohn et al., 1987, cited in Page & Fox, 1997, p. 238），而青少年有三成以上認爲自己過重，然而女性普遍對自己的身體型態不滿（Shaw, 1998），可以明顯看出社會文化對於不同性別刻板要求的影響，也就是「身體是政治的」另一種詮釋，不論是哪個年齡層的女性，普遍都不滿意自己的體型，而這種趨勢並不因爲年齡增長而或減（Altabe & Thompson, 1993, Davis & Cowles, 1991, Pliner, Chaiken, &

Flett, 1990, cited in Page & Fox, 1997, p. 151），當然也連帶地影響到劇烈節食的向下拓展、年輕化傾向（Page & Fox, 1997, p. 245），Duker與Slade（2000）甚至將飲食失調視爲「食物／身體控制」的思考模式（p. 1）。

　　女性厭食症者對於自我的身體意象（body image）有嚴重扭曲，然而很有趣的是她們對於他人的身體意象卻沒有類似的扭曲情況（Curtis, 2000/2008, p. 130）。研究指出罹患暴食症的女性不是因爲外表的吸引力而有催吐行爲，而是想要博取專業上的成功（Silverstein & Perdue, 1988, cited in Davis, 1997, p. 154），我在臨床工作上也發現暴食症者較多是完美主義、對己要求較嚴苛。

五、性別與心理疾病

　　女性常將問題指向自己，當有問題發生，女性通常會轉向自我內在或是傷害自己，男性則是向外宣洩（Simmons, 2002, cited in Newhill, 2003, pp. 20-21），向內或向外宣洩也多少受到社會規範的影響。女性較之男性有更多機會遭受性侵害，或兒童期性侵害，男性則是遭遇較多意外、與性無關的攻擊、目睹死亡或受傷情況、災難、火災與戰事（Tolin & Foa, 2008）；美國最近一項調查發現：有3%的12-17歲的青少女曾經在約會時遭受身體與性的攻擊（China Post, 7/24/2008, p. 9）。女性的情緒知識較佳、且在人際關係上的情緒管理也較男性要好，而男性則是自我情緒管理較優（Freudenthaler, Neubauer, & Haller, 2008），這與女性被訓練要照顧他人、犧牲自己的傳統有關聯，而男性則是被要求要獨立、堅強、不輕易顯露情緒。

　　一般說來，根據心理疾病統計與診斷手冊（DSM-V），男性較之女性有較多發展性的障礙（如智力障礙、肢體障礙或是自閉症與過動傾向），最近美國猶他州一項針對過動兒（ADHD）的研究發現若是女性罹患過動，其表現出來的徵狀較之男性要嚴重，譬如女性有七成五屬於混合型的ADHD，男性則只占六成二，而女性患者在脾氣控制、情緒易變，或過度反應上較男性嚴重（37% vs 29%, China Post, 3/21/2008）。這只是針對現

象來調查，沒有說明或解釋爲何？心理學上對於親密行爲或人際關係有個「依附理論」，基本上一般人較多「安全依附型」，較少焦慮或逃避依附型，最近有不少學者將依附理論做了修正，也發現男性較多「擱置型」（dismissing）依附型態，女性則較多「害怕型」（fearful）依附型態，而這與我們的性別社會是有關的（Ross, McKim, & DiTommaso, 2006, p. 307），也解釋了一部分性別與情緒發展及反應的差異。

 ## 性別與文化社會

前面章節所提到的性別，主要還是著重在生理或生物層面，但是讀者也許已經發現「似乎」也不是那麼單純，因爲中間參雜著其他因素的影響，而性別除了生理層面之外，還有心理與社會文化的意義，因此本節就針對性別與文化社會的互動關係做更詳實的闡述。

一、性別與對待

「性別」（sex）通常指的是生物上的區分，也就是男性與女性的第一與第二性徵，但是隨著時代的進展，儘管生物上的「性別」只有男女之分，但是現在也接受生理性別的許多不同，也因此有所謂的「第三性」或「跨性別」的出現；社會學家另外加入了「性別角色」（sex role or gender）的定義，「性別角色」其實有文化、社會與心理層面的不同意義，也就是因爲生理上性別不同，社會或文化會賦予性別不同的意義、功能與價值，這中間也牽涉到「權力」的議題。許多非洲國家與少數亞洲的女性在青春期之前就進行陰唇切除的手術，根據國際衛生組織WHO的統計，全球有超過一千三百萬婦女遭受此待遇，也有將近兩百萬少女性器官被切除，以這樣的手段來控制或是壓抑女性的性衝動與行爲（Who, 1997, UNICEF, 2006, cited in Nour, 2007, p. 297）。女性與男性因爲社會化過程與要求不同，女性以學會重視社會關係爲目標，因此會較「互相依賴」，而男性則是以獨立爲主，一切以自我興趣與自主性爲主，也因此幾乎是跨國

與跨文化的情況皆是如此（Dedovic et al., 2009, p. 51）。

　　社會文化對於不同性別的規範，以及法律或政治層面的操作，也會影響在其中生活的人們。法國女權作家西蒙・波娃（Simmon De Beauvior）就曾經寫了一部影響深遠的書——《第二性》，認爲社會將女性列爲較男性低劣的「第二性」，其實就說明了主掌社會資源分配與權力的是男性，也因此弱勢族群（包括兒童、少數族群，或因爲性傾向或信仰居少數的人）的待遇也受到影響。倡導女性主義的先驅爲女性與其他弱勢發聲，要求不論性別、族群、社經地位、身心健全與信仰等背景的所有人，都應該享受同樣的法律、政治等人權。

　　男性因爲要表現出吻合社會對其角色的期待，必須壓抑、控制情緒，不能顯露出陰柔、貼心、較傾向於女性的一面，也就是不能表現出眞實的自我；女性的情況也不遑多讓，不僅在許多的生活領域上（如親職工作、生涯發展、法律權益、政治地位、醫療系統等）遭受箝制、壓迫，甚至剝削，若是表現出較屬於男性的行爲或態度，也會被嘲笑或批判。在一般中產階級的家庭，對於子女的教育期待與支持較多，然而在社經階級較低，或是子女數較多的家庭，父母親對於子女的教育與職業期待就有差異，通常經濟情況差，就容易犧牲掉女兒的受教機會。父母親本身的職業或是對教育重視的程度會影響其對子女的培養，甚至會產生所謂的「階級複製」的情況——就是子女依循著父母親的社經地位或是教育程度，沒有突破（Flanagan, 1993）。從這裡也可以看出女性自以往到目前，往往是被犧牲、不被期待有自我實現或發展的願景（如「養女兒是爲別人養小孩」）。我國社會雖然重視文憑或學歷，父母親也希望子女可以藉由教育機會有更好的晉升或是向上的社會流動，但是現在許多低社經地位的家庭，其實也沒有資源與能力供給下一代更有希望的未來。

二、性別與壓力

　　女性通常被認爲是「照顧者」（carer），人口老化也讓許多女性陷入傳統照顧者的困境，因爲國人還是不習慣讓自家長者住入養護

機構，或是讓外人（如外傭）照顧，所謂的「好女性」就必須是「無私的」（selfless）、要先想到別人，倘若先想到自己就是「自私的」（selfish）、會被嫌棄或唾罵！

　　女性壓力感高過男性，也是不爭的事實，主要是女性除了擔心自己是否能在職場上成就自我、還很在意自己身為母親是否成功（Klein, 2006/2008, p. 242）。女性在許多場合上被物化、當成是商品銷售，我們現在在許多傳播媒體上還是屢見不鮮，特別是以女性的身體來大作文章，甚至不乏性暗示的作用。有研究者假定網路資訊的發達應該會讓性別更為平權，卻也意外發現網路竟然是以女性自拍者居絕大多數，女性藉由自拍的方式來「操控」觀者（許若書，2005），是否真的拿回了掌控權？還只是另一種物化自我的弔詭？而這些女性將自己身體的「條件」優勢展示出來解讀為「自信的展現」，就如同之前某網路遊戲以「瑤瑤」（女藝人）抖乳場景為號召，「殺很大」的廣告詞也因此大為風行，其所傳遞的訊息為何？值得更進一步探討。

　　女性對於自我的看法通常較負面，也因此影響到其自尊，尤其是女性在這個父權至上的性別化社會，需要以自己的外表條件來評估自我價值，也導致許多女性看不起自己，市面上的媒體也較針對女性身材與行為做約束，連在女性雜誌上的節食文章也大大超過男性雜誌，男性雜誌訴求的則是以增強肌肉或健身為主（Andersen & DiDomenico, 1992, cited in Davis, 1997, p. 144），從這裡也可以一窺社會對於不同性別的期待與要求！雖然普遍說來，女性對於自己身體意象評價較低，但是隨著年紀漸長，男女之間的差距減小（Altabe & Thompson, 1993, Davis & Cowles, 1991, Pliner, Chaiken, & Flett, 1990, cited in Davis, 1997, p. 151），這似乎也可以解釋女性在中年之後對於自己的自信增加的一個可能因素。女性對自我價值的評估與其在社會上的地位有關，男性至上的社會通常將女性視為男性的財產，甚至不將女性視為一般人類、將其商品化或物化，最近一個研究也發現男性在看穿著清涼的比基尼女郎時，其腦中與使用工具有關的部分就活躍起來（China Post, 3/29/2009, p. 1），男性究竟是將女性擺放在怎樣的位

置，的確可以進一步做探討。

男性的壓力也不遑多讓，像是要一肩負起養家責任、必須獨立自主與堅強、不能展現柔弱或女性特質，因此在情緒的壓抑上就更為突顯，也造成男性必須向外宣洩壓力的結果。女性被期待是照顧者，以照顧他人需求為優先，從二十多年前到現在，幾乎沒有什麼改變，Finch（1986）估計五位照顧者中就有四位是女性，在家負責照護老年人或有障礙的親人（cited in Tudor, 1996, p. 95）。照顧父母有性別上的區別，女性被期待為照顧角色似乎不容質疑（Brody, 1990; Wood, 1994; cited in Ganong & Coleman, 1998）；倘若一位女性以自己的需求為最先考量，會被冠上自私、不人性的標籤，許多女性在這樣的社會要求之下，沒有花功夫照顧自己，當然不免耗竭。

現在人類壽命延長、老年人口增加，又加上少子化的衝擊，未來每位成年生產人口需要負責依賴人口的比例會增高，而照顧年老父母也是子女的應盡之責，除非老年社會福利做到最好，要不然奉養與照顧老年父母的責任也是落在子女身上。少子化所影響的不只是人口斷層與國家人力資源的缺乏，還影響到老年照護問題，其中對女性影響最大，因為女性被期待是照顧者的角色使然。即便是北歐的挪威，女兒居家照顧年逾八十父母的時間普遍都較之兒子更長（Romoren, 2003），許多人認為女性的工作不是以養家為主、工作時間也較有彈性，因此將工作辭掉、擔任照護工作是理所當然（Abel, 1986, p. 484），也因此女性呈現較多的焦慮、較體諒父母的情緒需求、也對於父母的不滿意感到愧疚與挫敗（Murray & Lowe, 1995; Takeda, et al., 2004）。

三、性別在職場

女性在東西方國家都曾經是受壓迫、被剝奪權益的一群，目前的科技與文明還未能解放所有的女性（有些國家因為信仰不同、宗教理念，或是治國者的價值觀念差異），而在父權至上的先進國家，男性還是擁有較多的權益，只是不管何種性別，都還是父權複製社會下的犧牲者與受害者。

以前的女性被規範在「私領域」（家庭）裡，不能參與公領域的活動，甚至沒有投票選舉權來決定自己的生活與關切事物；雖然女性主義的出現讓女性可以有一些影響力、也為自己爭取了若干權利，但光是以性別來看，也忽略了其他不同背景的女性（如經濟地位、種族、宗教信仰、性傾向等）（Holmes, 2007）。

　　雖然目前有更多女性投入職場，但是同工不同酬的情況下，女性的收入遠遠不及男性，以全世界的女性平均收入來計算，大概是男性收入的六成（United Nations Satastics Division, 2005, cited in Holmes, 2007, p. 9），亞洲國家中只有香港女性收入是男性的七成五最高（China Post, 2009，日期不詳），臺灣女性參與勞動力已經升為49.7%（China Post, 3/8/2009, p. 11），將近一半的勞動人口，但是收入還是不及男性，加上升遷管道依然受阻（「玻璃天花板」效應），也讓女性較容易成為貧困一族（China Post, 3/10/2009, p. 6）；因此女性雖然擺脫了私領域的限制，但是進入公領域卻遭到不平待遇（限制在某些工作、且處於較低階的位置），這就是Walby（1996, cited in Holmes, 2007, p. 14）所謂的「雙系統取向」（duel-systems approach-private patriatry and public patriarchy），女性在公私領域都是輸家。而女性在職場上必須施展出屬於男性的特質（如決斷力、有野心）才可能在工作上吃得開，這也印證了社會以「男性特質」為優的價值。

　　職業女性有較多的「角色衝突」（家庭與工作角色），男性一般說來較無此煩惱，因為社會期待男性養家者的角色，因此男性只要將工作做好、有發展，將錢帶回家，基本上就滿足了社會的期待，女性即便可以外出工作（不管是貼補家用或實現自我），回到家來還是需要負責管教與持家的工作，而社會也期待其兩者兼顧，同時做無薪與有薪的工作，怪不得健康與情緒都受到影響（Hochschild, 2003, cited in Holmes, 2007, p. 10）。

四、女性與心理疾病

　　也因為女性與其他社會上的弱勢族群感受到自己權力與掌控力的渺

小，因此會企圖以不同方式重新讓自己獲得控制，而當正式管道行不通時，就會轉向其他的方式，通常是有害自身的方式，前面所提的飲食失調就是其中的一項，當然也許與社會文化將女性身體「理想化」的看待及要求有關。不管是暴食症或是厭食症，也可以視爲自我傷害的一種形式，但是在執行者本身看起來卻是一種「企圖獲得對自我身體掌控」的作法。自傷可以是自殺的預備動作，也就是自殺者以自傷的方式調節對於疼痛的忍受度，一旦習慣，再大再痛的身體傷害就可以忍受，特別是「清除型」（purge）（用嘔吐或瀉藥方式將食物清出身體）的暴食者，相較於厭食症者，其所採取的行動更爲激烈、自殺未遂率更高（Joiner, 2005/2008, p. 262）！

　　女性學會將食物與情感安慰連結在一起（Bordo, 1993, cited in Crossley, 2000, p. 51），也因此許多女性在承受壓力的情況下會以吃東西來企圖「解壓」，這也使得女性罹患「暴食症」的比例較之男性爲高（DSM-V, 2013）。女性罹患厭食症的比率也節節升高，尤其是在青春期到成年早期（14-25歲）這段時間；暴食症的女性其所在乎的不是身體外觀的吸引力，而是專業上的成功（Silverstein & Perdue, 1988, cited in Davis, 1997, p. 155），而外表的重要性、女性的女性化與飲食失調有強烈相關（Timko et al., 1987, cited in Davis, 1997, p. 155）。不少青少女就以走在伸展臺上的人物爲效仿對象，以許多激烈方式減重，這也讓飲食失調的人數有增無減，當然瘋狂的媒體也脫不了干係！

　　法國政府最近通過一法案將「美化過瘦」的任何行爲都列爲犯罪，其目的是想要消滅一些鼓吹激烈方式讓人達成饑餓效果，或是美化厭食症的網站（China Post, c, 4/17/2008, p. 11），無獨有偶，德國時尚界也在思考禁止厭食的模特兒走秀，然而也希望聯合其他歐盟國家一起抵制才可能有更好效果（China Post, 7/14/2008），到底效果如何就有待觀察，只是這樣政府層級的舉動，似乎也可以一窺一般人對於身材與飲食的可怕強迫行爲、已經到達需要用外力加以干涉的程度。有研究者提出證明，認爲男性與女性對於壓力的解讀與反應不同，可能需要將社會化因素考量在內較爲公允

（Dedovic et al., 2009）。

女性的「貪食症」（over-eating）也是很普遍的情況，通常與憂鬱症有關，患者缺乏自信，或自我認同度不夠，而利用食物來滿足自己空虛的自我與渴望（Curtis, 2000/2008, p. 136）；然而女性與食物之間的這種關係，不能單就性別因素做歸因，媒體助長女性「悅己者容」（為自己喜歡的人而打扮）的物化文化與氛圍，讓女性無所遁逃於天地間，男性霸權文化也因此更增長！一個針對基督徒厭食症與暴食成人女性的研究發現：這些厭食症者也擔心自我失控、負面自我意象、想要救贖自己、懲罰自己、認為控制具有道德意義（Marsden, Karagianni, & Morgan, 2007）。有研究者發現飲食失調的女性基本上是：否認自己是有性慾的，不太確定自己的性慾，性被動或性主動（Abraham & Llewelyn-Jones, 1984, cited in Ace, 2007, p. 308），女性將自己的憂慮化為行動，卻造成傷害自我的結果，的確令人扼腕，心理疾病通常也是「內向攻擊」所產生的後果，女性因為社會文化與自我種種因素，讓自己成為多種心理疾病的候選人。

 ## 性別關乎大矣

所謂的「無處不性別」，也同時說明了性別的確影響深遠，當然也包括對健康的影響。不管是生理上的女性或男性，身上都綁著「性別的緊身衣」，也就是不能不管社會對於不同性別的要求。男性若是喪失了「養家」的角色，連帶地也可能失去了其身為男性的尊嚴與氣慨，女性若是喪失或忽略了「照顧者」的角色，也可能同時失去了女性的特質與期待，遑論是女性或男性，身上框架的與自我期許的「性別規約」也是造成其生心理壓力和疾病的因素之一。近年來因為性別平等的倡議，男性的「父職」越來越被看重，相對地也可能威脅到女性的專擅——「母職」，然而父職還不是男性所重視（至少不是優先順位），真正實質的平等是否可以脫去性別緊身衣的籠咒，而是看見「這個人」與其才能？

家 庭 作 業

一、觀賞電影（「夜奔」——徐立功導演、「熱淚傷痕」或「金髮尤物」），將心得帶到課堂上討論。

二、舉辦一場「性傾向少數」相關議題的答客問，釐清學生（或自己）可能有的迷思或偏見。

三、撰寫一篇自己的「性別成長史」，將焦點放在自己的性別經驗與性別觀察上。

Chapter 5

家庭、親密關係與人際關係

　　沒有人是孤島，家庭是一個人的最初與最終，也是連結一個人生存最重要的關鍵。倘若一個人覺得孤立無援，或許就可能朝結束生命的方向前進，而絕大部分的心理疾病也都展現了一個困境─孤單。社會支持是心理衛生非常重要的條件，讓人對生存感受到意義、也有自信（Pyszczynski, et al., 2004），即使是老人家可以預期他人的支持（特別是家人與朋友）對其生命意義感更深厚（Krause, 2007）、活得更長壽（Taylor, 2007），也可以減少隨著年齡增加而退化的認知能力（Seeman, Lusibnolo, Albert, & Berkman, 2001, cited in Taylor, 2007, p. 146）。支持系統包括家人、友朋與其他人際關係，而支持資源包含工具性與物質的實質協助、資訊提供、情感支持與陪伴等。家庭是一個人最初也是最終的堡壘，我們從原生家庭來，許多的學習與性格形成都從這裡開始，甚至奠定基礎，而當我們快樂或是悲傷的時候，總是希望可以與我們最親密的人分享、有他們依靠。只是現今社會有太多的變動，家庭可能不像以往那般完整，許多的問題也可能從家庭衍生而來（如暴力、精神疾病），大部分人會將自己家庭關係或是氣氛視為自己的重要成就之一，若是原生家庭（family of origin）沒能完成或滿足的，會希望在自己組成的「立即家庭」（immediate family）完成，或是向外尋求可以滿足這些需求的地方或對象，我們在臨床工作中最常看見的就是「家庭」這個因素。目前政府針對兒童青少年受虐或是受暴（都伴隨著心理與精神上的虐待），都立法規定保護，然而「受虐」與「受暴」基本上都可以看見明顯的傷口，但是另

一群被忽略的孩童卻是自生自滅！「忽略」（neglect）包括：營養的忽略──沒有提供孩子生存的基本食物，衣物的忽略──讓孩子受寒受凍，或是穿太多、衣物髒亂等，教育的忽略──沒讓孩子受義務教育，或是常讓孩子缺席，醫療照顧的忽略──該看醫師而沒有帶去看，不適當的監督──讓孩子受傷、沒受到保護，以及情緒的忽略（Ace, 2007, p. 303）。忽略所造成的傷害可能更大，因為受暴受虐還可以讓他人看見，然後解決問題，被忽略卻容易被忽視問題的嚴重性。

家庭以外的人際關係也會隨著個人成長慢慢拓展，兒童期之後的人際關係會開始轉向同儕，也開始練習與家人之外的人際互動、建立更多的支持網路，也自他人身上學習更多的生命經驗。一般人都希望可以與人為善、互動交好，但是要討好每一個人並不切實際，也不可能勉強自己去喜歡不喜歡的人，或是要求他人都喜歡我，然而可以維持基本上有幾位知己好友，可以有穩定的親密關係，知道如何相處與自處，就是人生的重要課題。當然人際關係就像兩面刃，一不小心也可能搞砸或傷人傷己（Taylor, 2007, p. 152），因此如何學會處理人際與親密關係，也都是人生的重要課題。曾有研究者發現：人際間的正向經驗會減少焦慮與憂鬱症狀（Barnett & Marshall, 1993），而長期曝露在負面的人際或社交情境中，不僅健康情況較差，也影響到生活功能（Newsom, Mahan, Rook, & Krause, 2008）。

 ## 家庭支持系統

一、家庭支持系統的重要性

個人的人際系統（或支持網路）是抗拒壓力很重要的調節力量（Myers & Sweeney, 2005b, p. 27），若是個人很孤立、較少與人互動，或是受到排擠，對於個人來說都是危害健康的危險因子。家庭是人第一個接觸的社會，也是一個人最重要的安全堡壘，倘若在家中無法獲得認可與支持，也許個人就必須到家庭外面去尋找人際支援，也因此家庭雖然很重

要，但是現代家庭結構、型態多樣，有些家庭暴力或是家庭解組也常常發生，使得家不一定是一個人最安全的堡壘，只要是可以尋求到自己信任的支持系統，也無礙於人格健全的發展。家庭是人類最初接觸的人際社會，我們也在其中學習與人互動關係與技巧，其效果與影響甚至可以延續到未來生活（Taylor, 2007）。

　　擁有家庭或類似家庭生活的系統有幾個特色：㈠分享因應或解決問題的技巧，㈡對家庭投入，㈢良好溝通，㈣個人受到鼓勵，㈤表達感激，㈥宗教與靈性的分享，㈦與社會聯繫，㈧清楚的家庭角色，與㈨分享的興趣、價值與時間（Myers & Sweeney, 2005b, p. 27）。每個人在家庭中清楚自己的角色，也貢獻自己的能力，與家人維持良好互動與關係，有困難可以一起面對、解決，可以與家人分享自己的許多事物或心事，覺得自己被愛、也有能力愛人，而且與周遭社群有適當的聯繫等，表示個人在家庭裡是有良好適應、也得到充分保護與資源的。

　　個人自小在家庭中成長，原生家庭的互動是個人社會心理的最初環境，當然也影響著個人的身心福祉（Amato & Booth, 1997, cited in Myers & Sweeney, 2005b, p. 27）。有較佳支持系統的人（不管是家人或朋友），不僅較長壽、有較佳的健康、較能因應困挫，患病後也較容易恢復健康（Cohen, 2004, cited in Prilleltensky & Prilleltensky, 2007, p. 69），當然這些支持系統是要長期的，而不是需要時才產生。

　　支持系統與疾病預防和預後（Putnam, 2000, cited in Sixsmith & Boneham, 2007, p. 81）、情緒健康都有關係（Rose, 2000, cited in Sixsmith & Boneham, 2007, p. 82）。女性的「社會資產」（social capital）是立基在社區與生活經驗的分享上，彼此之間有較高的信賴度，反之，男性的社會資產則是以工作為基礎（Sixsmith & Boneham, 2002a, 2002b, cited in Sixsmith & Boneham, 2007, p. 83），一旦退休或是自工作場合退下來，原本建立的社交圈或是人際網路就可能因此中斷。我們可以看到男性以工作為主的社交網路，一旦自工作職位退下來、又沒有積極參與某些社團活動，可能就待在家中度日，怪不得許多中年婦女說：「孩子長大離家了，

正想好好享受沒有孩子的生活，卻發現家裡又多了一個孩子要照顧。」女性通常是家中聯絡親友的對外管道，若是女性早逝或不在家，通常這個聯絡工作會由女兒取而代之，然而若是女兒另有家庭，而男性又無法拓展自己的社交圈或支持系統，這個家庭的對外溝通途徑就可能因此而斷裂，讓整個家庭陷入孤立之境。

關係是需要經營的。不少夫妻或是親密關係，常常在經過一段時間之後，少了熱情與活力，特別是有了孩子之後，生活的重心就放在孩子身上，較少顧及彼此之間的關係，甚至有人解釋說「已經是親人關係」，言下之意似乎是「自然發展」就好，不需要刻意經營；真正有品質的關係應該是可以協助彼此成長、而且與時俱進的，因此關係是會改變、會成長的（Jordan & Hartling, 2002, p. 51）。

配偶或是親密關係有三個重要元素：熱情（passion）、親密（intimacy）與承諾（commitment）（Sternberg, 1988，引自張春興，1998, p. 598）；Miller（1986）描述有助成長關係（growth-fostering relationship）的特色為：㈠增加活力，㈡增加行動力，㈢更為清楚（自我、另一半與彼此之間的關係），㈣增加價值感，㈤除了彼此關係之外也想要其他的關係（cited in Jordan & Hartling, 2002, p. 49）。反過來說，若是關係平淡激不起火花、甚或停滯，在關係中的人也會感覺有壓力或窒息，有些是被動承受、有些人就思以改變，甚至選擇退出。

家人之間的關係按照常理來說應該是最為親密，然而卻也是最難拿捏的，因為有許多的因素介入其中，使得最親密的人之間也常常難以維持最佳關係。家人之間有小系統存在（如父母、親子、手足等），彼此之間又因為不同個性、待遇不同而會有摩擦與嫌隙，造成誤會或是不和；一般人大都認為家是一個人最大的資產，因而多半會細心經營，只是我們對於親密關係總是有一些迷思，例如認為親人之間應該凡事包容，或是礙於倫理不敢表達自己意見，或者有一些原因讓彼此不能分享重要的資訊等，使得親密關係的經營更添變數！有研究發現女性厭食症者與母親之間的關係是矛盾衝突的（Curtis, 2000/2008, p. 135），自傷者亦若是（邱湘雅，

2007），這其實也是家庭治療常常提到的家庭中的「代罪羔羊」，也就是說問題其實出在家庭本身（包括雙親關係惡劣或冷淡疏離），但是卻在家中成員身上「呈現」問題。

家中成員（特別是年紀幼小的成員）常常目睹家人之間的不和或感受到家中的氛圍不對勁，卻不知如何處理。有時候為了盡一己之責，選擇用自己的方式來解決（譬如直接指出或面對、在學校表現出問題行為），希望可以協助解決問題，或將焦點轉移，此時往往真正的問題沒有碰觸到，反而是轉移了焦點（變成家人某人的「問題」），這就是所謂的「代罪羔羊」。家庭是一個系統，所以會牽一髮而動全身，只要家中有人關係出現問題，每一個人都會被影響到，有時候即便是極為細微，還是會覺察或感受到；例如曾有一對夫妻不和，但是協議在唯一的女兒面前保持和睦，要吵也是關在房門裡吵，以為這樣就神不知鬼不覺，不料有一回母親替幼女梳妝準備上學時，女兒就突然問母親說：「妳跟爸爸要離婚嗎？」母親嚇了一跳，才願意去重新思考與丈夫之間的關係，以及大家的未來。反過來說，父母親也常常「劃清」界限，要「孩子不要管大人的事」，然而誰又能自外於家庭？每個人都是家庭中的一份子，都希望自己的家庭可以儘量和諧美好，所以都會努力解決出現的問題，只是並不一定是做了正確的處理。

二、現代家庭結構與挑戰

㈠家庭結構的多元化

家庭受到文化的影響最深，根據張老師在三十多年前的調查，看見中國傳統的一些沿襲在在影響著家人關係，包括愛面子、壓抑與雙面性格（自我與角色間的差異），家庭中父母與子女是「共合」（不允許分離）的存在，在家庭裡不能展現真實的自我，因此影響家人之間的親密，家人之間的「怨」（因為期待不同而產生）與「卑」（倫理與位階關係），安於保守安定的已知規則、少冒險（余德慧，1989, pp. 4-11），都是較不健

康的。即使是現在，我們還是看見家庭受到文化習染的痕跡，也因此造成家人彼此不親密，即便親密也是未能呈現真實自我，有人假定家人之間應該無所不談，卻發現總是太直接，會傷害到彼此，也有人與家人之間保持禮貌與距離，卻發現無所歸屬。

　　目前家庭的結構多樣，不只有同、異性戀家庭，還因為維護個人自由與權利，婚姻或家庭解組成為一種常態，美國家庭中約莫有一半以上的孩子是成長在單親家庭之中（Lauer & Lauer, 1991），離婚率也居高不下，估計近四成到五成（Derma, 1999, cited in Greeff & Toit, 2009, p. 114; Kelly Raley & Bumpass, 2003, cited in Castaldo, 2008, p. 12）。我國情況也不遑多讓，2008年離婚率是每百人有六對多離異（內政部網站），都會區應該更多，也就是可以期待未來單親或是繼親家庭（step-family）會增多。而離異之後另組的繼親家庭，同住的家長與不同住的家長如何發揮親職、與孩子聯繫？只要孩子感覺到自己被照顧、被在乎，其實不管同住不同住都沒有太大影響，也證明了個人其實可以有多種來源的依附關係（Schenck, Braver, Wolchik, Saenz, Cookston, & Fabricius, 2009）。繼親家庭也可以發揮其功能，提供支持的家庭關係、肯定且支持的溝通、生活的控制感、家人可以一起參與的活動或日常生活、堅強的婚姻關係、親友的支持、重新定義壓力事件與獲取社會支援，以及靈性或宗教，這些都與家庭韌力有關（Greeff & Toit, 2009）。

　　不婚族的比率也較往年增加許多，美國在2007年《紐約時報》（New York Times）報導，將近五成一的女性是獨居的，主要是因為延後結婚、結婚率降低，以及再婚比率降低之故（cited in Castaldo, 2008, p. xiv），加上經濟衰退，許多家長養不起孩子，將孩子送寄養（包括隔代教養）或是棄養也多有所聞；此外，成年子女回家依靠父母也是一種趨勢，日本近年來出現許多成年子女回去投靠父母的「單身寄生族」（Honore, 2008/2009, p. 24），也許是因為經濟蕭條找不到糊口工作，或許是仍然依賴父母與家庭的供給、未能獨立，對於認為自己終於讓孩子自立、可以重新過兩人生活的父母親而言，「成年孩子回籠」可能也是需要憂心的問題。研究文

獻對於長期或是終身的單身男女有一個先入爲主的看法是「身心健康較差」，但是隨著個人自主性增加、婚姻變數增多，許多人是在自我選擇的情況下過單身生活，卻也不一定就表示身心健康較差，不管性別，主要是較有「掌控力」（mastery，對於事務有處理能力）者，其對自我生活較爲滿意，人際關係固然重要，卻不一定得依賴原生家庭（Keith, 2003）。

　　以往對於家庭結構、特別是對單親或離異家庭做研究，總是提到負面的影響多（包括孩子學業成績與表現、出缺席情況，或是問題行爲，如Featherstone, Cundick & Jensen, 1992）；儘管不少的研究發現非完整家庭（如離異或單親）對孩子成長的負面因素與結果，但是也有正面的發現，如單親孩子心理較早熟、兼具兩性特質等，雖然相對於完整快樂的家庭，這些家庭出身的子女可能因爲早期環境的缺憾，成年後對於親密關係的需求較多（Lauer & Lauer, 1991）。然而現代的家庭解構已經是常態，所以一些研究者與臨床工作者將焦點轉移到如何讓孩子在「不完整」家庭中更順利成長，因此有考量到非監護父親的涉入親職情況（如Edward, 1994; Fauber, Forehand, McCombs Thomas, & Wierson, 1990），只要兩位家長願意持續介入親職工作、與孩子維持良好關係，是無損於孩子的成長的。當然，單是看家庭結構還不足，必須考量到其他因素（如孩子的障礙種類或程度、罹患疾病與否）（Duis, Summers, & Summers, 1997; Guite, Lobato, Kao, & Plante, 2004），這些也會影響到親職的執行與滿意度，以及手足關係。儘管在許多環境不利的狀況下，父母親很樂觀、有信任的社會關係，其親職結果還是非常正向的（Kochanska, Aksan, Penny, & Boldt, 2007）。

　　「完整家庭」（有父母子女）的迷思已經被打破，取而代之的是諸多不同形式的家庭組合，有單親、繼親、同性雙親、同居、社區一同撫養孩子、隔代教養等等不一而足，因應這些不同家庭組合，可能就需要有一些配套措施可以運用，讓家庭功能發揮最好、育成最有希望的下一代！

(二)婚姻關係與品質

　　家庭也是個人接觸最先的親密（或異性）關係，孩子目睹雙親的互

動，從中獲得滋養、疼愛，或衝突、傷害。父母的婚姻關係與品質會影響到子女對於未來擇偶或是婚姻的選擇，有人是希望可以與雙親一樣擁有美滿婚姻，有人則是希望可以破除父母親婚姻不良的魔咒、在自己這一代做修補，或是有人因此懼怕婚姻、害怕重蹈雙親的道路而選擇不婚。婚姻關係的滿意度也可以預測壓力或是家庭解體的可能性，「自我分化」（differentiation of self）程度是指維持「自主」及「與他人親密」的能力（Peleg, 2008, p. 389），就是指親密關係中要有「你／妳」、「我」與「我們」，這裡也說明了要給彼此適當的空間與自由，即便是親密關係，彼此之間還是會有一些「界限」，而可以共享的也不少。因此「自我分化」也影響到夫妻關係的品質，比較沒有情緒化傾向的，或是不會在情緒上退縮的，較能維持親密關係與品質（Peleg, 2008）。

男性基本上還是視女性為其需求的滿足與照顧人，也因此男性與女性在婚姻中的需求與期待有不同，突顯了男性的「自我分化」程度較高，女性則因此自我分化程度較低，而女性對於越長久的婚姻關係滿足程度較低，與男性正好相反（Peleg, 2008）。固然生活中要有些新鮮感與創意，有人向外尋求，也證明自己的魅力，也有人因為價值觀而拚命守住一個婚姻。張春興（1998, pp. 601-602）建議：婚姻關係是需要不斷經營的，不要將對方的辛勞視為理所當然，容許也鼓勵對方繼續成長，容許對方有自己的空間與自由，要有適當的敏銳度去改變與關懷，不要將外面的煩惱帶回家中，也嘗試培養彼此共同的興趣。

有人說婚姻破裂的主要原因有三：性、孩子與金錢。「性」說明了彼此之間關係的親密程度與品質，「孩子」是指教養方式或親職壓力與價值觀，「金錢」也是家庭經濟壓力、資源分配、與價值觀的不同。可以看出：親密關係也不只是關係中「兩造」的因素而已，個人外在的因素也會介入與產生影響。

㈢家庭衝突與暴力

在臨床經驗上目睹許多因為家庭而受傷的案例，有人是家庭暴力的

受害者（被施暴或目睹暴力）、雙親忽略或虐待、家庭不合彼此仇恨或疏離、上一代與下一代的恩怨情仇等，從這些案例中可以看見家庭對一個人的影響力。家庭內的暴力（不管是肢體、性或其他形式的暴力），都是維持最長久、也是傷害最深的，更嚴重的是殺害。夫妻間的暴力，可能延伸到孩子身上，對加害者而言，也許只是情緒控管的問題，然而遑論是受虐者或目睹暴力者，其受害程度都已經是多面性的（身、心、靈、與人關係、親職功能俱創）；長期身處在爭吵或是暴力的家庭，較之雙親離異者傷害更大！不管是曝露在何種家庭暴力形式之下，孩子情緒上的不安全感受到重大威脅，因此也會表現出外化、內化行為與PTSD（重創後遺症）徵狀（El-Sheikh et al, 2008）。家庭暴力或衝突，甚至是配偶間的互動模式，可能會傳承到下一代（所謂的「代間傳承」），許多學者提出不同的理論來解釋，最有可能的因素是：除了家庭的家長，沒有其他榜樣可資仿效！倘若個體有機會接觸教育，或是其他良善正確可學習的楷模，或許就有機會翻轉命運、減少複製悲劇的機率。手機的使用與管理，不僅造成親子之間的衝突、甚至疏離，之前所提的繭居族也可能釀成家暴事件（可能成因是繭居時間過久引發壓力或之心理疾病使然），今日家庭及人際關係也因此受到嚴重考驗與影響，是現代人不可忽視的議題。家庭裡的暴力，不只是夫妻或配偶之間、親子之間或手足之間，有「上對下」（如親子），當然也有「下對上」（如兒子與父或母親），或是「平行」（如兄對妹）的暴力發生，也可以進一步說：暴力展現的是「權力」，不一定是情緒失控、報復或懲罰而已。關於家庭暴力細節會在稍後章節詳述。

三、現代家庭關係與品質

㈠家庭關係與其影響

現代家庭結構不像以往只有父母與孩子的核心家庭，多元的家庭組織並不會妨礙家庭正常功能運作，只是現代生活較以往複雜也忙碌，加上父母親都擔心孩子輸在起跑點上，因此無論中外對於子女的教育都相當重

視，只是家長忙著賺錢養家、送孩子去補習班或學習才藝，一家人都忙碌，也可能因此犧牲了家人共處的黃金時光與關係品質！有調查發現經常與家人一起共用晚餐的孩子在學校的表現較優良、飲食較均衡、心理健康情況較佳、也較少問題行為（如酗酒或嗑藥）產生（Honore, 2008/2009, p. 227），只是少少的用餐時間也可以產生重大影響，主要的還是相處的品質，當然該花的時間還是要花的！

家庭關係是個人發展其他人際關係的基石，最早是以John Bowlby（1969）的「依附關係」（attachment theory）來解釋，主要是指照顧人與嬰兒之間關係（主要是「品質」）的發展，不只影響個人與同儕的關係（Schneiderr, Atkinson, & Tardif, 2001），其影響甚至可以延續到成人之後（Crowell & Waters, 2005; Liberman, Doyle, &Markiewicz, 1999）。一般說來，大部分的嬰兒是「安全依附」較多，少部分是焦慮或不安全依附型態，有安全依附型態者較少受到肢體虐待，而安全依附型態者其所獲得的社會支持亦較多（Muller, Gragtmans, & Baker, 2008）。孩子的依附經驗直接受到親職行為的影響，間接受到孩童個人氣質的左右，而敏銳、有反應的父母親會鼓勵孩子的依附行為，同時也照顧了孩子的生理健康、營養、成長與語言發展，反之，沮喪的親職不只不敏銳、也無反應，自然也會影響孩子的發展、行為與能力，早期不良的依附經驗若是碰到有修正的機會（有另一良好依附對象或是關係），也可以做適度的調整（Mercer, 2006）；直到青少年時期，雖然同儕關係變得更重要，但是若有支持的父母在，即使是有衝突，青少年也可以感受到與家人的親密、有較高的自信，甚至抵擋一些不利因素（LaFreniere, 2000, p. 269）。

(二)不同家庭面臨的不同挑戰

現代家庭面臨的挑戰也多過以往世代，大環境的因素、加上家庭內因素、與個人本身的因素交互影響之下，使得家庭關係品質遭受前所未有的難題。不同的家庭型態也面臨不同的壓力與挑戰，例如單親家庭（尤其是女性當家的）較少財力資源、較有多重角色與親職壓力；家中有身心障

礙或患病兒童的情況又不同了，家庭之外的支援變得非常重要，家人認知也接納有位家人罹病或是障礙的事實，相對就減少了不必要的否認僞裝與衝突，家人之間的合作與凝聚力更是主要，而家庭凝聚力是預測親子壓力最佳的指標，因此增加家人共處時間是壓力的緩衝劑（Duis, Summers, & Summers, 1997）。因爲經濟情況的變動，許多家庭也必須要有雙收入才有可能讓生活過得更好；而且現在的競爭激烈，許多臺灣的父母親都希望孩子不要輸在起跑點上，因此早早讓孩子參加補習或是才藝訓練，許多孩子從國小到高中都參加補習，這些金錢的花費龐大，犧牲的不只是家人相處時間，親職的價值觀與管教也受到挑戰，有時候還會傷害到親子關係（家長的期待與孩子不同），甚至有些人一上了大學終於可以擺脫家長的監控，反而出現了「延後」青春期現象，展開所謂的叛逆行爲。我國文憑與形式主義的傳統至今依然存在，父母對子女的期待、子女爲了符合期待而感受到的壓力，兩者若不能得到平衡與酬賞，就會有許多不良後果出現。

　　民主與自由也讓現代婚姻面臨前所未有的挑戰，婚姻只是一個選項，有人選擇單身不婚，或是同居不婚，許多人在婚姻中發現無法滿足其需求或期待，而選擇離異、婚外情，甚至有人爲了讓婚姻生活增加新鮮感與刺激，有了「共妻（夫）」的一些「聯誼活動」，這當然也讓生活在其中的成員受到影響或衝擊，許多孩子可能會生長在單親家庭或繼親家庭之中，而不像以往在相同的父母親家庭中長大。父母的衝突，孩子常常是無辜的目擊者，但是也受到極大的影響，有研究發現子女對於父母衝突的反應與評估會影響其內化或向外宣洩的行爲，特別是對於威脅性的評估會導致內化行爲（情緒問題）（Fosco & Grych, 2008），婚姻關係較差，或是衝突較多者與幼兒表現出的問題行爲有關（Frosch & Mangelsdorf, 2001）；而目睹雙親的衝突也會影響孩子日後與人的相處情況及其對自我效能的看法，這也是早期精神分析學者佛洛伊德的結論之一。父母在爭吵或意見不合時，往往會企圖拉孩子到自己的陣營（所謂的「三角關係」、企圖造成權力的平衡），迫使孩子在對父母的忠誠之間拉拔，產生極大的心理困擾，這種「夾心餅乾」的滋味很不好受！

(三)父母親職與影響

父母的親職教養方式影響很大,除了影響親子與家庭關係和氣氛,也會影響孩子的行為、課業表現與情緒等諸多面向,而吹毛求疵的父母,不只讓孩子感受到重大壓力、覺得自己無價值,也會有自傷等攻擊行為出現(Yates, Tracy, & Luthar, 2008)。中國父母親的親職型態會隨著孩子的性別與年齡增長而有變化,母親的溫暖可以預測孩子的情緒適應,父親的溫暖則與社會及學業成就較有關聯,但是父親的溺愛卻可能與孩子的問題行為相關(Chen, Liu, & Li, 2000);父母親若是給予孩子自主的支持,也會影響其學齡期的數學、語文與自立的表現(NICHD, Early Child Care Research Network, 2008)。有些父母親會固定在孩子面前扮演「白臉」與「黑臉」,一個給予關懷、一個擔任管教(就是規勸等軟性方式都無效之後才出現),殊不知有效的管教是要以「關係」做基礎,沒有「關係」為前提,管教也只是一時的威嚇,無法收到預期或較長久的效果。

現代家庭也將民主觀念帶入,相對地母親已經不是擔任唯一親職工作的人,也會要求父親參與親職,雖然家事分工還是有極大不公平,然而許多現代父親也已經企圖慢慢擺脫傳統父親不干預親職的形象,希望為營造親子更好的關係而努力。許多的父親沒有良好的典範供其學習,但是也會從不同的管道(包括妻子的要求)與自身實踐上做改進(Forste, Bartkowski, & Jackson, 2009)。

許多單親家庭是以母親為戶長,近年來也有研究者關注父親缺席的議題,而諸多研究以「父親缺席」的反向操作方式來突顯父親的重要性。雖然有研究發現沒有父親的男孩容易有偏差行為或是心理疾病的表現,但是並沒有得到一致的結論(黃富源、鄧煌發,1998;Anderson, 1968, Herzog & Sudia, 1972, cited in Tripp-Reimer & Wilson, 1991; Pollack, 1998)。而單親母親認為父親可以提供兒子最重要的是「性別角色」示範與「遊戲活動」,許多母親也都認為男孩生活中缺少父親角色其影響較嚴重(Stern, 1981)。缺席父親對兒子的影響可能造成對父親形象的迷思、母親成為兒

子瞭解父親的守門員，以及對自我認同的真空感（Wark, 2000）；沒有父親在身旁的女兒，容易較早與人發生性關係、性行為較為活躍，也容易淪為被性侵對象（Ballard, 2001）。有一項研究發現：父親有行為問題、家庭破裂、與父親分開住的青少女，其月經初潮早於同儕近一年（Tither & Ellis, 2008）。

　　誠如Jim Herzog（cited in Pollack, 1998, p. 124）所說的「渴望父愛」（father hunger），主要是因為感覺被遺棄，其原因包括死亡、離異、單親母親家庭的孩子、收養、父母的上癮行為、虐待、與傳統父職（Erickson, 1998/2002），也就是傳統的保守父親與孩子的距離也會讓孩子有「被拋棄」的感受，而在心理留下創傷。相對地，也有研究探討父親缺席的優勢，包括讓孩子更能獨立、負責、早熟、容易滿足、與人合作（Finn, 1987; McCarthy, Gersten, & Langner, 1982; 引自吳嘉瑜、蔡素妙，2006, p. 144），也較有韌力與正向的自我觀、珍惜與人互動的價值、覺察他人感受較敏銳，也較有決斷力（Laidlaw, 1999）。綜觀這些研究的結果，不免讓人會想問：為何許多孩子的偏差行為或不適應與父親缺席有關？難道父親的「實質」存在（physical present，身體上出席）具有其他的重要作用？

　　有研究證實孩子在0-2歲期間若無父親在身邊，與其他相同發展階段的孩童相形之下有許多表現（包括信任、羞愧等）較為遜色（Santrock, 1970, cited in Snarey, 1993）。吳嘉瑜與蔡素妙（2006）的研究發現：父親外派對年幼孩子影響較大，男女性對於外派生涯的看法反應不一，女性重在關係的維繫，男性則認為是增長見聞與磨練能力的好機會，父親的形象在孩子眼中「不夠鮮明」，可能是因為父職參與的方式沒能讓孩子感受到其重要性（p. 164）。由於中國文化的特殊性，使得女兒與父親之間的關係較為疏遠（Ho, 1987，引自葉光輝、林延叡、王維敏、林倩如，2006）。徐麗賢（2005）發現大陸臺商以指導課業、表達關懷、健康安全照護，與培養子女的自立能力為主要關切，這也表示距離會讓父親感受到未能發揮父職，也期待可以補足親職功能，而很重要的是這些父親希望自己對子女的

關愛可以傳達，甚至被子女接收到。

關於缺席父親的研究，較多出現在離異家庭，而研究結果也朝向負面影響的居多，例如在行為與學業上的困擾（Teachman, Day, Paasch, Carver, & Call, 1998）。男性罪犯遠遠高於女性，也導致許多孩童面臨父親缺席的事實，而對於雙親之一入獄的孩子來說，似乎有性別上的差異，男孩比較多向外宣洩（acting-out）的偏差行為出現（如嗑藥、飲酒、逃家逃學、攻擊或敵意行為，甚至是犯罪），相對地女孩就較多向內宣洩（acting-in）的行為（如退縮、做白日夢或惡夢、表現孩子氣、懼學、哭泣或學業表現低落等）（Fritsch & Burkhead, 1981），但是這可能是傳統親職工作分配（即父親負責管教、母親負責照顧）下的觀察結果，或是突顯原來就存在的性別社會化差異。其他研究針對失功能家庭、施虐家庭做研究較多，結論也提到來自父親缺席家庭的女性，通常在與異性關係上會出現問題，包括選擇施虐或拋棄妻小的伴侶（Secunda, 1992, cited in Perkins, 2001），在認知發展與學業表現上也較為落後（Grimm-Wassil, 1994, cited in Krohn & Bogan, 2001），進一步影響其在高等教育上的發展（Krohn & Bogan, 2001）；而對男孩而言，與人互動、男性形象等都受到負面影響（Beaty, 1995; Mandara, Murray, & Joyner, 2005），男孩因為沒有男性楷模可茲效法，因此在男性氣概的表現上稍遜於雙親家庭的男孩，而父親缺席家庭的女孩，卻也因為母親仰賴之故，表現出較多的男性特質（Mandara et al., 2005），此外，父親缺席家庭的孩子，不管是男性或女性，基本上在青春期都較之同儕早發育（Bogaert, 2005）。

父親缺席的理由不管是因為遺棄或是拒絕，父親缺席的原因、孩子受到的影響，以及家人的反應這些重要議題都會觸及（Stokes, 2003），Gable（1992）特別提到：不管父親缺席的原因為何，孩子心理穩定與母子／女關係的穩定性是相關的（cited in Lowe, 2000）。而美國非裔家庭中也常常是女性當家，因此家中長子就常常成為缺席父親的替代，也承受過多的壓力與期許，這在家庭治療上就產生了所謂的「界限不清」（Lowe, 2000）；而父親若是非自願缺席，其子女在依附需求上就較為欠缺，越早

失去父親的孩子對其發展影響更大（Brown-Cheatham, 1993），如Grimm-Wassil（1994）就比較父母離異與父親過世的女兒，前者的行爲問題出現在引人注意與紊亂的異性關係上，後者則是害怕與異性接觸、對父親看法較爲正向（cited in Krohn & Bogan, 2001）。這些研究也提醒現代父母親：即便有許多因素造成家庭結構的變動，但是父母親職責任仍在，不可推拖，爲了孩子更好的發展與未來，彼此的嫌隙可以暫時放下，共同爲親職負起責任，才是最圓滿的解決。

　　現代人所生活的環境是超速、複雜的，也如Carl Honore（2008/2009, p. 81）所言：「我們生於不耐煩的、又過度競爭的文化之中」，不僅爲人父母者想要以微波爐方式培育孩子的能力，孩子本身也因爲這些外加壓力而喪失了許多童年。想想兒童時期最重要的工作就是遊戲，連成人生活的玩樂（play and fun）也是極爲重要的一部分，但是現在卻必須讓孩子提前接觸成人社會的功課，也剝奪了他們天眞寶貴的童年！目前風行的「童年研究」也許就是現代社會反撲的一環！

　　「碰觸」（touch）是人類的基本需求，有關愛、滋養、支持等意涵。通常中國的父母親會常常碰觸與擁抱出生兒或是小孩，但是隨著孩子行年漸長，反而就減少、甚或就不再有身體上的較親密接觸，這也許是我國家庭「倫理」所規範下的結果。反觀美國或一些西方國家，雖然自小就重視孩子的獨立，不會隨便抱起哭泣的嬰幼兒，但是人際之間還是有擁抱等適當接觸。即便中西方文化對於教養觀念不同，但是中國傳統並不因爲少身體碰觸就減少虐童或是性侵的案件。適當的身體碰觸的確也是家庭與親密關係很重要的面向。

　　許多父母親因爲孩子而犧牲了彼此親密關係的品質，好像是爲孩子而生活，甘爲「孩子奴」，不僅忙於工作賺錢養孩子，犧牲自己的休閒時間，也犧牲了與家人相處的時間，更不要說彼此給對方一些親密共處的時光。要看一家人的親密關係，主要還是以雙親的關係爲圭臬，當然我們華人的家庭建構基礎不在夫妻，而是親子倫，因此與西方的或有不同。臨床裡的觀察也發現：親子關係不佳可以追溯到夫妻關係不睦，孩子很可能只

是家庭關係不良的「代罪羔羊」、突顯出問題的存在而已！有時候父母親帶著孩子來做治療，絕大部分情況下我都會要求父母親一起出席，如果可以瞭解雙親互動的品質，甚至加以改善，通常問題就解決了一半。

家長擔任親職最重管教，最好配偶雙方都可以同享管教權力、而非偏袒一方，若是固定扮演黑白臉，也可能讓其中一方與孩子無法靠近。現今家長最頭痛的應該是手機的使用與管理，不僅造成親子之間的衝突，甚至疏離。之前所提的繭居族也可能釀成家暴事件（可能成因是繭居時間過久，引發積壓的壓力或心理疾病使然），今日的家庭及人際關係也因此受到嚴重考驗與影響，是現代人不可忽視的議題。身為手機「原住民」的孩子以手機或社群軟體為社交或個人認同的重要管道（Boyd, 2014/2015），但是「手機移民」的家長未必贊同這樣的生活方式，在雙方時代脈絡與價值觀不同，卻堅守本位主義不肯退讓或協商的情況下，引發的衝突自然更多。然而只要謹記：最重要的是「親情」，不要因為其他無關緊要的事物而犧牲了最重要的，或許就有轉圜餘地。

家庭裡父母的互動會影響家中其他人的關係，有些家長會堅持在孩子面前維持和諧親密的模樣，暗地裡卻互相攻訐、較勁，他們以為孩子都不知情，但事實上許多孩子都清楚父母親的互動情況，但是因為人小言輕、知道自己能夠改變的極少，然而還是希望盡家庭一份子之力去改善這樣的情況，所以就會出現問題行為或病徵，但是並不是每一個孩子都會出現在諮商師的工作室裡。接下來就針對親密關係做更詳細的說明。

親密關係

一、親密關係的意涵

心理學上有許多關於親密關係與身心健康的研究，包括已婚者較未婚單身者健康、也較長壽，然而不快樂的婚姻（或離異）也會讓個人健康蒙上陰影，如心臟疾病、高血壓、癌症、憂鬱症、酗酒問題、意外與肺炎

等（Myers & Sweeney, 2005b, p. 27）。良好的親密關係也是心理健康的重要指標，親密就是在關係中有承諾、同時還保有自我認同（Erickson, cited in Liebert & Liebert, 1998/2002a，p. 145）。健康的親密關係必須要包括：㈠有親密、信任、與向他人自我表露的能力，㈡有能力接納與表達對重要他人的感情，㈢有能力去體會與表達無條件關愛他人、尊重其獨特性，㈣維持持續且穩定親密關係的能力，㈤關心他人的身心成長，㈥滿意的性生活或是感受到自己與人親近的需求獲得滿足（Myers & Sweeney, 2005b, p. 27）。親密關係是關係中的彼此有「去瞭解」與「被瞭解」的意涵，健康的伴侶關係應該是提升彼此的健康生活，所謂的「提升」指的是支援、滋潤與強化（Wheeler, 1994/2009, pp. 31 & 35），可以彼此支持、滋養成長、也增進關係。

　　「親密」（intimacy）是指可以毫不掩飾、不做作地表現自我，擁有良好的親密關係，不僅讓自己可以被愛、也可以愛人，提升了自我價值與信心。一般人將愛區分爲「熱愛」（passionate love）與「友伴愛」（companionate love），前者是希望與對方合爲一體，後者需要親密與承諾（Hatfield & Rapson, 2007, pp. 44-45），也因此Sternberg（1988）說愛情三元素有熱情、親密與承諾（引自張春興，1998, p. 598），而愛情可以依動機不同區分爲浪漫、遊戲、伴侶、奉獻與現實式等六種（Lee, 1974，引自張春興，1998, p. 596），浪漫愛與性歡愉是近代比重較多的思考，也容易出現在較爲平權、富有與現代的社會裡，當然全球化趨勢與女性運動也有推波助瀾之效（Simmons et al., 1986, cited in Hatfield & Rapson, 2007, p. 49）。男性認爲親密就是性（sex）與身體接觸（physical closeness），女性則是談心或說說話；而心理學家認爲親密應該包含愛與感情、信任與自我揭露。親密關係與心理健康有密切相關，不只能夠激發創意、生產力，也有情緒整合之效。

　　「自我揭露」（self-disclosure）是想要與對方更親近的表現，因此會有一些冒險成分，但是男性與女性彼此揭露或分享的內容不同，男性可以談政治，女性可以談論關於他人的事物、自己的弱點，現代的男女性對

於可以分享的事物也更多了（Hatfield & Rapson, 2007, pp. 54-55）。「分享自我」就是自我揭露，也是建立親密感最重要的管道（顧瑜君，1989a, p. 179），而「情緒上的安全感」是親密關係中很重要的條件（Wheeler, 1994/2009, p. 41）。

二、親密關係與婚姻

親密關係的最終當然是希望可以廝守一生、共同生活，因此婚姻就是目標。結婚的比未結婚者在快樂指數上或是生活滿意度分數較高（Myers, 2000），可以解釋的原因是對等關係中的酬賞、有較佳支持網路、情感上也有依託，早期的研究也發現，有七成三的自殺者是在最近一個月內有重大關係的失落（Baume, Cantor, & McTaggart, 1997, cited in Murray, 2002, p. 48），可以想見關係對於一個人的重要性。然而怎樣的親密關係是健康或是具滋養的？Gottman（1999, cited in Prilleltensky & Prilleltensky, 2007, pp. 63-64）將夫婦安排在一個場合觀察其彼此互動情況發現：有問題的親密關係是夫妻之間的互動方式充滿了批判、輕視、防衛、未能減輕緊張氣氛。Gottman與Levenson（1992, cited in Hatfield & Rapson, 2007, p. 50）的研究發現：快樂的伴侶有較正向的交換（positive exchanges），這是就交換理論來說明的，也就是伴侶彼此間有互動與交換條件，讓對方覺得在關係中有令人滿意的酬賞；但是很奇怪的是：即便情感觸礁了，無論男女還是會繼續投資下去（Rusbult et al., 1998, cited in Hatfield & Rapson, 2007, p. 57），這似乎違反了所謂的交換原則。許多人的親密關係在「修成正果」（結婚）之後就慢慢變淡，對絕大部分的配偶來說是「最自然不過的發展」，也許是因為生活瑣事的介入，或是彼此因為生活在一起逐漸發現彼此的「真相」，但是最大的問題是「忘了去經營」彼此的關係。

三、親密關係的挑戰

中國人的夫妻關係常常在孩子誕生之後就消失了，而是加入了「第三者」（孩子），彼此之間的稱呼也成為以孩子為主的「爸爸」與「媽

媽」，這似乎反映了中國將「自我」與所扮演「角色」分開的傳統（王幼玲，1989a），也因此夫妻關係的親密受到嚴重影響：目前國內影響婚姻現況的最大問題是「婚外情」，不少高學歷的女性也是受害者（China Post, 2/18/2009, p. 16），這個警訊似乎是在說明伴侶關係若沒有持續經營，可能就用便捷的婚外情來彌補親密需求。關係是需要經營的，雖然傳統夫妻關係似乎是責任義務多過親密，但是臨床經驗中所目睹的親子關係與夫妻關係息息相關，如果夫妻關係良好，親子關係也蒙受其惠，反之，夫妻關係有裂痕，也會反映在親子與手足關係上。夫妻間的不同是一定的，因為是兩個不同個體的結合，彼此有不同的個性、成長背景、看法、價值觀與溝通方式，當然結婚通常不是兩造的事，而是牽涉到兩個家族、經濟、外在人際等複雜因素，所以好的親密關係的經營也必須顧及到這些層面的影響與處理；儘管現代生活外在誘惑很多，對親密關係也是一大挑戰，不妨視為對親密關係的試煉，一起來面對與解決。

當然結婚者也有自己的問題需要因應處理，有依附理論學者認為夫妻相處的問題是依附關係受傷的結果，因此投射到親密關係人身上，要做較為周全的解決，就需要針對這個依附傷口做處理。有機會讓親密伴侶表達出自己的感受，而且不會讓另一方有防衛或受傷的情緒，然後有原諒與和解的動作跟進，要進一步增進彼此的親密就有可能（Makinen & Johnson, 2006）。只是配偶關係中有時候彼此都太堅持「自我」，不肯為共同的「最大公約數」（如家庭）做最好的協調，自然就造成彼此的怨懟，以及更深的裂隙。

四、現代的親密關係

中國人的愛情還是受限於傳統的價值觀，連大學生也不例外，女生被動、男性主動（呂政達，1989, p. 14），些許的改變也有，就是減少了古早的浪漫，多了些理性與現實（莊慧秋，1989, p. 22），反映在分手上，也是短短一則簡訊，甚至不做任何動作就算結束，沒有讓彼此有機會針對分手來做檢討與省思，或是哀悼動作，也因此常常在下一個戀情

中也犯了同樣的錯誤。完形學派認為達到親密關係時就是「去羞愧化」
（deshaming）的時候（Wheeler, 1994/2009, p. 46），也就是在親密的人之
前不需要感到不好意思或羞愧。中國傳統的家庭教育將男性視為可怕的
「色狼」教育（顧瑜君，1989b, p. 70），也使得女性對於異性懷抱著懼怕
的受害者心態，這就如同國外的研究將男性視為「有毒的」（poisonous）
是一樣的（Pollack, 1998），對於親密關係的發展其實是有阻礙的，這也
暗示了中西方依然是「男性」擁有較大「權力」的社會。

　　有研究發現婚後常持保持緘默的婦女，容易罹患或死於心臟或相關
的血管疾病；一般說來，結婚會讓人受益，對已婚男性來說較之未婚者多
活七年、女性則多活二年；女性通常對於情緒較為敏感，也因此對於負面
情緒的壓抑較長，若是不能表達出這些較負面的情緒，對於健康危害就會
增加（China Post, 9/18/2007）。這些研究提醒我們：親密關係是需要溝通
的，女性與男性都需要說出來或表達出來，而不是以「和」為貴而已！女
性習慣「向內」宣洩的情緒也應該要有適度的改變。

　　「碰觸」是人類的基本需求，也是表示親密的一個動作（LaPierre,
2007, p. 107），當男性以「行動」為親密行為的認定時，女性的定義可能
不一樣。許多女性是在「愛」的前提之下才有性，因此前戲就變得很重
要，甚至碰觸本身就有愛與關切的意涵。養寵物（如貓狗）的人都知道，
動物要與人互動，因此玩耍與碰觸就變成互動的主要管道，國外的許多養
護機構（老人或是孩童），引進動物作為另類治療，也發現老人或孩童在
與動物觸碰與互動中，可以達到利他的功效，也讓當事人情緒有安撫或是
正向促發作用，增加自我的信心。

五、情緒虐待與情緒綁架

　　家庭暴力的形式有多種，家暴通常不是以一種形式出現，而是伴隨著
其他一種或多種形式（如肢體、語言及精神或心理暴力）同時出現，情緒
虐待通常就是指心理或精神虐待，最常出現在家庭中、特別是配偶之間。
情緒虐待除了情感綁架（用關係或情感來勒索親人）以外，冷暴力（長期

的冷戰與疏離）也包含其中。

　　配偶或是家人之間或許因爲意見不合、衝突或虐待而產生冷戰或疏離，原本是短暫的（有時利用彼此退出戰場、有機會冷靜與反思，或許也是解決問題的一種），但是若成爲習慣或長此以往，就表示因應能力不足或解決方式僵化，反而會進一步犧牲掉彼此的關係與親密。有些家庭因爲配偶之間的疏離關係，造成家庭氣氛不良或冷漠，但是配偶雙方仍然堅持不離異，不管背後的堅持爲何（如尊嚴、面子、他人看法），結果是將全家「撩落去」，讓一家人都不快樂，甚至犧牲了未來與希望感，眞是何苦來哉？

　　情緒虐待或冷暴力影響家中所有成員，不僅造成家庭中每個人的身心耗損，也可能會有代間傳遞，將不良模式傳遞給下一代或以後的世代，造成更多人的不幸！

　　情緒綁架則是以關係來勒索或逼迫另一位家人或多位家人就範。情感勒索的徵象有（引自周募姿，2017, http://womanynet/read/article/12954）：㈠勒索者提出「要求」；㈡被勒索者想要「抵抗」；㈢勒索者讓被勒索者感到「壓力」；㈣如果被勒索者沒有接受，或者是反駁，勒索者持續「威脅」，如用金錢、關係的破裂等等讓被勒索者不得不就範；㈤被勒索者「順從」，於是看起來雙方的焦慮好像解決了，但其實是被勒索者「被摸頭了」；以及㈥勒索者食髓知味，於是下一次又「舊事重演」。遭受情感勒索的受害者感受到自信與安全感被剝奪，有罪惡感，將滿足他人的需求列爲優先、犧牲自己的需求或忽略自己眞實感受，常感無助、無力、煩躁的惡性循環，感覺自己被玩弄於股掌間、被犧牲，會有憂鬱與壓力、向內攻擊的行爲，以及無法建立適當、彈性的人際界限。如果以家族治療的理論來看，就是「自我分化」（個人可以區分情感與理智過程，能避免讓自己的行動被情緒所控制）不足所導致（Goldenberg & Goldenberg, 2000, pp. 169-189）。

人際關係

一、社會化自家庭開始

社會化（socialization）是個人成長、發展很重要的一個過程，而其學習範疇可以擴及家庭、學校與工作（Hatch et al., 2007, p. 196），如前所述，家庭是個人最先接觸的社會，也是學習人際互動與信賴最初也影響最深遠的地方。家庭關係的和諧是一個人建立信任感最好的支柱，也是後續發展其他人際關係的主要參照模式，因而有所謂的「依附理論」產生，主要是說明早期嬰幼兒與主要照顧人之間的關係，可能延續到未來的人際關係與適應。依據依附理論來看同儕關係的發展，也看到「友誼」與「受歡迎」程度對於孩子在社會適應與發展上有重要影響（Bukowski et al., 1993, Parker & Asher, 1993, cited in Liberman et al., 1999, p. 203）；安全依附的孩子會建設性地管理負面感受，將其轉化為正面情緒，也有助於同儕關係的發展（Kobak & Sceery, 1988, cited in Liberman et al., 1999, p. 204），而知覺母親的可接近性（availability）對於兒童與青少年尤其重要，雖然隨著年齡成長他們的依賴性顯著降低了（Liberman et al., 1999）。最令人擔心的是被主要照顧人拒絕、忽略，甚至虐待的孩童，自小就沒有被關愛的經驗，也會認為自己不值得被愛，因此就會以冷漠或疏離來武裝自己，有些甚至會做出傷害自己或他人的行為。

當個體在家庭中學習與人互動的經驗之後，隨著發展階段，也慢慢拓展其人際領域，而在原生家庭中所學習到的就成為自己與他人互動的資源，倘若在原生家庭中有不足或是傷害的經驗，也可能會展現在個體的其他人際關係上。個人的活動範圍從家庭向外拓展，也因此家人（包括延伸家庭）的支持慢慢移轉到其他支持網路，因此家人以外的人際就很重要，有些人即便不能自家庭中獲得最佳支援與支持，也可以從其他的人際關係中獲得補償。

二、人際關係與健康

人際關係與友誼也是心理衛生很重要的一環，不少心理學家將人際關係列為人生重要任務，如阿德勒（Alfred Adler）認為「社會興趣」（social interest）是孩童正常與否的指標（Adler, 1956, p. 154）。每個人生活在社會中，希望自己有歸屬、被愛、被認可，也對社會有貢獻，而佛洛伊德（S. Freud）也說人生三大任務為「愛、工作與玩樂」，愛就是歸屬、工作就是貢獻；而Harry Sullivan（1984）更是強調「研究個人性格就是社會互動的一種形式」（p. 328），因此個人個性也是從與人互動中形塑而成；存在主義治療更將「人際關係」視為人對抗終極孤獨的良藥（Yalom, pp. 362-391）。人際關係是健康的指標，關係越親密、情感的成分越高（Reis, Collins, & Berscheid, 2000），許多心理疾病功能的評估也與人際互動有關，倘若個人人際關係不佳，甚至孤立或對人有敵意，也可能是自傷或是犯罪的一個指標。我們一般比較注意到人際關係疏離或是孤立的情況，然而若是走另一個極端——幾乎人人都愛，也可能不是一個健康行為，因為沒有選擇、都要討好，是不是沒有自己的原則或界限？人際關係有親疏遠近，主要是以情感為基礎、利益為基礎與無任何基礎的關係（如路人）三種，人與人會互相吸引是因為：㈠接近也喜愛，㈡相似或相輔，㈢性格與能力（完美中有缺點是最受人欣賞的）（張春興，1998, pp. 587-591）。人際關係還是有選擇性的，要看個人希望自這些關係中得到什麼，或是滿足什麼？

人際關係是心理健康的指標，也可以是對抗遺傳生理疾病的「緩衝器」，瑞典學者的一個長期研究結果發現：老年人若是在社交生活上較為活躍，不只少壓力感，也減少了罹患失智症的可能性（China Post, 1/20/2009, p. 2），這項研究對許多心理衛生人員或普羅大眾來說，除了印證「人際網路」的重要性，也打開了希望，怪不得有人說「與人相處」也有「療癒」功效。

三、人際關係的重要性

人際關係是心理健康的一個重要指標，一個孤立的人基本上是生活功能不良的人，「自我是成長與轉化的核心，而它是透過關係來界定的」（Lair, 1996/2007, p. 261），只有透過人我關係，真正自我才浮現。Lair（1996/2007, p. 292）認為是「關係」促發個人成長與生命品質，主要是因為真誠對待與關懷。Daniel Siegel（1999）提到腦的發展與人際關係有關，因為腦部基本上是「依賴經驗」的發展（experience-dependent）過程，而人際關係又是其中最重要的經驗來源（cited in Jordan & Hartling, 2002, p. 61）。有研究發現青少年若與家長、家人或其他成人有良好關係，也大大減少其酗酒、使用藥物等偏差行為的機率（Resnick, et al., 1997, cited in Jordan & Hartling, 2002, p. 64），因此人際關係對於個人發展有重大意義！心理學家Sullivan（1984）就最先提及人際互動與個人健康的關係，後來甚至有治療師運用人際關係技巧來治療情感疾患與其他心理病症。

日本是一個非常重視時間觀念、企業文化與個人貢獻的民族，近年來對於「過勞死」的研究也相對增加，但是研究者卻發現日本人民因為心臟疾病死亡的並不像其他先進國家那般嚴重，主要是因為企業或公司本身的支持網路很緊密之故（Levine, 1997, p. 211），由此可見人際支持的重要性。不少男性因為退休之後，若不主動去參與活動、與人接觸，其在工作上的人脈會漸漸失聯或散去，反而造成嚴重孤立，若此時無家人或友誼的支持，在心理方面的支持就變得相當單薄與脆弱！因此，現在有人主張退休其實也需要「練習」，讓自己慢慢培養退休後的生活與步調，不至於一退休就面臨時間無法打發，或是缺乏積極人際互動的機會，變成「退休＝等死」的結果。

雖然每個人個性不同，需要與人接觸的多寡或程度深淺亦有差異，但是基本上人不是孤單獨立的個體，需要與他人有聯繫，不只是因為可以自他身上學習到更多、視野更寬廣，也是人存在的一種基本需求（互相依存）。有些人的人際關係很不穩定，可能罹有心理疾病（如自閉症、邊緣

型人格違常、戲劇性人格違常、思覺失調症等），但是基本上許多人的人際困境是可以克服的，有些是因爲害羞個性、有些則是因爲缺乏人際互動技巧。一個人至少要發展或維持若干個有意義的人際關係，心理健康指數才會適當，也可以增加個人生命品質。與人關係膚淺、不能有適度的自我剖白，可能呈現的是心理疾病或是不滿意的人生。

　　人際關係中分「你群」、「我群」，許多都與利益或價值觀有關，而人際之間不免會有霸凌情況發生，雖然網路與手機的研發與進步，讓人際之間的溝通有更多管道及便利，但是無法改善實際的人際退縮性格，同時也造成更嚴重的網路與人際霸凌。鄰近日韓等國青年學子因爲網路霸凌（如貼圖謠言氾濫）而自殺人數攀升，許多網路或手機以「截圖」方式說故事，或是以方便的「懶人包」將複雜的概念簡單化，其實都容易誤導閱聽者，甚至以訛傳訛，其所造成的傷害是教育者、家長與主政者需要關注的議題。

友誼

一、眞實接觸的友誼

　　快樂與心理健康的主要來源之一是友誼（Layard, 2005, cited in Ballas, Dorling, & Shaw, 2007, p. 172），友誼也是重要的人際資源，僅次於家人。有句俗話說：「人生得一知己，死而無憾」，許多人也在找一個眞正的知己，可惜並不是每個人都可以如願！想想：我們瞭解自己都有很大的難度了，何況去找一個瞭解自己的人呢？青春期的發展階段中，友誼與人際關係有重要影響力，因爲此時個人正由「家庭」拓展到家庭外的人際與世界，不少研究也證明青少年若是朋友多，其憂鬱情緒指數就顯著降低，主要是因爲有歸屬感（Ueno, 2005b）；神經心理學者針對個人對陌生人與好友的接近程度來看腦中顯影，也希望進一步證明人類友誼需求的確有助於同理心與酬賞期待效應（in reward expectancy）的發展（Guroglu, et al.,

2008）。

　　科技的便利雖然也讓我們彼此可以有更便捷的聯繫管道（Chou & Hsiao, 2000），讓我們可以在短時間內與世界連結，然而卻也疏離或阻斷了人與人之間的接觸（Honore, 2008/2009, p. 132），這裡所指的「接觸」應該是「真實接觸」（real contact）之意。網路或是科技可以讓人有更多聯絡彼此的管道，然而許多在實際生活人際關係受阻的人，會到網路上尋求滿足這方面的需求，就某個層面而言，的確可以補足現實生活中的缺憾，但是這種「虛擬」的人際關係還是缺乏真實性，因此有人進一步想要「接觸」真實，所以網友相偕見面也屢見不鮮，這就說明了人際關係還是需要「真實接觸」。

二、友誼的元素與層次

　　友誼的基本要素包括：愉悅、接納、信任、尊重、互助、分享、瞭解、真誠（李瑋，1989, p. 28），友誼的發展也有階段性與種類不同（可以分享的事物有異），要交到好友不簡單；美國一個雜誌（Psychology Today）曾經調查過益友的特質發現：值得信賴、待人忠厚、熱心熱情、喜愛協助他人、誠懇坦率、有幽默感、願意花時間陪伴、個性獨立、健談、有智慧、有社會良心是占最前面十一項（引自張春興，1998, p. 594）。友誼有不同的層次與過程，因此一個人基本上會有若干不同類型的朋友，可以互補不足，也彼此學習；有人將朋友分成可以一起玩樂、共同討論、談論私人事物，或是無所不談等種類的朋友，可以玩樂者不一定可以談心，可以共同討論者不一定可以共甘苦。在臨床工作上會碰到適應不良的幼兒，不知道如何與同儕相處，就會變得孤單、不受歡迎，還影響到其他生活面向與發展（Adler, 1956; Sullivan, 1984）。Howes 與Mueller（1980）認為孩子們的友誼包含三個要素，它們是彼此喜歡、覺得快樂、與有互動技巧（cited in Howes, 1983, p. 1042），而在穩定的兩人互動關係中可以學得更好的人際技巧（Howes, 1983, p. 1051），成人的友誼可能還包含可以分享與支持。我常常詢及同學：「閉著眼睛想一想，在你／妳遭

遇到人生最難堪之境時，腦裡有沒有浮現出一個可以說、可以談，甚至可以求助的人？」如果沒有，個人在危急情況時就可能較容易求助無門或走極端，這不是危言聳聽。

三、友誼是終生的需求

即便到老年，友誼還是很重要的支持力量，有時候還比家人更重要，年長女性的交友圈很廣，朋友具有情感表達與工具性功能，我們在身體不適、有情緒問題或感覺孤單時會找朋友而不會找家人，朋友可以提供社會支持，也可以用來抵擋或紓緩壓力、分享資訊與建議、一起說笑等等，讓生活更好過（Moremen, 2008），甚至有人認為朋友是「互相利用」的關係：可以「利用」來成長、互通有無、彼此支持打氣，或是分享生命中的喜怒哀樂，究其實質主要是「互惠」關係。

有些人較為內向、害羞，或是擔心自己社交技巧欠佳，因此在交朋友方面較為被動，甚至有人是較自我中心、對他人缺乏同理、自責過多或個性悲觀者，也較難有親密的友誼（張春興，1998, pp. 594-595）；有些人像人來瘋，可以在不熟悉的社交場合炒熱氣氛，甚至與許多人打成一片，但是內心裡卻不認為自己朋友很多，甚至沒有知心朋友。在臨床觀察上，會比較注意「孤單」的人，因為少了朋友，其實就少了許多生活樂趣，而相對地也意味著支持力量不夠，在真正需要時可能無法求援，或獲得適當的協助。

朋友有陪伴的功能，讓人不覺孤單或認為自己是「怪咖」；朋友有支持的功能，可以在需要時獲得依靠、被瞭解，甚至協助；朋友有刺激與學習、成長的功能，朋友就像一面鏡子可以映照我們是誰、讓我們看到自己在他人眼中的模樣，可以因為不同、彼此分享，而有許多的學習與改進，讓自己更好；朋友可以是競爭對手，讓自己磨練更好的能力、彼此惕勵進步；朋友可以是情緒宣洩的垃圾桶，可以自由坦露自己、不需要遮掩或偽裝，讓人可以更清楚與瞭解自己；朋友之間互相幫助，讓人發揮利他的天性，展現人性光輝；朋友可以因為背景或是經驗不同，交換不同觀點與意

見，可以讓我們看見更完整的事實，學會寬容與接納，讓我們的人性本質更優、更愛自己。友誼其實就是讓人學會「接受」與「給予」的「互惠」或「相互依賴」功課的場域。

四、同異性情誼

不同性別之間可以有朋友之誼嗎？男生多半認為異性間的友誼是不存在的，女性認為可以存在（楊靜文，1989, p. 47），隨著時代的演變，男女性也認同於異性之間可以有單純友情的存在，當然也有可能後來發展成「友伴之愛」的戀人關係（邱珍琬，2008課堂筆記）。高中階段的男性認為異性朋友是「可以談心」的，女性則是認為「可以切磋學業、互相勉勵」的（顧瑜君，1989c, p. 3）。有一項針對中學生的友誼調查，發現友誼會有特殊領域的影響，例如學校的同儕關係會影響個人在學業上的表現，而社交關係也會影響個人社交行為上的表現，其中最引人關注的竟然是學業成績（GPA）是唯一最有利於友誼的因素（Cook, Deng, & Morgano, 2007），而友誼也會因時因地與環境而產生變化（Reis et al., 2000），這也說明了關係還是需要經營，友誼當然也不例外。Moremen（2008, p. 151）整理關於友誼的研究發現：兩性的社交支持資源不同，男性在感情上主要是依賴配偶，女性則是有不同來源的社交網路；男性較之女性有更廣泛的社交圈，女性則較侷限與少數人的小團體、然而彼此之間較親密；女性朋友之間會分享一些情緒經驗，男性朋友之間則是分享活動；女性的友誼著重在表達與相互協助的工具功能上，男性則是有較多的競爭關係。

五、青少年與同儕關係

「同儕關係」或友誼最被研究的族群是「青少年」，主要是因為人生發展階段中此時期的「同儕關係」是最重要的，也是個人跨出家庭、接觸社會的第一道關卡。對幼小的孩童來說，家人是最重要的，隨著年齡的增長，朋友與社會關係就越形重要（Detmar, Bruil, Ravens-Sieberer, Gosch, & Bisegger, 2006）。青少年階段開始拓展活動範圍，在發展自我認同的任務

時，除了發展家庭外的人際關係之外，也挑戰父母親的威權與控制，儘管父母親的影響還是持續著，尤其是在生涯與教育的選擇方面，青少年感受到的同儕壓力大、也較爲順從（或「忠誠」）。青春期的同儕關係（以及異性關係），不僅是其情緒發展與成熟的重要因素，也可以協助其更瞭解自己、定位自己，同儕關係提供青少年表達與管理正負向情緒的場域，在嶄新情境中提供情緒支持與安全感，也提供家庭外自尊與情感宣洩的資源（LaFreniere, 2000, p. 269）。

　　Jaffe（1998, pp. 269-283）在整理歷年研究青少年友誼的文獻發現：㈠同儕間的關係較之親子關係更平等；㈡青少年的同儕形式有派系（clique——以共同活動爲主，人數較少，分享休閒時光，成員的同質性較高）、會衆（crowd——以聲譽爲主，有共同興趣或喜好，也創造自己的語彙，不同性別的在一起，可以練習異性間的互動）、與幫派（gang——與派系相似，通常是單一性別的人聚在一起，通常是人數較多且有組織，基本上會挑戰社會規範）之別；㈢青少年的群體已經從單一性別的群體轉爲混合性別的一群，同儕關係讓他們較自在，因爲不太會被挑剔或批判；㈣年紀較輕的孩子通常會跟住家附近的人做朋友，青少年階段交友範圍因爲活動區域拓展也有擴大；㈤搬家對於青少年來說可能會失去許多原本的友誼，轉學過來的男孩子受到較多同儕拒絕；㈥「同儕壓力」通常是成人用來解釋孩子學壞的說詞，但是基本上大部分的青少年都喜歡與「不惹麻煩」的同儕相處；㈦同儕之間可能因爲住得近而成爲朋友，會去尋找與自己相似的人做朋友，朋友之間是互惠的，可能因爲同伴的影響而去做自己一人不敢去做的事，有些人會被迫離開某群體；㈧同儕之間可以經由觀察學習、彼此增強或比較、參與活動等方式學習，也可能受到排擠或孤立，此外，年長者也會將一些價值觀、行爲或技巧傳承下去；㈨朋友可以一起去探索外面更廣的世界，讓自己對廣大的社區更熟悉，也表現更自在；㈩朋友之間自我表露是親密的必要條件，但同時也可能需要冒險（被說出去的可能性）；㈩女性的朋友間以關係爲重，男性則是以在團體裡的「功能」爲主（如學業成績、運動能力或興趣），女性較喜歡敏感、

合作、願意分享的朋友，對朋友的期待也較多；㈫女性喜歡與朋友一起談話、逛街，或觀賞電影，男性則是一起活動。

六、朋友是值得冒險的收穫之旅

有些人可能較內斂羞澀，或是缺乏社交技巧，也許是因為自小的習慣、不善於與人相處，這當然也會影響其與他人的情誼發展。雖然說天下知音難尋，但是得一知己死而無憾，每個人都在尋找可以知道自己、可以談心的人，只是這樣的機會太少，可以有兩、三好友一起分享生命與經驗，就已經是得天獨厚！有些人在熱鬧的場合很容易立刻投身其中，像個人來瘋，大部分的人需要觀察一陣子，才會慢慢融入，有些人則是旁觀者，若無他人主動來搭訕，可能就一直當壁花。要增加自己的人際資產可以從幾方面著手：㈠建立自信（從閱讀、傾聽、經驗與嘗試中去培養自信），㈡練習自我表達能力（可以適當表達自己的想法、與他人交換意見），㈢學習聽取他人意見、也尊重團體決定，㈣在生活上培養自己慎獨的功夫（也就是要學會獨處）（Papalia & Olds, 1988，引自張春興，1998, p. 595），此外也需要讓自己有一技之長，至少可以吸引同好，或是讓自己有自信。雖然一般人在人際互動上多多少少都有過困挫經驗，端賴自己想要的是什麼、願意冒的險有多少？而「施與受」依然是最令人滿意的友誼關係。

家 庭 作 業

一、擬定一個與家人增進親密或是彌補關係的小計劃並執行（至少持續一個月，才可能看出改變）。

二、想一位特定的朋友，想想他／她給你的學習為何？並寫一封短信表示感激之意。

三、把許多朋友對你／妳的看法列一張表，包含你／妳的優勢與挑戰。

Chapter 6

壓力與調適

　　壓力是現代人共同的擔心與挑戰，現代生活的忙碌與競爭，使得許多人自幼年時期就開始感受到壓力的存在。固然每個成長階段有其任務要完成，因此自然會有壓力，但是由於生活步調緊湊、環境複雜等因素，壓力源有增無減，使得現代人的心理疾病也遽增。因此談心理健康，不能忽略現代人所面臨的壓力，也需要就相關議題與防治之道做討論。

壓力的定義

　　我們常常聽到有人說：「最近工作壓力很大，老闆要求多，工作期限又快到了。……」接著就有人會提到這個壓力對於其本身之影響，像是「財務壓力大」、「夫妻關係失和」、「自己覺得快受不了」等。林敬銘（2006）將歷年中外學者對壓力的解釋做了對照，可以將壓力定義為：壓力是指個體經驗環境要求或變動、對個體產生壓迫或威脅，而產生暫時的個人能力與環境要求間的不平衡狀態。基本上對於壓力的概念有三：一是Selye（1976）所提出的「身體對於外在要求的一種反應」（著重在「反應」），二是指Lazarus與 Folkman（1984）提出的「個體與環境互動的結果」，個體會評估壓力源以及自己的能力（著重在「互動」），或是生命事件，而Hobfoll（1988）另外加入了「資源保留」（conservation of resources）（cited in Romano, 1992），指的是壓力對於資源的威脅性有多高。

　　Sarafino（2008）定義壓力為：「一種因為個人評估壓力源的要求與個人身心及社會資源間的差異所造成的情境」（p. 7），而壓力發生時個人

會覺察到所面對的情況是對其目前資源有傷害、有威脅或有挑戰性的，主要是看個人與環境間的特殊關係如何，牽涉到：㈠壓力發生時也就是環境要求超出個人的內在資源，㈡壓力是當個人評估一種情境為具有傷害、威脅或挑戰後的情況，㈢壓力是持續變動的，㈣壓力是很複雜、多變項的過程，包括輸入（壓力事件）、輸出（個人對於情境的反應），以及因應這些因素的中介活動（Lazarus & Folkman, 1984, cited in Chen, 1999, p. 49 & 50）。自現象學的觀點看壓力是「缺乏支持，讓我感到過度孤單的事實」（Wheeler, 1999/2009, p. 13），也就是壓力的影響大小，主要還是在於個人對威脅及自己能力的主觀評估與感受，而非壓力本身（Lazarus, 1984, 1993, cited in Brannon et al., 2018, p. 95）。

一、壓力是生存的現實

只要是活著就不免有壓力存在，壓力是生活的一部分，可以是外在所加諸的，如家長、上司的期待，或是環境與工作的要求，也可以是內發的如自我期許與責任感；發展階段的任務（如自我認同、人際），或是轉換（不同學習階段或工作、搬遷），生命事件（如失落經驗）都可能讓個人因為遭遇到莫大挑戰、而感受到壓力；因而壓力的來源可以粗分為社會、政治、與環境等面向（Miller, 2007, p. 890）。以求學階段的學生來說，課業可能是其最大壓力源，但是其他的人際、家人關係、自我概念等也都參雜其中，以幼稚園到國小階段的學童為例，其壓力源就有初入學、學會與其他人共同生活與互動、朋友搬家、換學校、在學校惹麻煩、親戚死亡、不好的成績、父母分居或欺負人被逮到（Slee, 1993）。一項調查在兒童或青春期遭遇雙親離異的成年人，絕大部分認為雙親離異帶給他們許多負面的影響（如每天的生活作息、自信、信任他人、親密與人際關係、與家人關係等問題），參與者都不希望自己步上父母的後塵、讓自己孩子因此受傷害（Cartwright, 2006）；雖然較佳的親子關係可以減少離異帶來的後座力（Burns & Dunlop, 1998, cited in Cartwright, 2006, p. 127），父母親不要以孩子為爭戰戰場是最重要的，不以雙親的問題來連累或困擾孩子，才可

能讓孩子成長得較健康！

　　人一生下來就要面臨許多的學習與挑戰，這些都可能是壓力源，也可以說人生就是解決問題的過程，因此可以總結說：壓力無所不在，只是不同階段有壓力重心不同而已！這部分會在稍後的第九章做詳述。

二、壓力可能造成的影響

　　人類對於壓力的反應基本上有不同層次：㈠社會文化層面──針對所生存文化社會的要求與規制作反應（如中國人較含蓄，不敢與人有正面衝突或在他人面前表現出沮喪情緒），㈡個人心理層面──感受到情緒波動或是不安適，㈢生物化學反應──大腦與中樞神經的反應，導致內分泌與免疫系統的的反應（Haddy & Clover, 2001, p. 291），可見壓力會引起個人生、心理系統的許多連鎖變化，但是其表現也受到大環境的約束。當然個人資源與因應能力也是評估壓力程度的指標之一。重大生命事件發生不一定會造成個人情緒或行為上的負面影響，同時還可以讓人意識到生命的意義，獲得成長，倘若主動去做因應處理，產生氣憤的情緒，還可以讓人意識到益處或成長，然而只是逃避、發洩情緒，以及沮喪反應，反而會出現更多重創後遺症徵狀（Park, Aldwin, Fenster, & Snyder, 2008, p. 307）。

　　針對壓力所產生的不良後果包括心理方面的抑鬱不快，行為表現的暴躁易怒，認知方面的易忘、敏感，生理方面緊張或心跳血壓高升，此外也會產生健康方面的影響（胃潰瘍、免疫力降低、頭痛、憂鬱、緊張、失眠等徵狀）（Danielson, 2006, cited in Ollfors & Andersson, 2007, p. 143），工作方面影響人際關係、工作效率降低等。壓力的心理癥狀有憂鬱、焦慮、緊張，甚至恐慌，或重創後遺症等；壓力情況出現在人際關係上可能會孤立自己，或是厭惡與人相處，甚至因為情緒會出現人際問題；壓力也可能影響生活功能，例如缺席、無法作息正常、影響判斷能力等；壓力也影響道德發展與判斷，特別是成長階段若是遭遇到其他生命事件的壓力源，可能讓道德判斷更困難，到底應該滿足個人需求為先，還是避免與他人利益衝突（違反團體規約、維持與他人關係等）（Blakeney & Blakeney,

1992）？

　　研究文獻裡觸及壓力議題都會提到「耗竭」（burnout），主要是指感受到個人的資源已經用盡（呈現情感上的枯竭），對工作出現疏遠、不再感興趣的態度（將他人物化），以及發展出對自我的負面態度與無能的感受（工作缺乏效率）（Moliner, Martinez-Tur, Pelro, Ramos, & Cropanzano, 2005, p. 101）。耗竭與許多生理的機制有關，包括新陳代謝症狀、自主神經失調、睡眠困擾、感染、免疫問題、血液的凝血與纖維蛋白溶解問題、與不良健康習慣等（Melamed, Shirom, Toker, Berliner, & Shapira, 2006）；壓力與耗竭是有正相關的（Etzion, 1984），也就是壓力越大，耗竭就越有可能發生。

三、壓力理論

　　關於壓力的理論一般有三種：㈠生理反應模式——個體對於外在壓力環境要求所產生的反應，像是緊張時會感受到心臟跳得更快，或是胃不舒服；㈡生活事件模式——因為生活所遭遇的事件而讓人感受到壓力的程度，像是面臨考試、失落或人際壓力等；㈢環境互動模式——將個人因應能力與環境因素考量進去，不單是講外在環境或純粹個人因素（Lewis, Lewis, Daniels, & A'Dndrea, 2003/2007, pp. 73-74）。

　　個人將壓力歸因於穩定或不穩定因素、內在或外在因素也會影響其因應能力與方式，甚至性別也影響個人對於壓力的知覺與因應（女性比男性對於壓力覺察更敏銳）（Ollfors & Andersson, 2007），而個人所擔任的角色越多、責任也越多，感受到的壓力也更多（Cinamon, Rich, & Westman, 2007）。壓力也與個人當時所處的情境脈絡有關，這些包括一些背景變項（性別、地區、社經地位、種族、年齡等）（Lewis, et al., 2003/2007, p. 74），例如政治氣氛不自由、經濟情況的變動也會讓壓力增加，性別歧視的地區對於弱勢族群是另一壓力源，像印度有種姓制度（caste），也讓不同階層的人遭受不同待遇，而階級越低者被剝削的越多、壓力更大。目前對於壓力的瞭解會就生理反應、生活事件所產生的壓力源，以及個人、可

用資源，以及環境因素的交互作用等面向來進行，而因應之道亦在其中。

關於壓力的研究，主要是針對三個取向來研究：㈠針對挑戰生理或心理的事件或情況（壓力源，stressor），㈡著重在生理與心理對壓力的反應（壓力反應，strain），㈢將壓力視爲持續互動與協調的過程（互動，transaction），此取向與個人認知與評估有關（Baum, 1990, Hobfoll, 1989, cited in Sarafino, 2005, p. 7），因此Sarafino（2005, p. 7）將壓力解釋爲：因爲轉變而引導個人去評估壓力源的要求，其本身生物、心理與社會資源的差異所造成的結果（stress as the condition that results when transactions lead the person to appraise a discrepancy between the demands of a stressor and the resources of his or her biological, psychological, and social system）。一般人對於壓力的生理反應會經歷警覺、抗拒與耗竭三階段（Selye, 1956, cited in Sarafino, 2005, p. 7），倘若壓力情境或壓力源持續下去，個人一直緊繃著神經，其耗竭的情況就很明顯，甚至會達到持續警覺而衰竭的地步。

 ## 壓力徵候

人的生命階段有不同的發展任務需要完成，因此生命事件（life event）也可能是壓力來源之一，有些壓力源與發展階段有關，有些可能就是一直存在，也因此有人提出壓力有其正向作用，但是基本上不宜超出個人能力可以負荷的程度，要不然就造成負面的影響。每個人面對壓力解讀與因應的方式不同，即便是環境所加諸的壓力，在不同個人身上引發的效果亦不同（Bennett & Murphy, 1997, p. 19），有人會將其擴大、認爲自己不能面對，有人則是儘量想辦法解決。

壓力徵候最先出現在神經系統的反應上，同時會造成內分泌系統（如腎上腺）的運作，壓力來臨時，個體身體的自律神經系統會有幾個動作（警覺、抗拒與衰竭）（Curtis, 2000/2008，pp. 142-146, p. 148）。壓力一來，身體就準備好應戰，腎上腺素增加、心跳加速、血壓上升、呼吸變快等，由此可知若是長期曝露在壓力下，其反應就可能不適當，甚至對人

體有危害，長期慢性壓力更容易折損人體的免疫力（Weiner, 1992, cited in Feldman, Fisher, Ransom, & Dimiceli, 1995, p. 335）。

壓力反應同時也會顯現在我們的生理功能或身體上，也可以說是與壓力有關的疾病，生理上最常見的包括頭痛（或偏頭痛）、暈眩、腰酸背痛、胸痛、肩部緊張、失眠、過敏或感染、胃不舒服或排便問題（腹瀉或便秘）、胃痛、身體搔癢或出現紅腫、免疫力降低（容易感冒或過敏發作），甚至有心臟血管疾病、糖尿病、氣喘與類風濕性關節炎（Curtis, 2000/2008，p. 124 & p. 155; Haddy & Clover, 2001），壓力與緊張情緒也會造成落髮與禿頭，主要是因為壓力情境會引發荷爾蒙的反應（如可體松與睪丸酮素的升高）會影響髮根（China Post, 7/22/2008）。

 ## 認知與壓力

壓力與個人的認知是有極大關聯的，而個人對壓力的感受和因應也有關係，對於壓力的知覺也會影響個人處理能力，對於壓力過於敏銳者，可能會讓刺激過大、焦慮過高，反而影響了接下來的問題處理。適當的壓力可以激發個人發揮潛能，若是個人將壓力解讀為挑戰能力或學習的機會，壓力對此人而言威脅性就不是那麼大！中國有句成語「杞人憂天」，就是指一個人在未以行動嘗試之前，就將事件想得太複雜，所以影響了自己的生活，無獨有偶，西方也有「賣牛奶的女孩」的異想天開相呼應，同樣都是說明了「認知」對於行動與感受的影響。心理學上的「認知行為學派」就是認為「認知」是決定行動與感受的主要決定因素。

個人對於生命事件的覺察若較為負面、不可預期，或不可控制，就更可能引發較不良的反應（Thoits, 1983, cited in Turner & Finkelhor, 1996, p. 157）。同樣是考試壓力，會因為不同的人而有不同感受與評估，有人認為可以應付、有人認為很恐怖，之所以會有這些差異產生，應該考量到個人能力、壓力經驗、可用資源、問題解決方式、自信心或自我效能、他人期待與自我期許等等，也就是要考慮到生理、心理與社會層面

（biopsychosocial process, Crossley, 2000, p. 68）。

　　壓力不只是表現在生理層面而已，也要將其複雜過程考慮在內（Bartlett, 1998, cited in Crossley, 2000, p. 66），而當個人評估自己的心理壓力較高時，也容易出現生理上的問題癥狀（Petrie & Pennebaker, 2005, p. 129），個人對於生命事件與個人資源的評估會影響其對於壓力程度的知覺（Matheny et al., 1986, cited in McCarthy, Fouladi, Juncker, & Matheny, 2006）。壓力有時候是自找的，一個人如何解讀面對的壓力、評估自己的因應能力，而個人的解讀（Bennett & Murphy, 1997, p. 19）也與文化、社區環境（Lewis, et al., 2003/2007, p. 75），以及可以使用的資源有哪些有關。

　　前面提過同一壓力發生在不同的人身上會有不同的結果，其一是個人解讀不同、知覺能力也有差異，再則就是個性不同也會有影響，像是一般認為A型人格者（比較急躁、要求完美）對於壓力事件的反應較為激烈，比較容易有敵意與氣憤的情緒，因此與心臟血管疾病有密切相關（Bennett & Murphy, 1997, p. 21），A型人格的易怒與急躁是健康最大危機（Spence et al., 1987, 1988, cited in Liebert & Liebert, 1998/2002b, p. 258）。Leonard（cited in Shea, 1999, pp. 91-92）曾經提到有三種人格傾向者其在面對壓力時較容易有自殺的企圖：控制型人格──一旦感覺失控就可能以自殺來逃避；依賴／不滿意的人格（如邊緣型人格、自戀型人格、被動－攻擊型）──這些人一旦發現情緒支持力量沒有了，可能會將自殺納入考量；與某重要人物發展一種共生關係者──一旦發現自己被拋棄或是對方死亡，就可能採取自殺手段跟進。

 ## 生命事件與壓力

　　生命過程或發展過程中隨時都可能有壓力產生，也就是需要去評估個人資源、效能與環境要求的情況。每個不同的生命階段都會有一些生命事件必須要經歷或處理，現代社會又有一些不同以往的問題需要去面對，加

上非預期的意外災難與失去，也都可能是壓力源。

一、生命發展階段的轉捩點

㈠嬰幼兒期至青少年晚期

人一生當中隨著年齡增長、發展階段的過程，會經歷許多的生命事件（life events），像是出生、學步、離開照顧人自己行走、上學、找工作或失業、離家獨立、結婚生子、生病、喪偶、退休、死亡等，生命當中的悲喜陰晴都陸續發生，國小階段的孩童就可能經歷了許多有壓力的生命事件，如行為問題（像偷竊、逃學）、學業表現、生病等（Slee, 1993），若是目睹父母衝突也可能因為孩子年紀、因應效果、知覺威脅與自責等因素，影響其心理調適（Fosco, DeBoard, & Grych, 2007, p. 7）。我國國小至國中階段的孩子最擔心的排行榜前三名為：學業表現、時間管理與同儕關係（China Post, 7/9/2008）。青少年階段是研究文獻相當重視的一個生命「轉折」點，在這個成年萌發期（emerging adulthood），是試驗與探索愛情、工作與世界觀的重要階段（Arnett, Ramos, & Jenson, 2001），因此要面對的壓力源也突然增加許多，除了必須面臨自我認同等任務，每個進階的升學（考高中、大學、研究所）都可能是另一個壓力源必須面對；倘若在這段期間又遭受許多家庭或同儕的負面事件，可能就會更危險（Schneiders, Nicolson, Berkhof, Feron, & van Os et al., 2006）。青春期早熟的女性較多憂鬱與焦慮症狀是因為：對自己的身體意象較負面，而其本身又較難因應提早的親密關係，以及性早熟也較容易成為被侵犯或騷擾的目標（Nolen-Hoeksema & Rusting, 1999, p. 335）。

大學生上大學是經過另一個人生轉捩點，可能會遭遇到許多的壓力源，如財務、責任、工作與他人關係（Jackson & Finney, 2002），而與人的關係影響最大（Darling, McWey, Howard, & Olmstead, 2007; Lee, Keough, & Sexton, 2002），大學生需要在獨立自主與維持適當關係之間取得平衡（Rice, Cole, & Lapsky, 1990），也就是要一方面維繫與家人之間的關係，

同時也需要開始學會承擔責任；有研究針對大學生族群為對象，發現大一女性在間隔五個月的健康評量中，熱量的攝取雖然減少了，但是體重還是持續上升，主要是因為活動量不足（Butler et al., 2004），這就牽涉到大學階段的學習與生活型態的轉變；Lenz（2004）也發現大學生在壓力的情況下會使用抽菸或飲酒等方式來紓壓，而其中有近一成的大學生曾被診斷為憂鬱症或接受治療；我國大學生進入新的學習階段，也開始獨立生活，首次獲得許多前所未有的自由，也不免「茫、忙、盲」，尤其是在嘗試新鮮事物時，若無充分資訊或判斷力作後盾，也容易陷溺於不可自拔之境。此外，藥物使用與飲食問題也在這個階段出現，而這些因素也都影響著體重的變化；大學生壓力來源主要是學業表現、室友問題與家長壓力（Economos, Hilderbrandt, & Hyatt, 2008）。

(二)成年初期至成年晚期

角色的轉變（如第一次當母親或父親），也可能會有一些適應或新的挑戰出現。如新手母親第一次生育之後，有所謂的「產後憂鬱症」，可能是因為產前自己是注目的焦點，現在變成嬰兒是聚焦點了！而新手父親也因為新生兒的出世，成為夫妻共同的關切，也可能因為妻子的焦點轉換在嬰兒身上，自己覺得被忽視、受冷落，而影響到彼此的親密關係（Ahlborg & Strandmark, 2001）。初為人父母，女性會因為孩子的出生而改變其生命目標（懷孕期間會注意到生產、孩子健康議題與母職工作，減少與成就相關的目標，甚至在孩子出生之後對於家庭議題與健康相關訊息的注意），男性方面卻沒有重大改變（Salmeta-Aro, Nurmi, Saisto, & Halmesmaki, 2000）。然而父親角色也因社會有不同的要求而與時俱進，男性不限於維持家計的傳統功能，也需要參與親職、擔任養育教育的工作（Palkovitz & Palm, 2009）。

產後憂鬱症也是有些孕婦會經歷的一種適應情況，也許是有遺傳因素或是生活事件的影響，然而孕婦從懷孕中被注目的焦點、在產後突然焦點轉換到嬰兒身上，本身也會有新的適應課題，此外，對於初為人母的女

性來說，角色與責任的變化也是適應議題之一：倘若初為產婦者本身有心理疾病，也可能會是產後自殺的危險群（China Post, 8/20/2008）。而第一次作父親的男性，也不免會有新角色轉換與期待產生，有研究發現首次為人父者近二成有情緒困擾徵狀出現，發現自己較少社會支持、攝取較多酒精飲料，同時發現生活品質及與妻子的親密關係都較差，可能因為需要的資訊不足，也影響其對自我的看法，加上原本二人世界要變成三人世界，需要與孩子分享妻子的愛（Boyce, Condon, Barton, & Corkindale, 2007），因此孩子的誕生會影響婚姻關係的滿意度（Lawrence, Rothman, Cobb, Rothman, & Bradbury, 2008），倘若孩子有不同的障礙（智力高低、身體障礙、心理問題等），可能又是額外的壓力源（Duis et al., 1997）。

如果不小心懷孕要墮胎，做這樣的決定之後又是怎樣的心理歷程？不管是自願或非自願，不只會影響到彼此的親密關係，還與兩造關係人對於生命信仰或價值取捨有關，尤其是認為只要精子一結合就是生命的人，墮胎對其而言是極大的道德困境與壓力，不論墮胎對其身體的影響如何，即便在墮胎手術之後也不免會有持續的罪惡感（Coleman, Vincent, & Spence, 2007）。若有了孩子，卻發現孩子罹有慢性疾病，不但會影響孩子的發育、發展，全家人都不能置身事外，個人內在、人際、與社會－生態（婚姻與家庭功能、社經地位、服務提供）這一連串因素都會影響病人的適應（Midence, 1994）。

親職工作當然也有其壓力，而相對來說，父母親的體罰也是孩子成長過程中的一種壓力源，也會造成孩子心理上的挫折與情緒上的沮喪，甚至會造成孩子成長後的暴力傾向或嗑藥等偏差行為，對女性或年齡稍長的青少年傷害更大（Turner & Finkelhor, 1996）。傳統中國父母親迷信「棒下出孝子」，雖然現在的管教方式似乎比較傾向民主，但是學校與家長在期待孩子甚殷的情況下，還是會使用這個殺手鐧，固然兒少保護法有規定，然而還是時有虐童或體罰情事發生。婚姻、家庭關係與生涯發展是這個階段最重要的任務，關於生涯與職業相關議題會在第十章做說明。

(三)生命中後期

在一個跨三十國、兩百萬人的研究裡所得的結論是：人到中年就是不快樂的階段（中國人有「哀樂中年」的說法，似乎是憂喜參半），也就是大概在四十到五十歲之間，然後到五十多歲，又再重新振作（China Post, 1/31/2008）。

面臨親密關係人的死亡，也是生命階段中會發生的事件，這些悲慟非身歷其境者能夠充分瞭解，當然悲傷程度視個人與死者關係而定。隨著發展階段不同的角色轉換與責任，也都可能是壓力源；隨著年紀的增長，記憶、體力都不及以往，年過70的人有5%是有記憶喪失的，過了80歲則增加為7%（China Post, 7/29/2008），生老病死就是人生必須面對的議題。退休是正式宣告進入老年期，然而現代人退休時間可以提早，另創事業，或是因為身體狀況極佳，延後退休時間，退休之後的生活也攸關生命品質與健康。許多人將人生的極大部分貢獻給工作，也在這段時間將子女養大成人，終於恢復最初與伴侶的兩人世界，但是男性與女性的生命重心在退休之後可能有許多差異，例如男性自正式職場退休下來，若是可以與配偶好好享受退休後的悠閒生活，不啻是最圓滿的生活開始；然而也有些男性突然發現有許多「空閒」時間，倘若在退休之前沒有好好思考往後的生活，也許就會突然發現時間難以打發，在退休初期或許還覺得輕鬆，但是時日一長，會覺得很不能適應，而目前經濟情況又多有變動，萬一是突然被裁員，或決定退休，也是極大的衝擊！對於許多女性來說，過了中年，子女都已成人離家，正好可以去發展自己的興趣，卻碰到配偶退休，常常待在家裡，就彷彿又多出一位孩子需要照顧，要出門參加活動，配偶又會頻頻詢問，有時候不能說服配偶也一起參與，可能就會有意見上的爭執，徒增生活困擾。

對於老年階段，基本上有三個理論與退休生活有關聯：(1)「角色理論」（role theory）──強調角色的退出與轉換，例如老年期可能退出或削弱工作角色，轉而加強其家庭與社區角色；(2)「持續理論」（continuity theory）——強調生活模式的持續性，即便調適改變也不會被影響或破壞，例如退休前活躍、退休後依然可以繼續；⑶「生命歷程觀點」（life course perspective）——強調「轉換」（transitions）（指不同時間的身分改變）與「弧線行程」（trajectories）（指生命發展過程裡個人穩定的身分）、注意環境脈絡、互相依賴、與轉換時間，也就是退休之後慢慢減少對他人的責任，因此個人可以隨著時間過去越能享受自己的退休生活與增加對生活的滿意度。一般說來，已婚、也對自己家庭角色有強烈認同者，其退休適應較佳，研究結果發現每個人有不同的退休模式（「持續型」、「恢復型」與「U型」），也都可以用以上三種理論來解釋。最多的是「持續」型，符合「持續理論」，主要指那些退休後還繼續工作、有積極的退休計畫的已婚有配偶者；其次為「恢復型」，主要指那些從體能要求較多、壓力較多的工作上退休下來，而且對工作較不滿意者；最後是「U型」，指在退休時身體不佳、擁有不快樂婚姻、比預期時間要提早退休者（Wang, 2007, p. 456 & 469）。

　　當然中老年期也面臨許多生命的重大失落，也許是親人過世、配偶死亡，最後就是自己的死亡。死亡是一個人最後要面對的問題，雖然不一定每個人都能積極面對自己的死亡，然而也可以做若干的準備與調適（Nakasima, 2007），將自己的命運與力量交給更高力量的神祇，也許就是接受自己即將死亡的事實。一般隨著生命發展過程而出現的壓力源，是較為「正統」（或說是「正常」）的，但是突如其來、非預料中所發生的，就可能是「非正統」或「不正常」的（例如「白髮人送黑髮人」），而後者的壓力較之前者要大，關於生命事件發生時的適應問題，會在第九章做詳述。壓力影響最大的是慢性、長期出現的，偶爾出現的壓力只要解決了，或是時間過了，就可能會過去，然而長期的壓力就是損耗人體力與精神最大的殺手。

二、現代文明發達的周邊效應

㈠長壽與老年照護

隨著醫學科技的進步，人類壽命延長，加上少子化現象（Ganong &
Coleman, 1998），人口老化似乎已經是舉世不可避免的趨勢，壽命延長
的結果，相對地也有許多的衍生問題需要做處理，包括健康保險、福利政
策、養護或養老政策、增進生命與生活品質等，許多國家開始延後退休年
齡、鼓勵生育等相關配套措施，但是老年照護卻是最迫切需要政府相關
單位留意的問題。年老父母的照顧工作，在許多文化裡還是將其劃歸為
子女的責任，以東方受到儒家思想濡染的國家尤然，所謂孝順的定義包括
血親的義務、親子互惠、子女感恩的表現以及道德責任（好人應該如此）
（Ganong & Coleman, 1998, p. 271）。

以鄰近的韓國為例，代間關係受到地理上的接近與否、互相交換的
支持，以及家庭支持等文化規範的影響，地理上的接近可以讓兩代互動與
支持增加，是一種互惠的關係（祖父母可以協助家務或照顧孫輩，子女則
可以與父母有情緒上的親密與支持），但是近十年來已經有大幅改變，老
年人獨居或是夫妻同住的比例增加，兩代同居的情況減少，而年老雙親也
不再認為子女單方的協助是一種義務，甚至將之視為子女的負擔（Park,
Phua, McNally, & Sun, 2005），而老年人或是久病的人選擇輕生，主要原
因都是怕變成他人的負擔。另一國家日本也有類似的情況，以往讓父母進
入養護機構或是接受其他單位的照護是一種家族之恥，讓無相關的人（如
外傭或居家照護者）進入家庭是一種違反隱私的事件，然而時代更迭，年
輕一代已經不謹守這樣的傳統了（Asai & Kameoka, 2005）。

照顧父母有性別上的區別，女性被期待為照顧角色似乎理所當然
（Brody, 1990; Wood, 1994; cited in Ganong & Coleman, 1998），即便
是北歐的挪威，女兒居家照顧年逾80歲父母的時間普遍都較兒子為長
（Romoren, 2003），許多人認為女性的工作不是以養家為主、工作時間

也較有彈性，因此將工作辭掉、擔任照護工作是理所當然（Abel, 1986, p. 484），也因此女性呈現較多的焦慮、較體諒父母的情緒需求、也對於父母的不滿意感到愧疚與挫敗（Murray & Lowe, 1995; Takeda, et al., 2004）。雖然個人在擔任年老父母照顧工作時其子女可能已經成人，不需要夾在兩代之間（所謂的「三明治世代」），同時承受照顧幼年子女與雙親的雙重負荷（Durham, 2004; Henretta, 2006），但是現代人結婚也晚，當子女尚年幼時，可能就已必須兼顧照護年老雙親的責任，其壓力一如前者，沒有稍減！少子化與人口老化的趨勢，的確需要許多配套措施才得以因應，不是單靠個人或家庭來承擔。近幾年來，國內多起弒殺年邁雙親，然後自戕的人倫悲劇，其實也警醒政府與相關單位要正視老年照顧、老有所終的政策與執行！

　　Durham（2004）也指出：「現實是——我們大體上對年老父母照顧的熱情與承諾是不如我們給子女的那樣多。」（p. 27），這也說明了一個人類天性——我們愛護從我們所出的子女勝過所從出的雙親。倘若親子關係有法律上的變動（如父母離異或再婚），也會牽涉到未來的照顧工作與責任，主要關鍵在於親子彼此的聯絡緊密度與關係親密與否（Ganong & Coleman, 1998）。儘管時代進步，許多以社會福利為主的國家，政府也設置了許多機制與資源、提供或協助老年照護，但是基本上許多家庭還是寧可由自家人接手照顧，即便是需要全天候的照料也是如此，要不然就將自己父母送往其他養護機構，雖然這樣的觀念已經漸漸有改變（Zhan, Liu, & Guan, 2006），對子女來說都還是會有一種罪惡感，尤其是女兒較兒子更無意願讓父母進入養護機構（Zhan et al., 2006），而擔任照護工作者常常會因為是出於義務而非自身意願、未得到其他家庭成員的協助或資源，以及未能看到受照顧者在短期之內康復或逐漸好轉等因素，而感到身心俱疲（Brown University, 1998）。

　　照護工作可以分為提供照護（care provision）與照顧管理（care management）兩項內容，前者是屬於勞務性質的，後者屬於安排與安置，而以前者所耗心力更嚴重（Archbold, 1983）。洪湘婷（1998）的研究發

現自家人對於老年父母照顧是一種文化與社會的期許,而照護工作包括勞務性質與情緒支持,照顧性質著重整體與多元,唯照護者角色從可替代到不可替代。照護涉及許多工作內容,可以自支持性的問候電話到全天候照顧、在家照護或提供做決定的建議,不一而足(Gallahger, 1998)!照護工作是一連串的變動過程,老年人狀況與需求的改變,也會牽動照護關係的變化(Brown University, 1998)。照顧年老父母的工作還需要注意到受照顧人的自尊與羞愧感受(Freedman, 1996),因為對於受照護人來說,成為不能自主的依賴者是相當難受的,相對地對於提供照顧者可能的感受是生氣,因為對方與其有一些抗爭的行為(抗拒被照顧)出現,而照護工作也是相當孤單的(Abel, 1986, p. 482),這種孤單不僅是指實際上的資源或協助,應該還包含心境上的,因為唯有在其位者瞭解箇中滋味;其他像是經濟壓力、情緒負荷、生活安排的改變,以及角色衝突(洪湘婷,1998)都是需要面對的結果,倘若家人都很團結(Henretta, 2006),或是有精神上的寄託(Jones-Cannon, & Davis, 2005),會讓照顧父母的壓力減輕很多。

照顧者不僅要承受外在的壓力(老人對照顧工作的期許、他人不贊同等),以及自我內在的壓力(要擔任照顧角色卻遭受照顧者的抗拒、想要堅守自己照護原則等),而與受照顧人之間的關係不良是評估壓力最顯著指標(Lyonette & Yardley, 2003);而照顧者也可能因為與父母同住,所以會有較佳的健康習慣,像是少抽菸、喝酒,但是女性照顧者則會增加不活動的機會(Takeda, et al., 2004)。有一項針對癌症病人與其伴侶所做的研究發現,無論女性為罹病者或是伴侶,其所感受的壓力指數都較男性為高(Hagedoorn, Sanderman, Coyne, Bolks, & Tuinstra, 2008),這是不是意味著女性本身就是高焦慮族群?但是不能單以性別為歸因,而是必須考慮到女性本身長久以來身為照顧者的角色,一旦自己罹病,放不下的許多責任依然扛在肩上,也可能是原因之一。

科技與醫學發達讓人類壽命更長,但是也延長了失能時間,在社會福利國家,國家財務的負擔就更大,而許多的照護責任依然落在子女或親人

身上，若家中還有嚴重身心障礙的成員，無疑地又增加家人諸多壓力！對於主要照顧者而言，體力與精神上的壓力更不可言喻，還會出現臨床上的憂鬱症狀，當然也影響其生活品質，更容易有虐待情形發生（Cummins, 2001）。

(二)生活壓力

雖然重大生命事件會引起壓力，累積的壓力更讓人難以調適，但是最讓人感到壓力的卻是日常生活的事件，對許多人來說就是長期而「慢性」的壓力（張春興，1998; Printz, Shermis, & Webb, 1999）。生活壓力主要來源有：(1)生活改變，(2)生活瑣事，與(3)心理因素（即挫折與衝突）（張春興，1998, pp. 557-558），心理社會環境也是締造生活瑣事的溫床，壓力可能產自於每天周遭的社會環境，像是社區、職場、家人互動等（Brannon et al., 2018, p. 99），以最近國內常發生的街頭暴力（路暴）來說，一個不小心可能就碰到「球棒隊」，讓人心惶惶！而長期在壓力下生活，不僅會有心理與情緒上的負面反應，也可能引發心理疾病；早期有研究者根據個人日常生活所遭遇的壓力事件做排行比較，最具壓力的事件包括配偶死亡、離異、分居、牢獄之災，一直到最少壓力的改變生活習慣、過年過節或牽涉訴訟案件（Holmes & Rache, 1967，引自張春興，1998, p. 553）。

以曝露在美國911恐怖攻擊下的青少年來說，單一壓力事件並不比連續的壓力事件更可怕（Mullett-Hume, Anshel, Guevara, & Cloutre, 2008），還有不少孩童自出生開始就必須與慢性疾病共處，孩子罹患慢性疾病對家人與病患來說是每日必得要面對的問題，若加上疾病的不確定性、突發狀況等，更容易心力交瘁（Mussatto, 2006）！這些孩童必須要每日面對自己的病痛與壓力，但是其因應方式也因為時間與年齡成熟而更為主動，也因應得當（Hampel, Rudolph, Stachow, Lab-Lentzsch, & Perermann, 2005），甚至在因應壓力上有更多的措施出現（Mussatto, 2006），這似乎也說明了人類生存的現實——既然與之（疾病）共存亡，人類還是有選擇的自由（如何過生活）。

以往競爭對手沒有太多，也不需要學習多種語言或能力，只要有專業，或是參加考試就可以有一個穩定工作，一直到退休養老；但是現在的情況大大不同了，全球化的競爭，逼迫個人必須要讓自己的配備更多、更豐實，也因此常常擔心被趕上，或是自己不足夠，這也是現代人面臨的慢性壓力之一。

(三)負笈或移居國外

倘若決定出國留學也是另一個挑戰，如果決定在國外找工作、定居，也可能面對不同的問題要解決。有些人會遭遇到失落經驗，當然也會有獲得，這些生命的轉折通常也是「轉機」。國際學生所面臨的問題包括語言溝通與文化差異所引發的問題（Bilbow, 1989; Chen, 1999; Heikinheimo & Shute, 1986, cited in Ladd & Ruby, 1999; Lamkin, 2000; Robertson, Line, Jones, & Thomas, 2000; Treloar, McCall, Rolfe, Pearson, Garvey et al., 2000）、學習系統與型態的適應（Balas, 2000; Chen, 1999; Flowerdew & Miller, 1995, cited in Mulligan & Kirkpatrick, 2000）、生活上與社交方面的孤立或是歧視（Robertson et al., 2000; Chen, 1999; Treloar et al., 2000）、來自家庭期待與經濟的壓力（Chen, 1999; Mullins, Quintrell & Hancock, 1995; Ramsey, Barker & Jones, 1999）等等；就學習方面的困擾而言，來自教師方面的壓力也包含在學習技巧、教師授課方式與速度的配合，以及教師對於不同文化學生的誤解與不熟悉上（Coilingridge, 1999; Robertson et al., 2000）、不熟悉課堂上轉變主題的一些習慣與訊息傳遞方式、筆記來不及記下或是記了也不瞭解（Mulligan & Kirkpatric, 2000）、學生缺乏必備的語言與書寫能力（Coilingridge, 1999）等；而女性還遭受到教師的性別歧視、缺乏可資學習的角色楷模，以及處於學習族群中的弱勢（特別是在男性為多數的學科裡）（Treloar et al., 2000）。

移民也是現代全球化的一個趨勢，許多人追求更好的生活與機會，遠渡重洋或是歷盡千辛萬苦到新的國度與文化，也有因為經濟壓力不得不爾（如東南亞勞工出國工作或幫傭）。有研究者指出：移民有三個重

要因素會影響自我的認同與發展，包括自我的「持續性」（awareness of continuity over time of the self）、「恆久性」（a sense of "consistency"）、及感受到自我「肯定」（a sense of "confirmation"）（Garza-Guerrero, 1974, cited in Walsh, Shulman, Feldman, & Maurer, 2005, p. 415）。移居外國必須要做許多的調整，近年來國人因為經商或其他因素移居中國大陸，本以為兩地語言文化近似，卻也發現其他制度、人性、價值觀等的歧異，甚至被譏為「呆胞」的不平等待遇。若是移居到文化差異更大的國度，文化衝擊（culture shock）是必然，而世代之間由於文化濡染（acculturation）的程度不同，可能也會有親子衝突或親職等方面的困擾出現，或是遭受歧視與不平待遇；當然也有些人移居國外卻選擇過原來的生活，不與外面的大文化接觸，譬如有人終其一生都在「中國城」裡過生活。

三、意外災難與失去

㈠天然災害

面對天然災害，更可能感受到人的渺小。2004年南亞海嘯，有十五萬二千多人死亡，十四萬多人失蹤，造成一百多萬人遷移（WHO, 2005, USAID, 2005, cited in Tuicomepee & Ramano, 2008, p. 308），而颶風侵襲也是常見的現象。兒童尤其更能感受到生命的不可預測，因而出現更多重創後遺症（PTSD）的症狀，不僅出現人際的疏離感、日常生活功能受影響、對未來沒有太多期待，也出現許多焦慮相關症狀（Evans & Oehler-Stinnett, 2006），但是量化的數據指出存活的青少年常有不能專注、惡夢、孤單與困惑等心情，質的訪談結果卻沒有發現有行為上的問題出現；失去親人是最大的痛，然而家庭功能良好也可以是保護因子之一（Tuicomepee & Ramano, 2008, p. 317）。

許多天然災害已經造成眾多生命的損失，此外也讓人們擔心下一波會不會輪到自己？中國人有句話說「天作孽猶可違，自作孽不可活」，若是人為的災禍，像是恐怖攻擊、謀殺、虐待等，更是讓人難以接受與因應，

美國2001年遭受911恐怖攻擊，死傷無數，即便只是看電視新聞的觀眾，有許多人都出現重創後遺症，即使是從事心理衛生的專業人員，也不免受到衝擊（Faust, Black, Abrahams, Warner, & Bellando, 2008），然而卻也發現重大災難中有人可以從中獲得成長（Park et al., 2008）。年幼的兒童特別容易受到這些創傷經驗的影響，也因此許多學校都要針對學童做適當的介入處置（Brown, McQuaid, Farina, Ali, & Winnick-Gelles, 2006），然而專家也提醒我們診斷孩子是否有PTSD徵狀，必須要將孩子的發展階段與任務考量在內，也要注意其是否曾經或同時遭遇其他壓力事件（Ronen, 2002）。

(二)戰爭、恐怖攻擊與犯罪

長期生活在戰爭或戰亂與恐怖攻擊環境下的人們，生命隨時受到威脅，又如何度過每一天？以色列長期在周遭鄰國列強的覬覦，甚至是連年戰爭的威脅下，在其中生活的以色列與巴基斯坦人都常常有失落經驗，不僅出現沮喪情緒、PTSD徵狀，而PTSD徵狀還與其威權信仰有關，可能是因應機制的一種表現（Hobfoll, Canetti-Nisim, & Johnson, 2006）。而以色列的青少年與兒童又如何因應這樣的壓力？研究發現這些國、高中生運用較為建設性的因應方式（如尋求社會支持與精神依靠、聚焦在問題解決、友誼網路、紓壓、正向思考等）來因應恐怖攻擊的壓力，但是男性使用非建設性因應的方式較多（Tatar & Amram, 2007），這也可以說明了性別在尋求社會支持的差異。

處於犯罪社區的人又如何自處？有研究指出生活在高犯罪率地區的美國青年最常用「逃避」的因應策略以保性命與自身安全，而不是用積極主動的方式去處理（Edlynn, Miller, Gaylord-Harden, & Richards, 2008）。有些人長期生活在充滿暴力的環境下，反而會對暴力產生麻木（Mrug et al., 2008），這就可以以生理對於刺激的反應作解釋，長期的刺激反而讓感官麻木、不敏感，除非有新刺激出現。有學者針對身處常年戰亂與敵國環伺的以色列人為研究對象，發現他們很少呈現耗竭的情況，以存在主義的觀

點來解釋，是因為他們長期都被提醒生存遭受威脅（Pines, 2004），因此必須為了基本生存而奮戰，也將危機視為生活的一部分，不足為奇了。

　　美國近幾年連續發生殺人槍擊案件，最有名的應當是2008年Virginia Tech 所發生的韓裔學生Seung-Hui Cho持槍濫殺造成三十二人死亡，單是2009年3月就有五十多人死於這樣的濫殺事件，其中兩起是移民者造成，濫殺者將罪過歸咎給他人，為自己的濫殺找合理化的藉口（China Post, 4/8/2009, p. 6, b）。然而其他濫殺事件（在美國、芬蘭都有），不只發生在校園，也在其他商場或是工作場所發生，多半與加害者的心理狀態、最近遭受的壓力事件（如家庭或親密關係問題）有關，而這也提醒了國家政策擬定者與心理衛生專業人員，必須有較為妥適的預防與預後行動的執行。雖然我們目前慢慢可以接受心理疾病患者與一般人一樣有在社會生活的權利，但是家人認為成員有心理疾病是恥辱，不願意讓其就醫或是治療（擔心被汙名化與標籤），甚至有時候是監管不住，只好任其流浪或遊走，有的甚至缺乏敏銳度去發現家人需要就醫的必要性，這種種因素也都是政策擬定與執行時需要注意的。

(三)喪失親人與失落經驗

　　父母親一般會期待養育孩子成人，子女陪伴自己終老，但是許多意外事故可能改變了這樣的假設（或自然邏輯）。喪子的父母親，其悲慟時間可能與一般預期的（例如兩年）要長許多，而後續的影響也可能持續下去。一般所謂的正常哀悼（normal mourning）是經由事件發生後兩週的驚嚇與緊張，接下來兩個月的嚴重悲傷期，慢慢地就可以恢復正常，大概前後需要兩年時間（Becvar, 2000, cited in Rogers, Floyd, Seltzer, Greenberg, & Hong, 2008, p. 204），只是每個人與過世者的關係不同，加上自我資源與強度有異，因此復原的程度或時間也不一。倘若悲傷一直持續，甚至影響到重要的生活面向，如生活功能、睡眠、工作、健康、親密與家庭關係時，醫療與心理治療的介入就成為必要選項。而也有研究者提醒：倘若喪子者平日表現依然功能正常，這可能是喪子者希望表現出符合社會期待的

角色，但是在內心已經產生許多的不適應，若親朋沒有意識到，可能會讓其錯失治療關鍵（Rogers et al., 2008）。

　　而其他的失落經驗或許不若喪失親人那般嚴重或令人悲慟，但是也都是失去某些生命中很在意、有意義、對個人很重要的關係或物品，小至遺失物品或金錢、搬遷（家）、轉學（業），失戀或生病、因意外失去四肢、受傷或失去活動力、寵物走失或死亡等等，失落經驗可大可小，對不同的人，意義也不同，經驗的壓力程度也有差別。人生其實就是解決問題的過程，每個階段或是時間點都可能遭遇不同的挑戰或問題（所謂的「生命無常」），需要去面對與處理，有時候處理不盡如人意，或者是需要的資源不足，但是都可以去找資源、尋求協助。這一部分會在「環境、適應問題與心理疾病」章節做更詳細的說明。

 ## 不當壓力管理

　　壓力不一定會對健康造成負面影響，主要是因為壓力程度不同、加上個人主觀感受不同，最常見的壓力生理反應是心臟疾病、消化性潰瘍，以及免疫力降低（張春興，1998, pp. 566-571）。不適當的壓力管理，可能讓壓力暫時紓解，但是卻不是長治久安之計，有時反而讓情況更惡化。人生就是解決問題的過程，因此壓力也是人類每天需要面對的議題，適當、有效率的壓力處理，不僅展現了個人的問題解決能力，也增進自信。因應壓力的方式有被動與主動，被動也許是接納壓力存在的事實，但是也可以是忽略、否認、不處理，甚至逃避。使用逃避策略，並不能適當解決壓力，研究也證明運用逃避策略因應壓力者，其壓力相關問題反而較之主動因應者更嚴重（Carver, 2007, p. 131），對於長期曝露在戰爭威脅的青少年亦如此（Ben-Zur & Reshef-Kfir, 2003）。青少年不適當的因應壓力方式有：言語或肢體上攻擊他人、反抗威權、宣洩行為與犯罪（Printz et al., 1999, p. 715）。主動、積極處理壓力，不僅讓個人較有掌控力的感受，也在嘗試處理之後，有了經驗、也增加處置能力，讓自己下一回面對同樣的問題或

挑戰時，更有信心、也願意去面對與處理。不當的壓力管理可能有哪些後遺症呢？

一、過勞死

　　文明科技的進步、生活腳步的迅速與瞬息萬變，也造成人們生活各層面的壓力加重。現在的孩童要與全球的孩童競爭，所要學的不是一項專業，而是越多越好，父母親擔心自己的孩子輸在起跑點上，所以努力賺錢，讓孩子上補習班、才藝班；孩子一旦升上大學，還希望是擠進名校或名系，期待自己可以在20歲賺到第一個一百萬，然而進入職場才發現必須要長時間工作，才不會被炒魷魚，有時連休閒與家庭時間都犧牲了！我國學童自小學開始就嚴重睡眠不足，每天上課八小時之外，還要在放學後參加安親班或補習班，回到家通常是晚上六、七點之後，國中開始不同科目的補習，有時連假日也要賠進去，平常上學日晚上九、十點回到家是正常，都會區的學生可能更晚！這樣的每日操練，睡眠不足是常事，到了大學成為「爆肝」一族就理所當然，加上常常外食，營養也不均衡，身心的健康都堪慮！當然鄰近的日、韓等國也面臨同樣的問題。

　　日本許多公司員工過勞死已經不是新聞，臺灣的情況也不遑多讓！英國倫敦大學一項十二年的長期研究指出：50歲以下的員工在嚴重工作壓力下更容易罹患心血管疾病（China Post, 1/24/2008）。過勞死與長時間的工作、無適當休息，甚至是心理壓力的盤桓下產生的，這是現代人的疾病，也是激烈競爭下的副產品。

　　與過勞死相關的還有之前所提的「耗竭」，也就是熱情熄滅，對於與工作相關的一切都已不再在意或關切，沒能在工作中獲得認同與成就感，甚至會忽略對自我的照顧，對公司或機構本身來說生產力降低，對個人而言就是面臨一種生命瓶頸。過勞死通常是日積月累的結果，可能個人本身有遺傳疾病（如高血壓或心臟血管疾病），加上工作壓力、不正常作息，個人感覺生活都被推著走、較少掌控感，可能就會發生猝死的結果。

二、藥物濫用

(一)藥物濫用的普遍性

藥物濫用的問題也是現代人面臨的一個問題，許多人以便捷方式來紓壓，加上價值觀的改變，追求自我與解放，而壓力造成腎上腺素分泌失調，導致身體不適，也增加了運用藥物來紓解不適的機率（陳明志、蔡俊章，2004, p. 74）。根據Alcohol Concern（2002a）的調查發現，酒通常與青少年懷孕或是性行為有關聯（cited in Cowie et al., 2004, p. 110），也就是說在酒精的影響下，較容易發生一些自己不能掌控的情況。內政部2009年的統計發現：2008年菸毒犯罪較之前一年多了52.1%，其中有86.9%是再犯（China Post, 1/5/2009, p. 9）。針對國內東部原住民青少年的調查也發現：原民住學生許多對飲酒行為有正向預期（相信飲酒可以降低壓力、增加自信），而在社交氛圍下也無法拒絕他人敬酒行為（葉美玉、陳雅欣，2007）。而國高中（職）生濫用藥物者比例在1%到3.7%之間，使用藥物以安非他命最多，其次為強力膠與海洛因（李景美、林秀霞、劉雅馨，1998）；在2005年的調查發現，國中、高中職、到大學生藥物使用情況分別為0.77%、0.74%、2.3%與1.7%，高職生比率仍然最高，大學生也近二成，使用藥物以搖頭丸、K他命最多，而且較多男性使用（行政院衛生署管制藥品管理局，2006a, 2006b，引自劉潔心、鄭其嘉、陳嘉玲、林姿伶、洪惠靖，2006），更讓人憂心的是藥物的混合使用，造成猝死或不可收拾的悲劇。

北市國中生使用的成癮物質以香菸居首，其次為酒、檳榔、強力膠、與安非他命，同儕壓力為濫用物質之主因（賴香如、李碧霞、李景茂、彭如瑩，2000），而國中教師中有近二成曾經發現學生使用藥物（黃于家、李景美，1999）。美國一項對大學生的飲酒調查研究也發現：壓力與過度飲酒行為有直接關聯，飲酒也用來因應負面情緒（O'Hare, 2001），工作壓力大的消防人員亦同（Bacharach, Bamberger, Doveh, 2008），有人格

違常的嗑藥者更容易因為情緒的波動（如不愉快、身體不舒適，或與人衝突）而使用藥物，且其自我效能與人際能力較低，常使用自責的方式來因應（Smyth & Wiechelt, 2005）。

(二)濫用藥物的相關因素

有研究發現若是個人的支持系統多元、也足夠，會較少抽菸、喝酒的行為，但是倘若要與許多人做互動的社交場合，飲酒與抽菸量反增，也就是說飲酒與抽菸的行為有其社會功能，也影響使用的頻率（Cohen & Lemay, 2007）；在與人互動的場所，也許因為場所裡有人敬菸、敬酒，或者是自己認為可以藉菸酒來舒緩社交壓力，都可能使得菸酒的使用率增加，因此除非社交環境有變（如大家都不抽菸，也不提供酒精飲料），以及文化的改變（不敬菸敬酒），否則菸酒還是容易成為上癮者的藉口。有些文化傳統是與藥物的使用有關的，像是鄰近的韓國，可能是因為天候或是習慣，一般成人都會小酌，日本的成人也習慣在工作之後先去小酒館或居酒屋喝個酒，與其他人有些社交活動，這是否與父權社會文化有關？值得做進一步瞭解。根據人口學的變項來看，發現女性出現較多的（內化）情緒困擾，男性則是向外宣洩較多，也因此常會藉用藥物等來宣洩情緒（Nolen-Hoeksema, & Rusting, 1999），也可能增加了藥物濫用機率。

藥物濫用的進程是：(1)起始階段（好奇心驅使或解憂排苦而使用），(2)持續階段（週期性或間歇性使用），(3)沉迷階段（重複使用藥物成習慣、開始有心理依賴），(4)成癮階段（生心理依賴、有持續使用之衝動），與(5)戒斷症狀（藥物已經影響生理，不持續用藥會有噁心、嘔吐等情況，甚或危及性命安全）（林漢堂，1992，廖榮利，1993，楊士隆，2001，引自江振亨、陳乃榕，2004, p. 126）。

臺灣本土對於藥物濫用的防治比較顯著的是從青少年或是國中階段開始，可能是基於青春期好奇、同儕影響與自我認同任務的交互影響下，其危險性大增，因此會較著力於此族群。李信良（2005）整理青少年濫用藥物的可能因素有：(1)好奇心，(2)追求刺激的快感，(3)追求獨立，與(4)逃

避心態（p. 182）；而成人使用藥物的原因是基於好奇、同儕影響、為逃避現實、工作提神、對法律或藥物使用後果不瞭解、止痛、解酒、爭面子等，且以前二項最多（江振亨、陳乃榕，2004, p. 133）。嗑藥有社交功能，然而持續用藥其社交娛樂性質就大幅減低，而轉變成用藥來減少不舒服的感受（Polich et al., 1984，引自江振亨、陳乃榕，2004, p. 136）。使用藥物者基本上也沾菸酒，而「菸酒常是藥物濫用的『入門藥』」（江振亨、林瑞欽，2006, p. 138），若藥癮者不同時戒除菸癮，其毒癮戒除則無效（林瑞欽、黃秀瑄，2003，引自江振亨、林瑞欽，2006, p. 145）。

　　哪些人格特質者較容易濫用藥物呢？李嵩柏（1984，引自李信良，2005, p. 183）統整研究結果發現有：⑴低自尊、無能與無助感，⑵悲觀，⑶不能忍受延宕的滿足，⑷採用退化性補償行為來因應挫折，以及⑸波動的情緒變化、衝動、反社會性格者。當然也有不少研究針對嗑藥者的周遭環境或是家庭結構作探究，包括在校成就感低、挫折感大、課業壓力、父母教養問題或是不健全家庭等，而其中以同儕影響（順從性）、青少年本身偏差行為與人格比學業、心理兩因素更具預測力（李信良，2005, p. 183），然而李信良（2004）的後設分析研究卻也發現，反而是民主氛圍家庭裡成長的青少年有較多用藥傾向，而手足也濫用藥物的影響更大。

　　以依賴古柯鹼的男性為對象，發現其家人嗑藥情況、當事人是否有精神疾病兩因素與嗑藥嚴重程度有關（McMahon, 2008）；酗酒行為與暴力已經證實是相勾連的，而有研究發現男性若是使用藥物（較之酗酒）更能預測其暴力行為，而且是隨著藥物使用情況增加、暴力行為亦增加，國內最近的一些誤殺事件就是證明，而女性則不一定因為使用藥物而增加暴力行為（Stuart, Temple, Follansbee, Hellmuth, & Moore, 2008）。加拿大一項調查孩童嗑藥的研究，發現父母有嗑藥歷史者，其孩童遭受肢體或是性虐待的比率很高（Walsh, MacMillan, & Jamieson, 2003），無獨有偶，美國有另一研究呼應：嗑藥兒童裡有近七成的母親酗酒或嗑藥，而其中三成七的孩童遭受母親虐待（Jones, 2004），這可以與之前家人嗑藥的研究相對照，看出嗑藥對一般人的影響。有固定工作、自我強度較佳者嗑藥或再次

吸毒的機率就降低許多（林瑞欽、黃秀瑄，2003），可以想見預防藥物上癮或濫用與個人性格、價值觀、家庭及學校教育、社會或文化風氣，以及生命中是否有寄託（如工作或家人）等有關。

(三)藥物濫用的預防與治療

與藥癮者接觸的專業人員表示，藥物濫用是一輩子都必須要面對的問題，也就是一旦用過藥物、藥物依賴，都是一生的挑戰，因為藥癮可能會一直復發；當然許多人是在青少年期開始使用藥物，不管是因為好奇、同儕壓力，或是用以逃避壓力或問題，一旦沾染上，要戒除就非常不容易，而且多項藥物有容易上癮的特性，因此專家學者都呼籲「連嘗試都不要」，以免惹禍上身。在勒戒所看到的受刑人，幾乎都是在30出頭到40多歲的年紀，而這段時間應該是人生最輝煌的階段，按照生命階段任務也應該已經成家立業、養兒育女，然而絕大多數的受勒戒人幾乎都是未成家，甚至居無定所，最可悲的是連家人都很少來探望，幾乎與家人失聯。這樣的情況在勒戒治療上其實是很大的障礙，因為戒癮需要極大的支持才可以持續下去，當重要的支持系統薄弱，會讓想要戒癮者失去希望、也沒有了想要改變的動力！然而目前國內的勒戒機構較少從治療的角度出發，可能也因為毒癮復發機率很高之故，但是若有較完善的戒癮治療與機制的配合，是不是可以大量減少復發的機會與社會成本？

國內若干調查發現中學生對於藥物濫用的危害與法律知識欠缺（李景美、林秀霞、劉雅馨，1998），國中教師本身也認為自己缺乏藥物相關知識，特別是對於藥物種類、功能與法律層面的知識缺乏（黃于家、李景美，1998），家長對於藥物認識、相關法規也較欠缺（彭如瑩、李景美，2000）。而對中學生而言，藥物知識來源主要來自電視媒體、報紙、教師、父母與其他課外刊物（李景美等，1998），家長則是從電視、報紙、宣導資料與雜誌得知藥物相關訊息（彭如瑩、李景美，2000），教師的知識來源與學生相差不遠，除極少數接受研習外，主要是得自報章雜誌、宣導資料、與電視（黃于家、李景美，1998），似乎暗示著教育宣導這一塊

似乎仍有許多成長空間！若是將家長納入陣容，可以建立更好的防護網，當然必要的師資不可少（劉潔心等，2006）！

　　藥癮對於健康的影響不只是造成醫療費用增加、犯罪率攀升、社會福利費用提高、且有更多意外事故發生與早死，最能夠預測藥物使用的因素有：認為藥物使用很普遍也容易得到的信念、無「不用藥」的堅定信念、不相信藥物造成的結果，以及價值觀與生活型態不符（Wyrick, Haworth-Wyrick, Bibeau, & Fearnow-Kenney, 2001），因此若要讓藥物教育達到更好成效，需要考慮將這些迷思做正確釐清。

　　最近有科學家以大腦決策機制的角度來瞭解藥物上癮行為，也得到一個結論：過量吸毒會引起病態性的價值評估，而這種價值評估會透過大腦的傳送「錯誤價值」而顛覆大腦的正確決策（Read Montague, 2006/2008, p. 200），這是指藥物的使用最後對人的傷害，當然相關藥物對人體（包括腦）的損害也已有相當明確的證據。

　　目前國內對於藥物上癮者的治療，基本上是以勒戒方式在監所或醫院進行，先採取生理上的「清除」（或謂「解毒」）工作，然後輔以心理諮商或團體治療等的復健（張景瑞、林信男，1992），然而由於經費與專業人員的不足，後二者幾乎很難在監所內執行，而是以教育、認知（如一般上課）方式進行，偶爾有監所外團體加入（施以教導、勸戒或是相關活動），但是基本上只有流程、缺乏系統化規劃與專業人士的合作。勒戒所內的心理師主要是負責評鑑，與勒戒人是否符合出監所條件有關；醫院裡的勒戒可能就以藥物替代治療的方式〔如使用美沙酮（methadone）以治療海洛因濫用〕進行（張景瑞、林信男，1992），輔以個別或團體治療，而有一些教會或慈善機構也有類似的安置與治療，然而這些矯正與治療還是不敷使用，無法因應越來越多的菸毒犯或是藥癮者，提醒衛生與獄政單位要有更積極的政策與處遇機制的研發與執行。

三、心理疾病徵狀

　　壓力也會讓人產生生理上的徵狀（Petrie & Pennebaker, 2005, p.

129），或謂「身心症」，也就是心理上的壓力會連帶影響到生理的功能。有些人因為因應問題方式不良，反而會呈現許多的心理症狀，包括焦慮、憂鬱症、強迫症（賭博、順手牽羊、潔癖、刻板化動作、購物狂等），強迫症反應或恐慌症就是無法適當處理壓力情況而引起的焦慮現象。除了可以看心理醫生、藉由藥物的協助之外，同時也需要接受心理諮商與治療。德國最近的一項研究發現，西方先進國家「購物狂」的比率大概占10%左右，而且存在於各個社經階級，購物狂是藉由購物時與店員的互動讓自己自信增加，健康專業人員也開始針對這個族群作處置（China Post, 8/1/2008），這個上癮行為或許也是文明病之一。青春期是心理疾病最容易初發的時間，可能因為發展階段的身心變化，加上是步入成年期的一個關鍵，社會要求與生命任務的加入，使得此階段成為心理疾病萌發期。

四、自我傷害或傷人行為

面對壓力，每個人處理方式不同，有人選擇向外宣洩（acting-out）（或外化行為），也有人選擇向內攻擊（或對自我攻擊，或內化行為），可能造成自傷或自殺的結果；有人因為無法處理壓力，將其歸因為他人陷自己於如此境地，因此會採用一些報復行為對付其認為的「敵人」，因而謀殺或濫殺也都是可能結果，而有人則是將矛頭指向自己，用物品或利器讓自己身體受傷害，或服用毒品，濫用藥物廣義來說也是一種自傷行為。有一些人在面對自己認為「不可抗拒」的因素時，選擇自殺為問題解決之道，然而問題並不因此而消失或不見，卻造成其他人的惋惜與失落經驗。根據Joiner（2005/2008）研究所得到的理論模式，他將自殺的三大主要因素列為：致命性自我傷害能力、知覺造成他人負擔及挫敗的歸屬感，若是三者都成立，自殺的成功率就提昇更多！關於自傷與自殺部分會在第八章「攻擊與暴力」加以詳述，這裡不多贅述。

壓力紓解與管理

壓力需要紓解，而紓解壓力與管理生活中的事務有關，因此本節針對關於壓力的因應理論、相關管理成效與有效的因應方式做討論。

一、壓力因應理論

我們在談壓力時，常常用到「coping」（因應）這個字眼，所謂的「因應」是指努力去防止或避免困境與其結果（Lazarus & Folkman, 1984, Pearlin, 1999, Pearlin & Schooler, 1978, cited in Hatch et al., 2007, p. 197），因為基本上壓力或是緊張會造成個人生理（如不安）、心理（如失去自信）、情緒（如焦慮）與行為（如睡多或失眠）等反應（Patel, 1989, cited in Tudor, 1996, p. 65），因此許多的因應之道也應運而生，如Lazarus 與 Folkman（1984）提出因應壓力的兩個有效方式：一是聚焦在問題解決（problem-focused coping）上，一是聚焦在情緒反應（emotion focused coping）上（cited in Bennett & Murphy, 1997, p. 19）。Aspinwall 與Taylor（1997）提出三種因應方式：「一般因應」（coping，採取行動去減少或紓緩所知覺的傷害或損失），「預期因應」（anticipatory coping，為預期的可能傷害或損失做準備）與「積極因應」（proactive coping，儲存資源或技巧以備不時之需）（cited in Hatch et al., 2007, p. 198）。

Lazarus（1975）主張兩種處理壓力方式——直接行動（戰或逃或呆住）與「減緩模式」（palliative modes，以行動或思考舒緩壓力或威脅造成的影響）。但是各家對於不同因應方式的內涵又有不同，如「直接行動」包含問題解決、主動與控制等因素，而「減緩因應」是以情緒聚焦、被動或逃避為主，也可以含括社會支持與訊息資源兩個途徑（cited in Gonzalez-Morales, Pelro, Rodriguez, & Greenglass, 2006, p229）。Dalgard等人（1991）則是提出三種因應壓力之方——改變壓力情境、控制情緒反應以及改變事件意義（cited in Tudor, 1996, p. 64），也就是包含了行動、情緒與認知等方式。總括來說，壓力因應方式可以分為：㈠積極行為策略

（active behavioral strategies）──直接面對或企圖改變壓力源；㈡積極認知策略（active cognitive strategies）──涉及問題評估、談論壓力源、尋求更多相關資訊；㈢消極行為策略（inactive behavioral strategies）──逃避或避免壓力源；與㈣消極認知策略（inactive cognitive strategies）──認同上位者的期待，表現出無助或悔恨（Gaziel, 1993, p. 67）。而文化背景或傳統也可能影響個人因應壓力的方式（Gaziel, 1993），例如國人比較不喜歡與人發生正面衝突，於是就轉向較為安全的對象發洩（如小孩），或是自己壓抑下來。

二、壓力管理與因應成效

㈠壓力管理面向與效果

目前研究文獻上對於壓力的探討主要有三個區塊：一是研究引發挑戰身心方面的壓力源，二是生、心理對壓力源的反應，三是將壓力視為持續互動與調適的過程（Baum, 1990; Hobfoll, 1989; cited in Sarafino, 2005, p. 7），第三個區塊與個人的認知評估壓力狀態有關。壓力與個人認為的掌控力與能力有關，Rotter（1966）所指的「內控力」（internal locus of control, cited in Sarafino, 2005, p. 8）就是一個重要的決定因素，個人若是認為自己可以掌控的不多，或是歸因於外在因素或力量，對於壓力的適應與因應就會打折扣。內控傾向者較會採取積極行動去對付壓力（Gaziel, 1993），外控傾向者可能較容易選擇逃避、不去面對。

Lazarus與Folkman（1988）提出的壓力互動理論（transactional theory），主要是將因應方式聚焦在「情緒」（如尋求支持、告訴好友、自責或擔心）或「問題」（努力工作、解決問題）上，當然也有人採用逃避或壓抑的策略（cited in Frydenberg & Lewis, 2004, p. 26）。基本上因應策略有三個取向：㈠認知評估取向（邏輯分析、認知重建、認知逃避），㈡問題解決取向（尋求資訊或意見、採取問題解決行動、權衡取捨），與㈢情緒取向因應（情緒調適、承受或忍受、情緒發洩紓解）（Moos &

Schaefer, 1984，引自洪福建、鄭逸如、邱泰源、胡文郁、陳慶餘等，1999, p. 84）；問題取向是改變人與環境之間的壓力互動，情緒取向則是試圖減緩因爲壓力所引起的苦惱（Lazarus & Folkman, 1984, cited in Rudisill & Edwards, 2002, p. 58）。到底是採用哪一種因應方式較佳？沒有特別的定論，有研究者發現以情緒聚焦的方式因應較容易有挫敗感，而採用問題解決方式效果較佳（Baker, 2007; Ben-Zur, 2005），逃避則可能會造成人際困擾（Baker, 2007）。針對臺灣大學生的研究發現，有五種因應方式較爲常用，分別是：接受、重新架構與掙扎、尋求家庭支持、尋求宗教與靈性支持、逃避或疏離，以及私下找情緒宣洩出口，較不同於西方人較多採用的問題解決（Heppner, Heppner, Lee, Wang, & Park et al., 2006）；而即便是「主動接受」與「被動接受」事實，沒有接續的處理動作，也會出現不同的正、負向心理反應（Nakamura & Orth, 2005）。

　　壓力管理也可以用來治療高血壓或A型人格行爲（緊張、講求速度與時效）（Linden & Chambers, 1984, Roskies, 1983, cited in Sarafino, 2005, p. 9），甚至對於感染HIV病毒的成人而言，雖然無助於其壓力感、荷爾蒙或免疫系統的改變，但是可以增進其心理健康與生命品質，也減少疲累的感受（Scott-Sheldon & Kalichman, 2008）。McGill大學的研究者以不同表情的臉部圖片作實驗，將其呈現在電腦遊戲中斷時刻，發現看到笑臉的那一組感覺較少壓力，因爲經過不斷的練習，讓受試者專注在正向的笑臉上，也因此讓腦可以聚焦在生活的光明面（China Post, 10/29/2007），這就如同笑話與幽默可以讓人的感受較爲開放與寬容一樣。

(二)不同性別與壓力因應

　　針對不同性別的壓力因應發現：女性較擅長以社會支持方式因應壓力，男性則是較行動導向（Gonzalez-Morales etr al., 2006），這可能與性別社會化有關，但是受限的情緒表達也可能會有較多的挫敗感（Wester et al., 2006）；在令人氣憤的情境中，若是以壓抑情緒或不採取行動的方式因應，心電圖會出現異常情況（Häᵘrenstam, Theorell, & Kaijser, 2000）。

女性青少年的憂鬱情況比男性嚴重，較常使用聚焦「情緒」與沉思的方式因應（Li, DiGiuseppe, & Froh, 2006），青少年族群中女性似乎感受到較大的壓力，而女性也較常運用調適性的因應策略（adaptaive coping strategies），像是尋求協助、放鬆活動、分心、認知控制與情感紓解等方式（de Anda, Bradley, Collada, Dunn, Kubota, et al., 1997）；聚焦於問題與分散注意力的因應方式與男性氣慨較有關，也較少憂鬱徵狀發生（Li, et al., 2006），但是這是否也暗指著男性的憂鬱徵狀（或表現）與女性不同？Pollack（1998）的研究就發現青少年表現憂鬱的行為與一般成人女性（也就是DSM-V中所列的）有極大差異，提醒臨床工作者需要特別注意。

男性若使用「尋求諮詢／支持」與「轉向宗教的力量」方式因應者適應較差，相反地對女性則不然！也因此有所謂的「適合」性別的因應方式（Feldman et al., 1995），這似乎暗指著倘若男性運用了女性的壓力因應方式反而是「不適當」，只可惜沒有相對的研究（如女性使用「男性」的因應方式）出現。女性較之男性使用更多的社會支持來因應壓力，而在一般情況下，倘若壓力被視為是「較能掌控的」，使用「問題解決取向」的較多，反之若認為情境較難掌握，使用「情緒取向」的較為有效（Hampel et al., 2005）。

㈢多元壓力因應策略

壓力管理與個人的「心理社會資產」有關，所謂的「心理社會資產」（"psychosocial capital", Hatch et al., 2007, p. 193）指的是個人或社交技巧、正向情緒能力、因時而進的態度與價值觀的累積，「心理社會資產」可說是個人的「自我強度」（ego strength），已有研究證實個人及其社會資源（如因應策略、社會支持、自我概念等）與壓力有關（Baker, 2007, p. 335）。近年來心理學上研究「復原力」（resilience）或「韌力」的文獻很多，主要是在美國911事件之後，有更多的人力投入在災難重建與復原力的議題上，「復原力」指的就是個人本身的「自癒」能力，文獻上關於復原力的描述主要有三項：⑴好結果－經過困境之後沒有出現偏差或犯罪行

為；⑵在威脅情境下依然維持著能力；以及⑶從創傷經驗中恢復（Masten, Best, & Garmezy, 1990, cited in Jordan & Hartling, 2002, p. 59）。壓力管理主要與個性、能力與可用資源有關，而個人是如何解讀那個壓力事件、是否因為經驗而慢慢培養了因應能力，這就是所謂的「復原力」。以「復原力」（或「韌力」）的觀點來說，也就是可以將外在壓力或因素做調整，不因外在負面因素而影響自己本身的身心健康（Hatch et al., 2007, p. 195）。在教育現場，我們會鼓勵給予學生適當失敗與成功經驗，失敗可以思以改進，成功可以感受成就感與自信，不管失敗或成功，都是培養韌力不可或缺的經驗（要素）。

有研究者將因應壓力策略區分為「有建設性」（productive）與「無建設性」（non-productive）二類，發現即便是因應能力佳的青少年偶爾也會使用無建設性的因應方式（如減壓、自責、忽略、擔心或期待的想法等），然而他們也似乎較常使用許多不同「有建設性」的因應策略（如問題解決、努力工作、聚焦在正面的情況等）（Frydenberg & Lewis, 2004），嚴格說來就是採用「面對」或是「逃避」的方式而已（Holahan, Moos, & Schaefer, 1996, Suls & Fletcher, 1985, cited in Rudisill & Edwards, 2002, pp. 57-58）。有研究者以不同族群的人為對象發現，一般人因應重大壓力事件的方式可以細分為：尋求相關資訊以瞭解現象，表現出許多不同情緒，尋求或給予支持，投入宗教或靈性活動，逃避、壓抑、自制，與運用民俗療癒方式（Constantine, Alleyne, Caldwell, McRae, & Suzuki, 2005）。也許更公允一點來說，在不同情境採用積極行動或是消極逃避也都可以減少心理上的不快（Wester et al., 2006），主要看情境、問題或事件、個人資源等來做決定。區分「有用」與「無用」的因應方式似乎沒有清楚界線，因此也暗示著當事人主觀認為「有效」的因應方式如何，也需要再加以探討（Frydenberg & Lewis, 2004, p. 34）。

既然壓力與個性、個人解讀（認知）、可用資源有極大關係，因此面對壓力時需要注意以下幾個「不」：不自己解讀（不將其個人化）、不做錯誤歸因（建立錯誤因果關係）、不壓抑過久（有礙免疫力）、不委曲求

全（要為自己發聲）、不傷害自己、不將自己孤立、找人談但不隨便找人出氣（避免破壞關係）、不勉強自己（量力而為）、不倉促做決定（尤其是重要的決定）、不要有過多期待、不放棄尋找資源等。

三、一般壓力管理策略

因應壓力主要是看個人當下可用的資源為何。一般文獻較常出現的壓力因應方式有：㈠尋求諮詢或支持，㈡分散注意力（如娛樂、放鬆、運動等），㈢不去處理（孤立自我或否認），㈣發洩憤怒，與㈤轉向宗教力量（Feldman et al., 1995, p. 336）。因此沒有說哪一種處理方式較好，主要還是看個人、可用資源與環境間的條件來決定，並不是說積極主動就一定好（如在犯罪率高的地區，可能會丟掉性命）、消極逃避或不處理就不好，得視當事人彈性運用，甚至有許多的處理方式可用才是重要。

在諮商上壓力管理的介入方式基本上有四個階段策略：協助改變新環境的方法、改變個人對於外在事件解釋的心理歷程、改變生活方式，以及學習新方法來修正身體對壓力的反應（Lewis et al., 2003, p. 77），即便只是「暫時」從壓力情境中或是規律的日常生活中走出來，也都是壓力紓解的方式，當然運動也是紓壓途徑之一（Leith, 2002, p. 12）。有時候當可用的因應策略都用上了，仍無濟於事，有必要「改變環境」，或是遷往新環境，以免折損或犧牲了個人。

壓力的解藥（或緩衝器）可以包含：自信心與自我價值感（自我強度、韌力）、支持系統（家人或朋友）、健康的家人關係與親密關係、幽默（從不同的角度看事情）、維持健康身體與活動、休閒活動與創意、適當的獨處時間、時間管理的能力與智慧、懂得求助（包括閱讀相關資訊）、冥想、大自然的療癒能力、良好典範、養寵物、信仰或宗教等。

以下介紹一些常用的因應壓力方式：

㈠放鬆活動

放鬆活動可以是簡單的四肢伸展、閉目休憩或冥想、伸伸懶腰、泡熱

水澡、聽聽音樂、按摩等。若是要做簡易的放鬆活動，必須要考慮到幾個重點：⑴這個放鬆活動必須要經過練習才可以成為一種隨時可用的技巧；⑵在感覺平靜，或只是中度焦慮或緊張時開始練習；⑶在接近日常生活的情況下練習（如坐在一張很舒服的椅子上）；⑷留意一些輕微或是中度的焦慮或緊張狀態，而放鬆活動可以適度減緩這些徵狀；⑸選一個不受打擾的安靜地方做放鬆活動；⑹在饑餓狀態下不宜做放鬆活動，因為容易引起緊張或容易入睡（Westbrook et al., 2008, pp. 140-141）。放鬆活動基本上是讓個人處在安靜環境裡，被動、輕鬆的狀態下，然後讓個人去體驗緊張與放鬆肌肉的不同感受，經過幾個小時的練習之後，可以運用自如（Corey, 2005, pp. 240-241）。

當然也可以使用想像的放鬆活動來協助放鬆（Hamann & Gordon, 2000），一般的作法是選擇一個讓自己舒適的坐姿、在一個安靜不受打擾的環境或空間進行，然後用音樂或指導語讓自己自頭至腳的每一塊大肌肉被關注、體會緊張與放輕鬆，最後回到原來的警覺狀態。市面上也販售一些放鬆音樂，可以任人自由選購。

㈡運動

運動有許多功能，不僅可以增進健康與活力，運用在臨床上來還可以提升自信、減少疲累感、舒緩緊張、讓睡眠品質更佳、減少焦慮或恐慌症狀、協助管理氣憤情緒等（Westbrook et al., 2008, p. 145）。適當的運動可以讓自己保持活力，精神狀態亦佳，而且可以是抒發壓力的最好方式，真是一舉數得！有人會推說自己沒有「運動細胞」，所以體育項目不行，即使我們不是運動員，競爭與獲勝就不是主要，重點在參與、活動、測試與培養自己的體能。每週三次，每次三十分鐘的規律運動，讓自己流汗、心肺功能增加，醫學上認為已達到運動效果。倘若有些高級動作還是需要訓練，不妨將運動的範圍拓展到「活動」，只要能讓自己每週有固定規律的身體活動，至少可以保持動力與活力。有關運動的效益，之前章節已經提過不少，最近的研究還發現可以改善失智症患者症狀、保持與記憶相關的

腦組織使其退化減緩（China Post, 7/29/2008）。

「瑜珈」（yoga）也是較不激烈的運動項目之一，目前已經有不少針對東方的瑜珈所做的相關研究，基本上是將其列為運動的輔助項目，瑜珈可以增進自主放鬆的能力、提高專注力、減少焦慮與憂鬱情緒（Milligan, 2006），規律的瑜珈運動可以維持或增進身體抗氧化情況（Sinha, Singh, Monga, & Ray, 2007）、提高疼痛忍受度，活力、壓力、情緒低落與焦慮的感受有改善（Harvard Mental Health Letter, 2009）。但是即便是舒緩的運動，最好還是諮詢相關醫師與專家，比較不容易發生危險，如有孕婦因為練習瑜珈卻導致流產的新聞，因此採取任何運動前不可不慎！

（三）冥想

不少研究或臨床實務者運用東方冥想或是靜坐（meditation）的方式作為因應壓力的好方法。大學生的壓力源主要來自學業與社交關係，產生的壓力反應有焦慮、沮喪、自殺意念、無望感、與健康狀況變差等，運用冥想訓練發現有效減少知覺到的壓力，效果也可以延續到兩個月之後（Oman, Shapiro, Thoresen, Plante & Flinders, 2008）；冥想不只減輕壓力，也增加了原諒的傾向（Oman, Shapiro, Thoresen, Plante, & Flinders, 2008），「原諒」的動作其實就是「原諒自己」、讓自己可以解脫壓力。冥想可以想像一幅寧謐或是讓自己放鬆的圖像，也可以什麼都不想地放空，伴隨著輕音樂或是有助冥想的音樂都是不錯的方式。

近年來，許多心理衛生單位或教育機構倡導正念（mindfulness）或觀想的冥思方式，已經證實對於憂鬱情緒或過動兒有相當不錯的療效，進行方式簡單、容易學習，即便只是閉上雙眼、將注意力聚焦在自己的呼吸上，就可以將外面世界的許多煩擾暫時摒除，留給自己許多安定情緒與思考空間。以聚焦的「專注」方式（結合瑜珈、冥想與身體覺察）（Newsome, Christopher, Dahlen, & Christopher, 2006）來做壓力紓解，發現參與者可以對改變更開放、有更好的自控力、願意與人分享經驗、得到自我成長、也有靈性的提升（Mackenzie, Carlson, Munoz, & Speca, 2007），

甚至有助於人際關係與專業成長（Newsome et al., 2006）。也有研究以瑜珈、冥想與氣功的方式提升準諮商師的自我覺察，在身、心、靈與人際關係上都有正面效果，甚至有助於諮商技巧與治療關係（Schure, Christopher, & Christopher, 2008）。將以「專注」為基礎的紓壓課程與「認知行為」紓壓課程作實驗比較，發現前者在增進活力、減輕痛苦上的效果較後者佳（Smith, Shelley, Dalen, Wiggins, Tooley et al., 2008），專注的冥想減少壓力徵狀、也促進健康（Carmody, 2008），也是已證的事實。

㈣呼吸控制

可以運用呼吸控制（controlled breathing）的技巧（如刻意讓呼吸急促或緩慢下來，或是增加或減少吸氣、吐氣的量），讓一些焦慮與緊張程度降低。因為一般在緊張狀態下，會有呼吸急促的情況發生，以自我控制的呼吸速率與吞吐量可以讓焦慮減輕或紓緩（Westbrook, et al., 2008, p. 143）。呼吸控制是很容易進行的活動，有時候爬樓梯、調整一下呼吸也可以讓自己更輕鬆；一旦發現自己要上臺或在眾所矚目的情況下表演或說話，不妨調整一下自己的呼吸速度，可以在很短時間內重新獲得掌控。控制呼吸的目的是讓個人聚焦在呼吸過程來放鬆、讓鼻腔吸入平均的空氣量，以創造全身的平衡（Hamann & Gordon, 2000）；或是用生理回饋指示器來調整自己因為壓力而產生的生理症狀（Planlp, 2003, p. 33），也是臨床上會使用的方式之一。

㈤休閒活動

第二章裡曾經提到影響時間觀念的幾個因素（經濟安定與否、工業化程度高低、人口規模大小、氣候冷熱、個人或集體主義文化）（Levine, 1997, pp. 21-32），通常在經濟較發達、工業化程度高、人口較多、氣候較寒冷，以及重視個人文化的地區，對於時間的觀念較強調，生活步調也因而較快速，而貧窮國家也比富庶國家有更多的假期。因此所謂的「休閒」似乎較針對開發中國家來說。

休閒、工作與社交裡的創意活動可以讓人有一種「最佳經驗」（"optimal experience"）或「流暢」（"flow"）的感受（Delle Fave & Massimini, 2003, cited in Haworth, 2007, p. 247），休閒活動可以提升個人與社區的生活質感，還可以衍生個人、家庭、社會與文化意義，讓人有「聯繫、成就、肯定自我／與人關係／文化，讓人有希望與掌控感等等」（Hutchinson, 2004, cited in Iwasaki, 2008, p. 232）功能。休閒活動對壓力可以同時達到「修補壞的」（減少受苦、因應創傷）與「增進好的」（增加生活滿意度與品質）兩項功能（Iwasaki, 2008, p. 243），也就是說，休閒活動不僅可以有紓壓的功能，休閒活動本身對個人來說還具有意義，藉由休閒活動的參與可以讓個人覺得自己有能力、有自我效能感，讓人覺得有掌控、自決感受（Trenberth, 2005）。休閒活動所衍生的意義，不僅讓個人有正向情緒與健康的感受，還可以增進個人的自信、自我認同與靈性，讓個人與社會、文化有聯繫的調和感，提升人們的優勢與彈性，也可以讓整個生命發展階段都有學習機會（Iwasaki, p. 231）。有研究者認為現代的工作讓人們幾乎沒有時間與精力去照顧老人與孩童、更遑論去參與社區活動，連帶地休閒時間也被削減許多（Rapport et al., 2006, cited in Haworth, 2007, p. 245），這也突顯了休閒生活對於人類生命的重要性。

　　休閒活動有增進時間管理、放鬆與因應壓力的功效（Iwasaki & Schneider, 2003, Kleiber et al., 2002, cited in Iwasaki, Mactavish, & Mackay, 2005, p. 81）。休閒活動的功能有放鬆心情、穩定情緒、增加效能感、促進與人互動、相關知識與能力的獲得，甚至可以促進家庭關係，甚至是因應壓力的舒緩途徑，包括可以讓個人自壓力情境中「暫時抽離」，可以恢復元氣、提升生活平衡的功效（Iwasaki et al., 2005）。曾有研究調查影響警察人員休閒活動進行的因素有：個人能力（有些活動需要必備的技能）、個人因素（個人身心狀態或是信仰）、人際障礙（沒有足夠同伴進行活動）、機會因素（外在條件所限制，像是金錢、時間與交通等問題）（陳葦諭，2003），與一般人在選擇參與休閒活動的情況沒有太大差異，只是休閒活動還有一些主動（如爬山、慢跑）與被動（看電視、休息）的

區別，壓力越大的人可以從事較被動的休閒獲得平衡（Trenberth & Dewe, 2002, cited in Iwasaki et al., 2005, p. 82）。不管從事戶外、社交或與文化有關的休閒活動，基本上都具有同等的紓壓效力（Caltabiano, 1994, cited in Iwasaki et al., 2005, p. 82）。

休閒活動與早期的家庭氛圍與活動、訓練與否有關（Trenberth, 2005），因此也提醒一般人良好的休閒活動需要自小培養、有家長鼓勵與帶領更佳，而且需要長期維持下去，不僅紓壓、充能、打發時間，還可以激發創意、豐富生活。

㈥時間管理

現代人經常苦於「時間不夠」，因為要做的事情太多，但是又碰上人性裡的疏懶或拖延，因此適當且有效的時間管理也可以是紓解壓力的一個有效途徑。時間管理技巧裡需要有組織地安排事情的優先次序、列表，或是預先計畫，也避免拖延的習慣（Kearns & Gardiner, 2007, p. 236）；甚至是事先計畫，將需要完成事務的日期在月曆或行事曆上標示，最好給自己一、兩個禮拜的「緩衝時間」（grace period），也就是將要完成的事項設定在截止前一、兩週做完，避免中間有一些其他事物插進來、拖延了進度。比如說學生要繳報告，最好是在期初就先做資料蒐集的工作，避免資料運達時間拖延（像是館際合作的服務），也可以善用圖書館的設備（以防與他人共用的擁擠），然而若是6月5日要繳交，在行事曆上則是提前為5月21日，提醒自己早日完成，萬一不行、還有個緩衝時間。可以補救時間管理最難的是優先次序的安排，以及臨時有其他事務插入需要處理，因此就需要一些既定原則（ground rules）來引導，像是若計畫要每天唸十分鐘英文，就要徹底執行，儘管再忙碌，也要把事情做完，「不准拖延」就成為一個既定原則。

時間管理要遵循科學（瞭解自己時間是如何用掉的）、有效（根據效益作安排）、與合理（在有限時間內完成事務、不浪費）的原則（李小芳、盧新發、仰澄，2004），而在時間管理的策略上主要有幾個因素要注

意：事先規劃、設定目標、安排優先次序、與機械化技巧（善於利用行事曆或記事本，可以更利於時間規劃）（王偉琴、吳崇旗，2005, pp. 127-128）。時間管理常常被用來做「應該」完成的事項，但是有些人就會把自己的時間壓縮到最嚴厲，常常忘了休息。因此，時間管理裡面另一個要素就是「規劃生活」，不只是規劃「要盡的義務或責任」，也要規劃讓自己休息、充電、與家人或朋友共處的時間。時間管理最大的敵人就是意志不堅定，再則是外務過多，所以附帶地就需要有其他的配套措施，像是：不要列太多要完成的項目（以免造成額外焦慮），有些事務可以分散進行（「化整為零」——如背誦課文可以分段、分時間背），也可以統整進行（「化零為整」——如將背誦的段落組織起來完整背誦）等。

現代人手機幾乎不離身，即使非常便利、儼然是生活所必需，然而也需要適時離開手機、讓自己過簡單生活，要不然因為手機而造成的諸多健康議題（如上癮、眼疾、姿勢、飲食營養、發展或親子關係議題）（Goodwin, 2016）可能都是始料未及！當然時間管理不是把時間卡得死死的，有些人的讀書計畫就是將一天每個鐘點都列入計畫，這樣的計畫很容易因為突然的一件偶發事件而泡湯，何況並不是每天都有同樣的心情開始工作，偶爾若是情緒低落、沒法子按照既定計畫執行，就需要將計畫的順序做一些調整，因此時間管理一定要有適當的彈性。

㈦家庭與人際關係的支持

與家人或他人建立良好的互動與支持網路是抵擋壓力最好的一帖藥方。當個人遭遇到生活困境或是難題時，可以回到家人身邊，得到他們的支援是極重要的，而身邊若有三五好友可以分享、傾聽，甚至出出點子都是很有幫助的。沒有人是一座孤島，我們的社會也是互助的共同體，因此獨立與求助都是展現個人的能力，雖然在遭遇問題之時他人不一定可以幫上忙，但是陪伴可以讓我們不孤單、感覺到不是自己獨力應付，在心態上會較有力量。而與不同的人共處，可以聽見不同角度的觀察與意見，也作為我們面對問題時的參考。

　　偶爾當家人不在附近、需要時遠水救不了近火，朋友的支持就變得格外重要！有時候約朋友泡個茶、喝咖啡聊聊天、去看場電影或是戲劇，或是一起打球、做些活動，不僅可以聯繫彼此的感情，也可以讓自己得到支持、宣洩一下情緒，朋友或許仔細聆聽、也許與我站在同一陣線、也許給我一些不同的觀點或建議，都是支持的表現。即使是重視同儕關係的青少年在感受壓力時依然視家人為最大支持，而其因應壓力的技巧則較受到同儕影響（Printz et al., 1999）；女大學生在友誼品質、親密關係、與父母關係上感受到較大壓力，而男性大學生的家庭關係會影響其對自我一致性的看法（Darling, McWey, Howard, & Olmstead, 2007）。支持系統或社會支持對生活與工作壓力都是重要緩解因素（Etzion, 1984），但是也有研究者發現支持系統對耗竭所產生的幾個現象——情緒枯竭（emotional exhaustion）、去個人化（depersonalization）、與個人成就（personal accomplishment）——沒有正面影響（Halbesleben, 2006）。

㈧治療

　　目前在壓力治療上最夯的就是認知行為。例如針對911恐怖攻擊受創的兒童與青少年進行認知行為治療有不錯的效果（Eribaum, 2007），受到政治迫害或折磨的當事人也減少了重創後遺症徵狀（Regel & Berliner, 2007），用在有焦慮症的當事人身上，也減輕了許多臨床症狀（Koszycki, Benger, Shlik, & Bradwejn, 2007），腸部不適者也可以有效獲得改善（Blanchard, Lackner, Sanders, Krasnet, Keefer et al., 2007），甚至以電子郵件的方式針對工作相關壓力做治療也有相當顯著的效果（Ruwaard, Lange, Bouwman, Broeksteeg, & Schrieken, 2007）。針對大學生族群，利用六週、每次九十分鐘的團體訓練（結合放鬆活動與認知行為技巧），結果發現焦慮與壓力情況都有減低，因此結合生理與心靈的課程可以有效紓壓（Deckro, Ballinger, Hoyt, Wilcher, Dusek, Myers, Greenberg et al., 2002）；還有運用Meichenbaum所發展出來的「壓力免疫訓練」（Stress Inoculation Training, SIT）課程（採用教育、因應技巧與練習三步驟）在法律系學生身

上，證明減少了壓力、焦慮與非理性想法（Sheehy & Horan, 2004）。

　　許多關於壓力影響的後續處理，特別是針對一些有創傷經驗受害者的心理治療與諮商處置，目前除了諸多研究發現「認知行為治療」是最有效果的（Brown et al., 2006）以外，其他新療法也陸續出現，如EMDR（Eye Movement Desensitization and Reprocessing）證實可以減緩創傷後遺症或壓力症候群（Enright, Baldo, & Wykes, 2000）。雖然大部分有過生命失落經驗的人，隨著時間過去都會慢慢恢復之前的生活功能，只有少數人可能需要治療或諮商的介入，然而只要介入都會有若干成效（Currier, Neimeyer, & Berman, 2008），因此也說明了介入處置的必要性。當然許多不同取向的治療也都可以對壓力紓解提供不錯的效果，最重要的是當個人覺得有壓力無法負荷，甚至尋求資源無著落時，就要記得求助，給自己另一個重新開始的機會。

㈨不同角度的思考與幽默

　　壓力與個人如何定義壓力，或許與個人認知有關。壓力與個人的解讀也有關係，同樣一個情況，某甲認為自己能力不及、之前也沒遭遇過，因此壓力指數就升高，某乙卻認為即便沒有碰過、應該可以試試，測試一下自己的能耐，所以壓力指數就不及某甲。出國唸書在不同的文化裡生活，也許有初始的「文化衝擊」，接下來就是要每日面對的適應，也許有人認為是「壓力」，但是也可以解讀為「不同文化的冒險」與挑戰，可以與不同背景的人接觸，學習不同的文化與觀點，不只可以拓展個人視野，也增加了寬容與接納度。

　　正向的情緒與歡笑也是個人特質與韌力的呈現（Bonanno, 2008），願意從不同的角度看事情，其實也需要訓練與經驗，在緊張時刻還懂得幽默，不啻讓心境稍做放鬆，也可以重新面對挑戰。重新架構（reframing），也就是自不同觀點來看同一件事、賦予不同意義，也是不錯的調節之道，例如被告知與男友分手，可以想成：「對方失去了一個很愛他的人，我也只能祝福他。」

　　如果說樂觀是天生，那麼幽默就是可以學習的。幽默其實就是從另一個角度看事情，可以給個人另一個空間與想法，不會拘泥於一個解決方法，或被困住，幽默與現實之間是有「不協調」的情況存在的，也就是與預期的不同，例如在搭電梯時差點被要關上的門夾到，可以反應說：「我可不想用這種方式減肥！」可以弭平尷尬或不安。King（2001）提到：痛苦、悔恨與失望本就是生命中的一部分，也可以給生命成長的動力（cited in Greenway, Phelan, Turnbull, & Milne, 2007, p. 326），幽默就是接納自己的現狀，也願意以更開闊的眼光來看自己與經驗，學會從「限制」中看到出路，也自「谷底」看見光亮。

㈩宗教或信仰

　　有信仰與宗教的人也可以求助於神祇或是其他更高力量的協助，運用禱告、冥想、閱讀去找尋意義或紓解之道。只是宗教也可能發揮正面或負面因應效果，倘若將某一創傷事件當成是對於個人之考驗或是能力的培養，此為正面效應，但是若將此事件當作對於自己的懲罰，可能會有憂鬱情緒或悲觀的評估（Pargament, 1997, cited in Greenway et al., 2007, p. 326）。宗教信仰可以讓人超脫自我（Greenway et al., 2007），達到另一階段的境界與成長，也可以減少沮喪徵狀，增加生活滿意度（Lee, 2007）。有人在面臨壓力時，以宗教信仰，或是靈性的方式尋求舒緩，像是祈禱、閱讀聖經經文、冥想等，也可以達到相當好的效果，而對於宗教或靈性態度較開放與成熟者，其情緒也較為穩定（Saroglou, 2002, cited in Simpson, Newman, & Fuqua, 2007, p. 35）。

　　中國人說「盡人事、聽天命」，生命中有許多不可控制的因素與無常，有時候儘管我們卯盡全力都試過了，依然無濟於事，也許求助於冥冥中的更高力量或神祇，在心理上較為安適。其他運用民俗方式（如臺灣的收驚、問卜）紓壓，主要也是讓心理上獲得安慰與平復，也都有其正面意義，只要不太過於迷信、無彈性就可以了。

抗壓資源

　　近年來因為許多自然與人為災害的增加與可怕後果，驅使許多研究者開始探討有哪些特性的人對於壓力或災難事件的適應較佳，於是有了「復原力」（或「韌力」）的研究，主要包含個人正向自我價值、內控力、良好支持系統等，但與環境因素較無關聯（Hansson, et al., 2008）。許多研究者也發現，經歷災難或是重大創傷並不一定對人造成負面影響，許多人還可以浴火重生、獲得長成，雖然用詞不同，但是卻說明了人類有能力將不幸轉換成正面力量的能力（van Vliet, 2008, p. 242）。個人對於自我的評價較高者，其所覺知的壓力源較少、較不緊張、也較少採用逃避的因應方式，而是使用較多的問題解決方式來因應壓力，而情緒的穩定性也是協調壓力與緊張的重要條件（Kammeyer-Mueller, Judge, & Scott, 2009）；但是自我強度高者可以因應較不嚴重的壓力，卻無法對抗程度更嚴重的壓力源（Nielsen et al., 2008），而高情緒智商者也不一定對工作壓力有更好因應（Matthews, Emo, Funke, Zeidner, Robers, Costa et al., 2006）。個人對壓力的反應不同，主要是個人對於評估壓力與因應方式的差別（Lazarus & Folkman, 1984, cited in Wallace, Edwards, Arnold, Fraizer, & Finch, 2009, p. 255）。

　　對抗壓力的重要因素除了個人智力與自信（Ollfors & Andersson, 2007）、個人能力之外，最重要的是社會網路與支持（Cinamon et al., 2007）；支持網路是另一個資源，可以讓自己在面臨挑戰時有可以商議、討論的對象，也可以有扶持的靠山。有許多人在面對創傷事件時較有「復原力」（韌力）（Park et al., 2008; Seery et al., 2008），也是抗壓很大的利器，甚至有研究者認為，所謂的「韌力」應該包含有不同向度的能力，像是剛毅、自我增強、退化式因應、正向情緒與歡笑（hardiness, self-enhancement, repressive coping, positive emotion and laughter）（Bonanno, 2008），有些因應方式看似不太積極，但是有韌力的人卻可以靈活運用。個人的情緒智商與問題解決智慧，讓自己有所準備、不怕突然的事件；瞭

解自己的長處與挑戰，讓自己可以清楚評估壓力情況，以及自己能夠因應的程度，倘若己力無法有效應付，還懂得去尋求資源與協助。

有些心理社會資源可以用來調解壓力，除了社會支持網路外，還有個人控制感、自我效能與精熟感（McCarthy et al., 2006, p. 99; Sarafino, 2008, p. 8），也因此可以推論個人的資源不同也會造成壓力程度不一，個人可以運用的資源越少（如家人不支持、抗壓性低、無問題解決技巧等），壓力對其的影響力就越大！抗壓資源可以作為一個人在面對日常生活壓力時的利器，一般說來，身體健康時對於壓力較能從容應付，因此保持身體的健康與韌力很重要，這當然也需要靠平日的努力，包括正常作息、規律運動、良好休閒生活等。

現在的年輕世代被稱為「水蜜桃族」，也就是受到家長呵護與保護過多，往往遇到挑戰時無法承受或因應，其實適當的失敗與成功經驗，才是陶養韌力與挫折忍受力最重要的因素，畢竟許多能力與智慧還是要靠實戰經驗的積累才得以養成！偶爾遇有壓力時，只要離開現場、走出戶外，就可以減少賁張的緊張感，甚至是去喝杯茶、看看窗外，就是讓自己「暫時」自緊張狀態下抽離的好方法。對於諸多心理衛生專業人員來說，時間管理是另一種壓力源，因為要照顧大眾健康，而個人事務也需要與之取得平衡（Hawkins & Klas, 1997）。

家 庭 作 業

一、閱讀許添盛《用心醫病》（遠流），並將心得帶來課堂上分享。

二、訪問三位成人「最好紓解壓力之道」。

三、分享對你／妳個人有效的壓力舒緩方法。

Chapter 7

憂鬱症與情緒健康

 ## 憂鬱症為現代文明病之一種

　　現代人生活步調緊湊、競爭對手增加、生活環境瞬息萬變、科技與環境的爭鋒等等因素，使得許多情緒疾病應運而生，憂鬱症便是其一。美國聯邦機構針對青少年的調查發現：每十二人中就有一名罹患憂鬱症，而且隨著年齡增長而增加，像兒童有2.5%有憂鬱症，青少年就遽增為8.3%（China Post, 5/15/2008）。手機與網路造成網路及人際霸凌更嚴重，日韓等國青年學子因為網路霸凌而自殺人數攀升，造成家長與教育界憂慮不堪！像是以截圖或是看圖說話的方式散布謠言，汙毀他人名譽或是人脈，進而嚴重影響其身心狀態、工作與生活，近年來國內外諸多藝人或是政治人物最終以自戕結束，就是鐵證！

　　許多網路或手機以「截圖」方式說故事，或是以方便的「懶人包」將複雜的概念簡單化，其實都容易誤導閱聽者，甚至以訛傳訛，其所造成的傷害是教育者、家長與主政者需要關注的議題。傳統醫療對於憂鬱症的溯因集中在生理上的徵狀，也會在患者周遭環境與變動找尋肇因（如生命事件或壓力事件、性別與權力、社會情境與文化期待、家庭因素等），卻較少將焦點放在患者本身，也因此治療時會注重在徵狀的減輕，而不是病人這個「人」的感受與觀點（Crossley, 2000）。憂鬱症是一種情緒的疾病，德國一群研究者也發現負面情緒對於健康的影響甚大，尤其是長期的負面情緒，因此他們發明了一個新名詞「創傷後痛苦違常」（Post-traumatic Embitterment Disorder）（China Post, 5/20/2008, p. 11），許多人對於實際

的身體痛苦較能忍受，但是對於情緒上或是精神上的痛苦就很難容忍，憂鬱症導致的自殺就說明了情緒痛苦的掙扎與企圖結束的結果，國內最近的調查也發現，有七到八成自殺者其在生前都表現出情緒上的低落徵狀（China Post, 7/31/2008, p. 4）。

一、焦慮、創傷經驗與憂鬱症

焦慮與緊張也是承受壓力時會產生的情緒，與創傷經驗一樣，都可能引發憂鬱症狀。有人說適度的焦慮是好的，對於參加考試者來說，適度的焦慮可以讓此人身心處於一個興奮狀態、對將臨的事件有所準備，但是若過少或過多可能就適得其反。焦慮會讓人減少快樂感受，然而美國伊利諾州香檳校區的Ed Diener博士卻發現：快樂程度是中等者其成就較之極度快樂者更高，而且也活得較長壽（China Post, 1/30/2008）。這樣的訊息似乎告訴我們：可以處理生活中的困擾、又有紓解情緒途徑者，即便是適度焦慮也可以讓其生活更滿意；無獨有偶，英國的Dr. Andrew Steptoe在American Journal of Epidemiology期刊發表的一篇研究也發現類似結果：快樂的人較少可體松（cortisol）——一種壓力荷爾蒙，可體松高者容易有高血壓、腹部肥胖、免疫系統較差等問題，但是原因不明、仍待進一步瞭解（China Post, 1/4/2008）。

焦慮會引起情緒上的不安，若是焦慮過高或過久，也會產生恐慌、恐懼、強迫症等症狀，美國《心理疾病診斷與統計手冊》（Diagnostic and statistical manual of mental disorders, or DSM-V, 2013）裡的適應問題都會提到情緒上的焦慮或沮喪為診斷標準之一。創傷經驗也可能造成情緒上與生活各層面的問題，雖然也有研究者發現創傷也可以帶給個人成長（所謂「壓力相關的成長」，stress-related growth）（如Cryder, Kilmer, Tedeschi, & Calhoun, 2006; Tesdeschi & Calhoun, 2004），然而也有人發現沒有很顯著的結果（Frazier & Kaler, 2006）。

將創傷經驗說出來比不說出來要來得適應好一些（Petrie & Pennebaker, 2005, p. 130），也因此在治療創傷經驗中有一個必要過程就是

「重新經驗」（re-experience），一般大眾可能不容易理解爲何需要這樣的過程？甚至認爲是「二度傷害」，這樣的觀念是錯誤的，而且貽害後續的生活。在處理兒童遭受性侵害的案例中，我也發現許多家長在不明白創傷後遺症的情況下，拒絕讓孩子接受治療，以爲「不說」就沒事，但是孩子卻必須帶著這個未處理的傷口繼續生活，在其漸漸成長的過程中就會開始有後遺症出現，屆時再做處理就較爲複雜、效果也較差。關於這個部分我會在下一章「攻擊與暴力」裡做更詳盡的描述。

二、情緒與憂鬱症

　　情緒會影響我們對於自我健康的看法（Petrie & Pennebaker, 2005, p. 130）。情感（feeling）或是情緒（emotion）是人性很重要的一部分（所謂的「知、情、意」），情緒上的健康（emotional health）通常就是所謂的心理健康重要指標。情緒健康包含了認識自己的情緒、知道情緒的功能與限制、有能力處理情緒、也與人做良性健康的互動和互助。情緒是我們賴以生存的重要訊息，可以讓我們感受到自己在所處世界的經驗（Hollander, 2008, p. 61），而要產生情緒經驗基本上需要：㈠引起知覺的刺激情境，㈡個人對刺激的認知（張春興，1998, p. 552），接著才可以根據這些訊息做判斷、並採取因應行動。情緒管理有問題者不僅會妨礙其處理生活的認知過程、欲達的目標，甚至是自我認同的部分（Hollander, 2008, p. 80）。

　　憂鬱症是一種情感性疾病，一般人偶爾有心情的起伏是正常的，但不會持續太長的時間，雖然有時候還是會因爲擔憂的事物還沒有得到滿意的解決，干擾自己的生活，然而一段長時間的鬱鬱不樂就可能讓腦中的化學物質（例如血清素）產生變化，接著就會反映在思考與行爲上，大大影響日常生活功能。英國刊載在《腦、行爲與免疫力》（Brain, Behavior & Immunity）的期刊裡有一個測試療癒過程的研究，發現較難表達氣憤者，傷口癒合時間較長（China Post, 2/21/2008），這個結果也呼應了情緒對於人類的諸多影響。對於善於自省的人，若是在情緒低潮時，較容易有購物

狂的行爲，而且是重複購買相同物品（China Post, 2/9/2008），這就如同有些人在情緒低落時會以食物來抗拒負面情緒一般（可能因爲情緒也是快樂來源之一，希望可以與憂鬱情緒對抗）（Rozin, 1999）。情緒也會影響身體功能，包括血壓升高（Safarino, 2005, p. 6），高血壓病患最擔心有情緒上的衝擊，連電視上也常上演類似的戲碼，可見已經是公認的事實。而激動或是沮喪情緒也會影響一個人的表現，例如運動員也需要情緒上的承擔與智慧，才可以讓自己臨場表現更佳。

三、憂鬱症的可能成因與相關影響

憂鬱症是一種情感性疾病，有些是因爲氣候（如北歐國家較多因爲氣候因素與陽光照射多寡而產生的季節性憂鬱症），有因社會變動或是父母情緒問題造成，有些是生命事件或自我調適所積累、引發，也可能是因爲遺傳、加上生活中的壓力而產生，沒有一個確定的原因，目前許多專家相信是許多因素交互影響的結果（Cowie, Boardman, Dawkins, & Jennifer, 2004）。像是超時工作者也常會有憂鬱與焦慮疾病，特別是那些低收入、較缺乏技術的工作者（China Post, 6/17/2008），因此應該說是經濟、社會、心理，或是生活壓力等等的複雜肇因，的確沒有一致的結果。

許多研究開始去探討憂鬱症的可能原因，企圖在因果之間做有意義的連結，以爲對症下藥或日後預防之用。有一些研究探討睡眠與健康之間的關係，不僅發現早期的睡眠不足會釀成未來發展期的體重過重、情緒（包括憂鬱症、焦慮）與行爲問題，也發現注意力缺失與睡眠不足的關係（China Post, 4/8/2008, p. 11），尤其現代的孩子提早接觸電視與電腦的時間過多，睡眠不夠所產生的後續問題，似乎也值得關注。不少研究所得到的結論是憂鬱症與腦中血清素（serotonin）的含量過少有關，現在也發現其實睡眠情況也與血清素關係密切，這也解釋了憂鬱症者都會有睡眠方面的困擾，而睡眠干擾在自殺身亡或自殺未遂者身上也得到證實（Fawcett et al., 1990, cited in Joiner, 2005/2008，p. 241）。當然也會有人解釋道：睡眠不足或是失眠，當然會影響判斷力與思考能力，也許就做了錯誤的決定

（如自殺）。

　　有一種說法認為憂鬱症是個體「用來抵制或抗拒我們『以為的現實』與『實際情況』間落差的一種方式」（Rowe, 1994, Crossley, 2000, p. 118），也許是一種防衛機制，但是某種防衛機制若使用過多、不知變通，也可能造成適應不良。而母親在育兒時的情緒管理也會影響孩子未來的情緒自律與憂鬱情況（Feng, Keenan, Hipwell, Henneberger, Rischall, et al., 2009），也就是說，主要照顧人對於孩子的需求有適當反應，也讓孩子學習調節情緒，這也證明了「依附理論」的觀點（Fosco et al., 2007）。

　　憂鬱症也可能促使一些生理病症的發生，例如癌症，特別是女性的乳癌（China Post, b, 12/21/2007, p. 5），但是目前不知是否有因果關係，可能的解釋之一是因為憂鬱症造成免疫力的負面影響，因此也可能讓原有的疾病因子有發展的機會。最近的兩項研究證實憂鬱症者較有可能在後來發展成老年癡呆症，其中的一個解釋是：慢性壓力會造成腦的損害（China Post, 4/9/2008），而慢性壓力也會造成身心的「耗竭」已經是不爭的事實。

　　有人說憂鬱症就像藥物成癮一樣，一旦發生過，就必須終生與之共存，聽起來似乎頗為駭人！然而退一步來說，人生在世就是生老病死，一個人或多或少都有一些毛病或是病痛，因此憂鬱症就像是病痛一樣，只要不影響大部分的生活功能，嚴重時就尋醫救治，也不至於影響我們的生活品質了！

 ## 憂鬱症治療與健康情緒養成

一、憂鬱症治療

　　憂鬱症是現代人的疾病，但是「生病」基本上有其社會禁忌，特別是心理疾病，會有附帶的價值評斷在裡面，加上中國人的「家族」觀念作祟（如家中有人有心理疾病是一種恥辱），因此要去就醫或是治療都會有一些障礙。其實最大的障礙是所謂的「病識感」（認為自己生病），有病

識感的人會比較積極去尋求確認或治療，但是光靠當事人一個人還不夠，如果家人不認同，甚至進一步阻撓其就醫或療程，就增加了更多變數。我在臨床工作中曾經遭遇過當事人有思覺失調症，學校相關人員也都相當配合，並提供協助，因此當事人的生活功能都堪稱正常，然而只要當事人一回家，情況就變得很糟，主要是因為當事人母親不認為自己子女「有病」，不僅不讓服藥，更不願意提供心理上適當支持，在學生畢業之後，其病情堪慮！可見國人對於家人有心理疾患還是不太能接受，甚至認為是家族之恥或秘密，這樣很容易延誤病人治療的先機。

對於憂鬱症患者，若無足夠常識的家人可能會認為「怎麼可能一直心情不好？」甚至在許多方式用盡之後、覺得煩燥，無力提供更好的協助，或是讓患者持續就醫服藥，這樣反而讓患者更缺乏支持，甚至進一步有尋短動作，造成不可收拾的結果。絕大部分的心理疾病是可以控制在相當好的範圍內，憂鬱症也不例外，當事人可以在社會中過自主獨立的生活，因此現代人「諱疾忌醫」的觀念仍然需要改變，特別是對病人來說，最重要的支持系統（家人），更應該為病人的預後情況做考量、儘量協助才對。關於憂鬱症目前的治療取向有：

(一)藥物治療

研究者發現憂鬱症患者血液中的血清素過低，因此需要藉由化學物質的介入，讓腦中機制持續發揮應有的功能，而針對憂鬱症患者使用藥物治療已經是必須（也要搭配心理治療），也已經有許多抗鬱劑的出現，療效都不錯，只是需要遵照醫師指示按時服用，醫師也會根據個人情況與藥力做適當的斟酌、調配，雖然有些藥物可能會讓人覺得慵懶、麻木等不舒服的感受，這些都可以跟醫師提出。服用藥物要規律，效果在幾個禮拜之後就會出現，使用藥物在一段時間之後，可能當事人開始進食、體力恢復、神情也恢復許多了，許多家屬也許就認為病人憂鬱症好了、不需要擔心，但是此時卻是最危險的時候，特別是那些之前有過自殺企圖的當事人，這時候可能有力氣執行與完成自殺計畫，因此當當事人開始好轉的一到兩星

期間，就是所謂的「危機關鍵期」，醫護人員與家人都要格外注意，避免當事人意外發生！但是也有醫師提醒同業在決定抗鬱劑的使用時，必須也要提醒有些抗鬱劑的副作用（像是有4%可能會讓服用者有自殺傾向）（Docksai, 2009）。

(二)諮商介入

由於憂鬱症基本上是因為心理上的因素造成，因此光是藥物治療還不能達到最佳療效，必須有配套的心理治療或其他措施做輔佐。關於憂鬱症的治療，除了服用抗鬱劑之外，心理治療或是諮商的介入是很重要的，必須兩者同時進行，因為問題出在心理層面上，癥結不解、疾病難癒。目前許多文獻都看到認知行為治療在憂鬱症患者身上的療效，也有研究進一步指出認知治療其實也改變了大腦的學習模式，讓它有新的反應方式，而禪定或是冥想為基礎的認知治療（mindfulness-based cognitive therapy）就是改變憂鬱症患者被動的思考模式，避免其不正常思緒變成憂鬱路徑的循環（Begley, 2007/2008, pp. 205-209）；然而基本上「認知」與「行為」的策略是要雙管齊下的，只是改變想法、沒有實際行動跟進，想法也容易動搖，進一步的行動可以證實想法的有效性。再者，讓憂鬱症患者可以參與團體治療或諮商，不管是何治療取向，也都是具有經濟效益的方式，大家在同一條船上，比較可以理解彼此的情況，互相取暖、打氣與互助，預後情況更佳！此外，很關鍵的是：家人與重要他人要有「病識感」（知道家人生病了）之外，還需要了解情緒疾病、因應之方（如不是叫對方「想開一點」就好），可以尋求身心科醫師與心理師或諮商師的諮詢及協助（除了可以陪伴孩子做諮商晤談外，家人也可能需要支持與諮商協助），同時不要輕言放棄！

(三)行為治療與運動

Leith（2002, p. 34）提到運動對於使用傳統方式處置憂鬱症無效的病患也有功效，這就如同一般治療師在遇到情緒沮喪的當事人時，可以鼓勵

他／她找一些事情或是活動來做，不要聚焦在自己的低落情緒上（Evison, 2001, p. 252），而是以「分散注意」的方式，也可以達到治療效果一樣。坊間也有相類似的說法，就是運動對於許多情緒上的困擾會有正向效果，也許因為運動時腦內分泌的化學物質有助於情緒的舒緩與恢復。臺北自殺防治中心主任李明濱也呼籲多從事戶外活動可以避免憂鬱情緒（China Post, 7/27/2008），我們在臨床經驗上也會陪伴或是鼓勵當事人從事一些活動，甚至植花蒔草，都可以讓自己的憂鬱情緒獲得緩解，特別是讓憂鬱症者可以藉由服務或協助他人，或是飼養寵物，讓其在與人、動物的互動中有歡愉與酬賞感（利他性），也讓其自我價值與成就感提升，減少了負面情緒產生。

不少臨床治療師發現：讓憂鬱症患者可以「行動」是很重要的療癒關鍵。因為基本上罹患憂鬱症者因為沒有精力與體力，會不想動，這樣會讓情況更嚴重，因此讓當事人可以有既定的義務或責任去完成，讓他／她不會無所事事，不僅可以填補空檔時間、減少胡思亂想的機會，也可以讓當事人在完成的事件中獲得成就感，找回一些自信。老年人也是憂鬱症的潛在族群，因為生命接近終點，如果在回顧自己一生的經驗中沒有太多值得驕傲或滿足的事蹟，加上家人關係不良或是有重大失落（如喪偶、財務困難等）陸續發生，更容易讓老年人陷入絕境，而將自殺視為解決途徑之一，也因此曾經有治療師讓老年當事人養花植草，讓老人家擔任照顧的工作，在照顧植物成長過程中看到意義與希望；此外，也有人運用動物治療的方式，讓老年人可以與動物做接觸，不僅在心境上較為自在溫暖，也可以讓其情緒有所寄託；如果行動功能尚未喪失的老人家也可以參與蹓狗，讓老年人有運動的意願，甚至只是曬曬太陽，都有益身心健康。

二、健康情緒養成

「情緒」（emotion）是個人受到內（腺體分泌、器官功能、心理因素）、外在刺激後身心激動的情況，個人可以主觀感受或體驗到其激動，卻不一定能夠控制（張春興，1998, pp. 533-534）。「情緒」是行動的先發

條件，因此與「動機」（motivation）密切相關（張春興，1998; Echeverria, 1994, cited in McNeilly, 2000, p. 54），然而情緒是因為刺激，動機卻源於內在需求（張春興，1998, p. 538）。有情緒才可能引發下一波的行動，情緒包含左右半腦的評估與促動，其影響可以從認知、覺察、到做決定（Greenberg & Goldman, 2008. p. 20）。我們天賦俱來的情緒，如恐懼、焦慮、緊張等，都具有生存、警告的功用，讓我們可以及時採取必要行動保護自己，因此不能忽略情緒的重要性。

在正常狀況下，人體本身可以規範氣憤等情緒，或是忽略飢餓、疲倦等生理狀況，然而若情緒激動持續增加，可能就會阻擋或破壞一些心理功能，並將注意力聚焦在所引發的目標上（Greenberg & Goldman, 2008. p. 22），因此有些情緒若不做處理，也會消耗我們自身的能量（Planlp, 2003, p. 17）。情緒還具有社會性功能：可以將我們的感受傳達給他人，調整他人與我們的互動，邀請也催化社會互動，擔任創造、維持與解決關係問題的重要角色（Izard, 1989, Keltner & Haidt, 1999, Manstead, 1991, cited in Reeve, 2001, p. 426），情緒的呈現是調節人們互動的情況，也因此有必要進一步「調節」情緒的措施，調適與正向情緒可以協助規範自我及與他人的互動（Greenberg & Goldman, 2008, p. 24）。眾所皆知的是情緒也影響我們的思維、感受與行動，倘若有能力將情緒處理好，也會讓我們的生活經驗更好（Reeve, 2001）。情緒通常也有其對象，具有溝通功能，人類的情緒發展從最初始的因為適應生存、到具有社會意義，讓情緒更複雜化（張春興，1998）：有更複雜的情緒知識就可以讓個人有更高的區辨力去評估情境，進一步做出適切的反應（Reeve, 2001, p. 471）。因此「擁有」健康情緒就是：接受情緒的存在、表達情緒、適當表達並負起責任（André, 1991, p. 69）。

早自亞里斯多德開始，就認為情緒是人類天性的重要面向，希臘學者也受到達爾文進化論的影響，以為情緒是自然天擇的產物，主要是調整身體對不同挑戰與溝通的反應，近期才藉由神經科學來瞭解情緒由腦部引發、組織的生理反應以及有個別經驗的不同（LaFreniere, 2000. p. 19）。

情緒有其生心理基礎，生理方面與自主神經系統、神經傳導系統及荷爾蒙分泌有關（Greenberg & Goldman, 2008; Reeve, 2001），生理上的反應像是心跳加速、血壓升高、流淚、呼吸急促、泌尿系統與分泌系統活動增加、肌肉緊繃、腦波活動增加等（Frijda, 1986, 124-175, cited in Planlp, 2003, p. 32），尤其是在壓力狀況下，體內的可體松增加可達半個小時之久，然後才慢慢下降，可見人類情緒並不是生來是一張白紙，而是有一些基本備配存在（LaFreniere, 2000. p. 71）。

「演化論者」（evolutionary theorists）視情緒為普世皆同、具解決生存問題的功能，而「社會建構論者」（social constructionists）則視情緒是自社會互動與學習而來，受文化上的認同、道德與社會建構等制約（Greenberg & Goldman, 2008. p. 29）。從心理學的角度來看情緒，就是百家爭鳴、各有擅長，目前比較主流的看法是以認知與社會文化的影響來解釋情緒：人類的情緒從剛出生時的被動、生理為主，慢慢發展為主動、自我對反應解讀的心理成分居多（LaFreniere, 2000. p. 88），也變得更為複雜（LaFreniere, 2000. p. 97）。然而情緒這個東西似乎又不這麼單純，偶爾人會同時出現兩種截然不同的情緒，也許與認知有關，但仍待進一步探索。心理學研究情緒基本上將其視為人際生活的重要部分，強調認知與文化是情緒經驗的重要決定因素，且隨著發展時間而趨於複雜（LaFreniere, 2000. pp. 96-97）。

父母親是孩子最先接觸的照顧人，因此父母親對孩子的情緒反應，或是在孩子成長過中對於其情緒的教育也都影響深遠，這也是之前所提的「依附理論」觀點，說明了安全依附關係對於孩子情緒的發展是相當重要的；安全依附型的孩子在受挫時有能力自我安慰或紓緩低落情緒，不安全依附型的孩子則在管理情緒上會遭遇諸多困難，不是缺乏控制就是逃避情緒（Fosco et al., 2007, p. 11）。此外，也有研究者發現在低社經家庭，親職功能受到極大影響，因為家長忙於糊口，對於子女教養就較無耐性，少支持、負面情緒與限制較多的親職也讓孩子有較多負面情緒的表現（Paulussen-Hoogeboom, Stams, Hermanns, & Peetsma, 2007）。

(一)認識情緒

情緒有其功能，首先它是協助我們維持生存的必要判斷指標，像是噁心的感覺是防止我們吃下有毒的食物（Planalp, 2003），如緊張時皮膚會出汗來保護以免身體受傷，或是排出四肢的血液以免失血過多（Colluer, 1985, cited in Holodynski & Fridlmeier, 2006, J. Harrow, Trans., p. 47），遭遇到危險情境時，人類必須立即做出正確決定（戰或逃，fight or flight），而危險情境會引發情緒來做警示。情緒是表達我們內在狀況與需求的結果（基本需求未獲滿足就會產生情緒的反應，來進一步推動「滿足需求」的行動），甚至進一步可以讓人與其他人產生共鳴。孟子曾說「惻隱之心，人皆有之」，接著舉出「見孺子將入於井」的例子說明，所謂的「惻隱之心」就是同情心，我們從幼兒身上的表現就可以看到：小朋友看見友伴跌倒，自己會哭，因為他／她可以感受到對方的痛。最近美國芝加哥大學的研究者也發現學齡期的兒童看到他人受苦，腦部的反應就像是自己受苦一樣，以此來證明人類天生就有的惻隱之心（China Post, b, 7/12/2008, p. 8）。

Greenberg 與 Goldman（2008, pp. 50-51）將情緒分為：(1)初級情緒（primary emotions）──對情境所做出的最基本原始的反應,(2)次級情緒（secondary emotions）──針對初級情緒之外的反應、也可能與初級情緒對抗（如生氣底下的初級情緒可能是害怕，而非表面的氣憤而已），(3)工具性情緒（instrumental emotions）──情緒的表達是為了影響他人（基本上是希望讓他人可以出現自己渴望的反應），與(4)不適應情緒（maladaptive emotions）──指那些舊有的、熟悉的、一直重複不改變的壞感受。

情緒會隨著人類發展階段而趨向更複雜、更細微。嬰兒出生時就有六種基本情緒（快樂、感到興趣／驚訝、傷心／挫折、生氣、討厭、害怕）（Holodynski & Fridlmeier, 2006, p. 210; LaFreniere, 2000），然後隨著與照顧人間的互動，有能力從視覺、聽覺與觸覺接收情緒訊息，開始有喜惡，

也有能力自經驗與調適環境來學習，因此情緒是遺傳與環境複雜交互作用下的結果，嬰兒與照顧人間的「依附行為」品質以及嬰兒本身的天生「氣質」都與情緒發展有關。兒童期的自我意識與認知發展使其情緒發展更進一步，加上語言能力的技巧可以讓其情緒更被瞭解，而同儕的學習與影響也占了重要地位，不僅可以瞭解情緒的細微差異，9歲之後還可以區辨模糊曖昧的情緒，也會表現符合文化的情緒行為。到了青春期，通常是其情緒最強烈的時期、也是理想化最高的時期，生理的變化（性荷爾蒙）、認知的進展（自我中心）、還有社會的期待或要求（接近成人期）同時都進來了，與家庭的衝突會突顯（因為要尋求獨立與成熟），因而同儕（包括異性）也成為其情緒學習與發展的重要他人（LaFreniere, 2000）。

　　情緒是一種功能性的心理系統，包含評估（appraisal）、動力（motor）、身體調節（bodyregulation）與感覺（feeling）系統，在腦部都有特殊區域專司其職（Holodynski & Fridlmeier, 2006, pp. 43-47）。情緒基本上：⑴是主觀、被引發的；⑵其產生可能與事實不符，然而對當事人來說卻是真實的；⑶情緒伴隨著生理的反應；⑷情緒是推動行為背後的一股力量，可以催促行為的產生；⑸情緒無所謂對或錯，只是表達方式不同、適不適當而已；⑹情緒是暫時的，基本上在需求滿足之後就消失；⑺情緒若未經處理或疏通，可能被壓抑在體內、消耗個人體力，或將其轉移到他人身上、引發不必要的人際衝突或問題（Planalp, 2003；Holodynski & Friedlmeier, 2006; Turner & Stets, 2005）。情緒直接影響我們的工具性與社會性功能（Frijda, 1999, p. 205），而情緒的促發基本上是經過：感官接受到外在刺激（有對象、原因或引發事件）→大腦判讀資料（賦予意義、評估動作）→產生情緒（生理上的變化）→產生希望或期待（評估後果）→做出決定→行為表現（與調節）（Planlp, 2003, p. 14; Stanley & Burrows, 2001, pp. 6-7）。

　　情緒有其根源，主要是內發的，因此與自我認識有關。情緒的產生都與自我需求或渴望有關，以前的經驗也都是大腦據以判斷的標準；此外，有關自我價值觀（對工作、社會期待，或早期經驗）、安全感（社會期

待、重大生命事件、愛與隸屬等）、自我實現需求都與情緒有關聯，瞭解自己要的是什麼、有哪些價值（或規約）是自己很重視的，都可以藉此瞭解自己的情緒。父母親對於孩子情緒的重視與否也會影響孩子的社會因應能力和心理健康，忽略孩子的情緒需求，孩子可能也認為自己的情緒不重要，或是貶低自己的價值，自傷或是傷害他人的情感也就不足為怪了。要有健康情緒的孩子，父母親職這個部分自然不能少！重視孩子情緒發展與健康的父母親，也較會與孩子談論已發生的事件，而認為情緒是很危險的父母親，其子女較常用逃避或是分心的因應策略（Halberstadt, Thompson, Parker, & Dunsmore, 2008）。

　　情緒種類繁多，也極其細微，例如一般人會將「快樂」也當成心理健康的指標之一，可以讓人快樂的經驗不同，一般可以滿足基本生存需求就可以讓人覺得快樂，像是食物也是人類快樂來源之一種，至少有三種型態的快樂：感官刺激的（sensory）、美學的（aesthetic）、與技能精熟的（mastery）（Rozin, 1999, p. 127）。以人口學的一些變項做快樂的研究，發現年齡越長，教育、社經地位、收入越高，有工作、已婚、有休閒活動或宗教信仰者普遍較快樂（Argyle, 1999）。人類也有一些共通的情緒如榮耀（pride）與羞愧（shame）（Casimir & Schnegg, 2002, cited in Holodynski & Fridlmeier, 2006, p. 223），而「羞愧感」通常來自於「知覺到失去社會吸引力，提醒個人覺察到其力量或社會地位受到威脅」（Van Vliet, 2008, p. 233），可以成為對個人自我的一種攻擊，但是個人也會以自我重新建構（self-reconstruction）的方式（聯繫、重新聚焦、接受、瞭解與抗拒等過程），慢慢恢復自信（Van Vliet, 2008），「去羞愧化」（deshaming）也是達成親密關係時會發生的（Wheel, 1999/2009, p. 46）；而生氣常常是因為目標受阻或是威脅到目標的達成而產生，其功能與社會可接受性亦高（Holodynski & Fridlmeier, 2006, pp. 200-201）。

　　即使是一種表情，也可能表示不同意義，如生氣，背後可能是羞愧、挫敗感，而表情是臉紅，也可能是因為不好意思、羞愧、害羞，或是生氣而造成（Crozier, 2006），因而瞭解正確背景脈絡，做正確的解讀也相當

重要。瞭解自己的情緒，也較能同理與解讀他人的情緒，在與人互動上就有較高的敏銳度，可以促進人際關係、利他行為，也增加生活的豐富性。

(二)覺察、接受與瞭解自己的情緒狀態

情緒是人與生俱來、慢慢開發與發展的重要知覺，最早的情緒發展較為簡單，後來隨著生活經驗的增加與累積，情緒發展就更複雜、微妙。情緒的管理也是自小開始，從與主要照顧人的互動中學習模仿、察覺、與調適，也就是由外鑠（unterpersonal，人際互動）到內鑠（intrapersonal，自我內在的調整）。敏銳的照顧者不只以模仿、鏡映（mirroring）方式鼓勵孩子的情緒發展，也讓孩子經歷正、負面的情緒經驗（Holodynski & Fridlmeier, 2006, p. 64 & 123）。

我們的早期家庭教育中，成人可能會將情緒劃分為「可以接受」與「不可以接受」兩個區塊，或是所謂的「好的」情緒與「壞的」情緒，像是快樂、同情、關愛就是好的情緒，生氣、憎恨或是敵意就是壞的情緒，用這樣的標準來規範孩童的情緒表現其實不是健康的。人生最棒的事就是體驗與經歷，人有感官知覺，所以可以體驗不同的經驗與滋味，就是人間事實、也是豐富生命的最佳寫照。既然有情緒，可以去瞭解、體會它的全光譜，就是一件難得的成就。健康情緒的第一步就是覺察、認識、接受與瞭解自己的情緒，也知道情緒對我們的影響與功能，接受我們有這些情緒，才會更瞭解自己是人，以及自己的優勢與限制，如何與人做更好互動，進一步培養情緒智商與增進情緒管理的功夫。

功能性的情緒反應（functional emotional responses）可以增進工作表現及與人關係，反之，失功能的情緒反應（dysfunctional emotional responses）（主要有「氾濫」（spillover）——情緒反應從一項工作蔓延到另一項工作上；「侵入」（intrusive）——注意力因外在事物而受到干擾；與「僵化」（rigidity）——負面的反應一直在類似情境中出現）則會影響工作效率與人際關係（Evison, 2001, pp. 242-243）。有時候在與人互動之後坐下來，好好思考當時的情境與自己的感受，也許可以讓自己更明

白自己與他人的情緒及內涵，可以增加自己的情緒知識（Planlp, 2003, p. 42），因此可以覺察到自己在不同環境或情境中的情緒反應，也可以藉此提醒或修正自己的情緒表現。

對於情緒最好的處理方式就如同圓寂（2/3/2009）的法鼓山聖嚴法師所說：「面對（情緒）、接受（情緒）、處理（情緒）與放下（情緒）」，在心理學上所謂的「面對」就是「認可」、「知道」自己的情緒感受，「接受」自己有情緒與在不同情境下可能產生的情緒反應，必要時可以做「處理」（紓解、發洩，或暫停）的動作，當處理完畢就可以「放下」，不再持續受困或在同一念頭上打轉。有研究發現快樂情緒不只與成功有關聯（成功帶來快樂），快樂也與成功相關的結果有關，而正向情緒可以引發許多可欲的特質與資源（Lyubomirsky, King, & Diener, 2005），不只一般人喜歡與較樂觀、快樂的人相處，也可以感染到那種舒適與解脫的快感。

(三)鼓勵適當情緒表達

健康情緒的教育與養成很重要，有些人成長在較不鼓勵情緒表達或是壓抑的家庭（如較重視集體的傳統中國人家庭），也因此不善於表現自己的情緒，容易將情緒以不適當方式隱藏（如否認、向內攻擊），或是發洩（如突然爆發、破壞物品或傷人），此外，一般人對於自己或是他人的負面情緒（如氣憤與哀傷）也比較不知道如何因應或處理，這也說明了情緒教育的重要性。

適當的情緒表達是很重要的，隨著年齡增長、成熟與經驗的累積，我們開始學會在適當時候與適當的人面前表現我們的情緒，因為我們較清楚情緒所造成的結果對我們的利弊，總不能因為一個脾氣毀掉了彼此長久建立的情誼，或是讓自己丟掉工作、失去資源。情緒的表達主要經由非語言（如臉部表情、姿勢與身體動作、手勢、音調、眼部動作、個人空間關係與觸摸）與語言管道表現（如說話、譬喻、書寫等）（Holodynski & Fridlmeier, 2006, p. 66; Pennebaker & Chung, 2007），當然還有其他媒介

（如音樂、藝術作品、運動等）可以用來表現。

　　情緒管理可以讓個人不致成為自己情緒無力的受害者，而且可以對自己情緒展現主動影響力（Campos et al., 1989, 2004, Thompson, 1990, cited in Holodynski & Fridlmeier, 2006, p. 86）。適當的情緒管理需要有這些能力：⑴在適當情境下表達情緒的知識，⑵有能力掌控表達的行為，⑶有動機去做，以及⑷適當的認知層次與成熟（LaFreniere, 2000, p. 238）。情緒的管理主要有幾種方式：⑴直接表達（發洩情緒）──哭出來、大笑、叫出來、說出來，或用肢體方式表現，甚至只是身體動一下或伸展一下、嘆氣、呻吟、打呵欠等，都有暫時舒緩的效果（Evison, 2001, p. 256）；⑵間接表達（轉移情緒）──逛街、聽音樂、看電視、打電動、做其他事讓自己忙碌等；⑶以創意或社會能接受的方式表達情緒──寫日記、運動、創作、打鼓、幽默等，甚至可以以正向情緒（或記憶）來對抗負面情緒，也可以獲得不錯的效果（Evison, 2001），如有學者提出另一種調解情緒的方式，就是所謂的「拓展與建立理論」（broaden-and-build theory）（Fredrickson, 2001, cited in van Vliet, 2008, p. 234），採用引發正向情緒的方式來抵制負面情緒，也就是說，負面情緒會讓人窄化認知與行為功能，因此藉由反向情緒讓自己可以更具彈性與創意，也拓展了運用其他行為的方式。

　　長期壓抑、隱藏或掩飾情緒也容易對個人身心方面造成不良影響，德國學者近期發現痛苦指數或感受會影響個人健康（China Post, 5/20/2008）。情緒若不做適當表達與紓緩，可能壓抑下來，甚至用不適當的方式表現（如隔離、否認、扭曲），不只有礙身心健康、破壞與人關係，還有可能有更嚴重的後果發生（如丟掉工作或失去機會、傷人或犯罪等）。有人在感受極端的痛苦時（如心痛或憂鬱），會希望自己不要有所感覺，在心理疾病史上也有人是有「感覺缺失」的，像是「表達不能症」（Alexithymia）患者很難覺察他人的情緒狀態，導致人際與身心的問題（Berenbaum, Ragbavan, Huynh-Nhu, Vernan, & Gomez, 1999, p. 278），另外有些人可能因為腦傷或疾病之故，不能設身處地、感受他人的情緒，

因此人際關係疏離；反過來說，情緒波動極大的人（如邊緣型人格違常者），其影響也遍及生活許多面向；有些反社會人格者，對於他人感受冷漠、也不在乎，甚至做錯事也無悔恨之意，變成犯罪者，對社會的傷害也很大。情緒是在被人瞭解的情況下才可能化解或減輕，而表達情緒的方式是學習而來的，也表示情緒可以「再學習」（re-learning）；而「認知」在情緒的「界定」（或意義）上是很重要的，去瞭解情緒自何而來？爲何會讓人有這樣的反應？就變得很關鍵。

　　情緒沒有所謂的好或壞，情緒是人類的一部分，本來就有其存在的必要性，只是人在人群裡生活，開始瞭解不能隨意表現自己眞實的情緒，小時候的情緒就一本翻開的書，表現明顯、也一致，但是隨著年齡增長，人們就學會隱藏自己眞實的情緒，也比較不容易受外在因素的影響，情緒的發展也可以看出是受天生與教養交互作用，當然也涉及文化因素（Holodynski & Fridlmeier, 2006）。情緒的表達也與文化有關（Beyer & Niño, 2001; Holodynski & Fridlmeier, 2006, Turner & Stets, 2005），文化信念與實踐主要是規範在其中生活的人們，提供其表達情緒的適當方式，考慮去感受哪些適當情緒，也協助與他人增進連結（Beyer & Niño, 2001, p. 193）。社會建構論者就認爲情緒的促發是文化制約的結果，因此人們學習使用與文化有關的情緒語彙、邏輯、感覺的規則、與感受的理念（Kemper, 1981, cited in Turner & Stets, 2005, p. 285）。

　　一般說來，注重集體文化的東方人較不善於公開表現自己的情緒，而著重個人的西方人可能就對於情緒表現較開放，像是義大利與西班牙人就比北歐與德國人更容易表現情緒（Scherer et al., 1986, cited in Holodynski & Fridlmeier, 2006, p. 213），當然有些家庭教育或氣氛的不同，也會影響情緒的表現。在一個跨文化的比較研究裡發現：德國小孩外顯的負面情緒被認爲是眞情流露，也有表現出來的權利，因此體驗自己相關情緒經驗可以瞭解到情緒是與自我有關的，也接受情緒是自己個性的一部分；反觀日本人發現孩子若有負面情緒，都會去安撫或讓孩子分心，以免影響與人相處的和諧，可能是因爲注重集體文化的國家每天都有較多機會與人直接互動

之故（Holodynski & Fridlmeier, 2006, pp. 209-212）。

　　情緒的表達可以從生理表現（如臉部表情、流汗、臉紅、喘氣、眼神等）、姿勢或身體動作（如顫動、抖腳、搓手等）、語調（如高亢、低沉、緩慢、帶嘲諷或是其他暗示）、語言（如用詞方式）等線索察覺或得到資訊（Planlp, 2003, pp. 57-67），適當情緒表達需要訓練與練習（所謂的「再學習」），而表達的另一面是：瞭解他人的情緒、並且同理他人。基本上會適當表達自己情緒者，比較沒有壓力，而在學會表達自己情緒之前，也需要學習如何瞭解與同理他人的情緒，這樣才有助於良性的溝通。知道如何接收情緒線索與做適當的情緒表達是一門學問，有許多人在與人互動或溝通時不恰當，讓對方只接收到「情緒」，忽略了說者真正要表達的意涵，許多誤會也就由此產生；譬如母親要小孩多加件衣物才出門，卻這麼說：「不會加件衣服啊？感冒了浪費錢！」（孩子接收到母親的「生氣」情緒）如果可以改成：「天氣變涼了，加件衣服比較保險。」不是更可以傳達真正要傳達的訊息嗎？壓力與情緒的管理有許多共通之處（Evison, 2001, p. 243），讀者也可以在本書中做交互對照。

㈣培養情緒智商

　　所謂的「情緒智商」（Emotional intelligence）是關於我們覺察自己的內在感受、自我規範能力、動機、同理心與社交技巧（Cowie et al., 2004, p. 37）。適當的成功與失敗經驗有助於情緒的管理能力養成：成功雖然可以培養個人的能力與自信，但是若無適當的失敗經驗穿插其中，挫折忍受力就低，容易受到負面情緒影響。以前有個研究是將一群孩子安置在一個有玩具的空間裡，然後告訴小朋友說等一段時間不要去玩玩具，就可以得到獎賞，研究發現：可以聽從指示、願意抗拒玩具誘惑的孩子，在青少年期重測其智商，比不能忍受誘惑先去玩玩具的那一群幼童高出十點以上的智力商數，也就是說可以延宕自己衝動滿足的兒童，基本上是比較自律、聰明的。「自我規範」包括可以釐清一些責任所在，願意做選擇並負起責任，而不是歸因外在或他人；有目標也會設定執行步驟、為自己想要成就

的做規劃與行動，這樣就有行動動機與動力，也有目標感。雖然每個人都只能過自己的人生，但是也必須與周遭人建立有意義的關係，因此覺知自我的感受還不夠，還需要能夠站在他人立場或處境，從不同角度看事件，進而更有效管理自己的情緒。雖然情緒智商高並不能保證因應壓力的能力（Matthews, Emo, Funke, Zeidner, Robers, Costa et al., 2006），卻可以讓自己多一層保護。

　　我們的身體會管理情緒，像是哭、叫、喊、抖、麻或跳腳、呼吸急促、肌肉緊張、胃部翻攪等都有其功能，但是這些是基本的處理，不一定有效。自我的情緒管理需要注意幾個重要原則：瞭解自己情緒的起源，情緒是因為未滿足的需求而產生，由自己根據情境與線索判斷及決定情緒的表達方式，可以運用適當方式表達情緒（如「我訊息」），個人對自己情緒要負責，也就是滿足自我情緒的需求，也要為情緒設限（set a limit），知道自己可以忍受的程度到哪裡？也在緊急時知所進退，要不然容易超出自我可以承受的程度、造成潰堤或心理疾病。

　　此外，表達情緒的語言也相當重要。我們會聽到有人可能因為羞愧而感到不安，但是旁人卻說：「真是太愚蠢！」或者是「笨死了！」使用正確的情緒「標籤」是很重要的，「羞愧」本身可能有觀眾的壓力（在面對他人時覺得自己不夠好，或是出糗了），但是「羞愧」就是「羞愧」，不應該等同於「愚蠢」或「笨」。而情緒是自己的，該為自己的情緒負起責任，少用「你讓我生氣」、「你使我緊張」的「向外歸因」作陳述，因為別人即便想要引起你情緒上的不安或焦慮，還是要經過你自己的判斷，而不是讓他人牽著鼻子走。

家 庭 作 業

一、舉出周遭有哪些人是有很高的「情緒智商」的？請舉事例說明。

二、談自己親身遭遇的一個危機或是困擾事件，事情發生經過與自己處理的方式和結果。

三、請周遭某位朋友或家人敘說自己目前的困擾，以不批判的耳朵去聆聽，然後在結束時反映給（告訴）對方你 / 妳感受到他 / 她的哪些情緒。

Chapter 8

攻擊與暴力

　　現代人面臨的另一個課題就是暴力，不僅是現實生活中的實際暴力（欺凌、肢體暴力、性暴力、犯罪、精神與語言暴力），還有世界各地經由媒體電腦所傳輸的暴力（如戰爭、恐怖主義、虐殺動物）。不管文化或年紀，男、女性最常見的是肢體暴力，自兒童早期開始，到二、三十歲是高峰，而女性是在青春期之後較常受到間接暴力（如言語攻擊、造謠、離間關係等）（Archer, 2004）。無論男女都可能是暴力的受害者，男性較容易受到肢體暴力，女性則是性暴力（Hanson, Borntrager, Self-Brown, Kilpatrick, Saunders et al., 2008）。

　　受害者所呈現的暴力後遺症包括沮喪、恐慌症、濫用酒精、飲食失調、自殺意念與企圖及身體健康較差等（Romito & Grassi, 2007）；經歷或目睹暴力都可能造成行為上出現問題，包括出現外化（externalized）與內化（internalized）行為，外化行為如對他人施暴、破壞物品、自殺或偏差行為，內化行為主要是情緒上的向內攻擊（如憂鬱），且男性較女性出現更多的外化行為；情緒上或認知上的問題會影響個人判斷力與發展、安全感，而重複出現的暴力則會讓人減低對暴力的敏感度，甚至出現學習暴力的行為（Mrug et al., 2008）。受到攻擊的女性會出現更多PTSD與憂鬱徵狀，濫用藥物情形也會增加，若是曝露在不同形式的暴力之下，PTSD的情況更是有增無減（Hedtke, Ruggiero, Fitzgerald, Zinzow, Saunders et al., 2008），危害身心更大。

　　世界衛生組織（WHO, 1999, cited in Cowie et al., 2004, p. 82）曾經提到暴力行為造成的因素包括有個人、家庭、經濟與社會等，而有學者指出主要的長期暴力影響因素有：心理（高衝動型、低智商）、家庭（乏監控、

嚴厲管教、暴力父母、大家庭或破碎家庭）、同儕偏差行為、低社經階級、郊區、住在高犯罪區域等（Farrington, 2002, cited in Cowie et al., 2004, p. 82）。

　　暴力類型包括許多種類，肢體、語言、精神（或心理）、性的暴力是最常見的，此外，犯罪、恐怖攻擊等，也都屬於暴力攻擊，現在還有所謂的網路攻擊（散播謠言、揭人隱私、色情或暴力畫面、虐殺動物、霸凌他人），也都屬於暴力的類型。電視媒體的暴力如侵犯隱私權、血腥畫面的披露等，而我國的選舉熱潮，常常讓閱聽人面對許多不堪的畫面或新聞，例如候選人的互相攻訐（祖宗八代都被挖出來只為了攻擊）或是動粗畫面，也都直接傳輸到閱聽人面前，成人也許覺得焦躁不安，兒童或是青少年可能就起而效尤。曾有研究評估觀看恐怖攻擊新聞的觀眾較之控制組有更高的焦慮出現（Slone & Shoshani, 2006），怪不得在早期就有教育學者強調電視媒體的影響力甚大，需要師長們多加留意其對孩童的負面影響。而在新聞中也看到若有自殺或是自殺攻擊（如校園喋血案），也都會有「模仿者」（copy cats）陸續出現，造成極大的社會動盪！電視或是電影分級只是其中一小部分的防範之道，現在電腦資訊發達，又容易取得，讓家長防不勝防，而網路暴力也是另一需要注意的暴力潛源。

校園暴力

　　學校應該是讓學子可以快樂學習與成長的場所，但學校卻是學生目睹最多暴力的地方（Mrug et al., 2008）！美國與歐洲國家最近常有校園槍擊事件發生，以1998-2002年為例，就有超過二十三萬校園犯罪事件發生，師生都深受其害（De Voe et al., 2004, cited in Daniels, Bradley, & Hays, 2007, p. 652）。英國一項研究發現八成以上教師們認為校園暴力最常見的是學生與學生之間所發生的（Neill, 2001, cited in Cowie et al., 2004, p. 81），年級較高的較有攻擊性（Frey, Hirschstein, Edstrom, & Snell, 2009）；除了肢體上的暴力之外，校園暴力還以不同型式出現，如威脅、語言暴力（包括

說髒話、罵人、散布謠言、挑逗）、情緒霸凌（故意離間或疏離某人、折磨、嘲笑、羞辱）與性騷擾或侵害（Cowie et al., 2004），就連大學院校內也不乏以語言、網路攻擊或是離間關係的霸凌行爲存在。

被欺凌（或霸凌）者較多身體受傷情況（包含意外或自傷造成），也會傾向濫用藥局的藥物，甚至或有傷害動物或他人、使用武器或缺席不上學的情況，而霸凌者也承受自己情緒之苦，濫用藥物或縱火、成績不良或缺席也是常事（China Post, 7/27/2008）。女性喜歡以「關係」霸凌同儕，也就是運用謠言或是其他方式離間若干人之間的情誼，或刻意孤立某人，男性則是以可見的肢體暴力或是恐嚇、威脅居多，也較容易受到同儕凌虐或校園暴力之害（Romito & Grassi, 2007）。

性傾向的少數族群也是被霸凌的對象，美國1993年Mathew Sheppard事件就是一個重要指標，他是因爲自己是同志，遭酒吧的一干人等欺騙外出，後來死於非命！Ueno（2005）整理性傾向少數族群的相關文獻發現：同志或雙性戀者常常以被取綽號、開玩笑、塗鴉等方式取笑，而且還遭受破壞物品或肢體等欺凌，不一而足！也因此他們會刻意孤立自己，擔心自己的性傾向被發現！瑞典有最佳的防制校園霸凌的全套措施，讓全校師生和家長都參與其中，也有教育與硬軟體的配套措施，才讓校園欺凌情況減緩。然而反觀亞洲國家，尤其是升學壓力嚴重的日、韓、臺三國，日本因爲受同儕欺凌而自殺的案例很多，卻也拿不出有效方法過止。校園霸凌屢見不鮮，但是其嚴重性與普遍性卻不一定得到師長的認同，使得許多人不僅是受害者，還可能是加害者，讓理應是快樂成長的學生，變得害怕與困擾！許多的欺凌者本身是具有指使他人，甚至聚眾來欺侮他人的心智運用能力（Sutton, Smith, & Swettenham, 1999），被欺侮的學生不願意呈報上去或是告訴成人，主要是因爲擔心被報復、同儕的敵視或漠不關心，甚至以被欺凌爲因應之道（Whitney & Smith, 1993）。「網路霸凌」（cyber bullying）是欺凌行爲的新形式，日本與韓國這些升學壓力很大的國家，霸凌現象極爲普遍，現在又加上網路的便利，其所產生的後果更形嚴重（China Post, 11/13/2007），我們國家當然也不能小覷或置之事外。

網路霸凌

　　日本與韓國這兩個升學競爭很劇烈的國家，校園欺凌事件層出不窮，以前只是出現在學校或是校外成人較少監控的場合，但是由於網際網路的發達，許多新的欺凌形式已經出現，包括藉由網路做謠言散布或攻擊，這就是所謂的「網路霸凌」。以前在學校就處理過幾件相關案件，不管是製造或傳遞不實謠言，以破壞某人的人際關係與形象，甚至還有因為不滿對方提分手、在網站上散播親密照片；此外，利用網路援交、綁架等，是更嚴重的犯罪行為。有一回我參與處理一件男同志的分手案件，對方不願意就此罷休，就以透露前任男友性傾向的方式，想要對方也不好過！

　　在日本官方所做的二千個網站調查發現，有一半左右蘊含有仇恨訊息，有四成含有性語言與暴力用詞（China Post, 4/17/2008d, p. 5），美國密蘇里州州長之前簽訂一項法案，嚴格禁止網路霸凌（包含藉由電腦、手機簡訊與其他電子裝置所造成的騷擾）（China Post, 7/2/2008, p. 3），其他國家如歐盟也跟進，要網路提供者負起更多責任（China Post, 4/12/2009, p. 1）。

 ## 街道暴力

　　每日的社會新聞中，「路暴」（道路暴力）已經是常見的現象，甚至開車者有所謂的「球棒隊」，在馬路上行車或行走，也可能招來莫名的暴力與衝撞，讓人倍覺不安！是不是因為人性修養趕不上科技的腳步？還是現代人真的太無聊了、喜歡沒事找事？其實說穿了與情緒管理有很大關係。情緒管理就涉及家庭教育與情緒教育，當然法律與執法機關也應與時俱進，將此現象納入重點關切並嚴格執法，以免無辜民眾受害或死亡！

親密關係與暴力

最近新聞常出現因為分手不成而殺害對方，甚至波及家人的事件，是不是國人對於分手的處理知能較差？還是有其他因素造成「沒有得到就加以毀壞」的心態？完全只是要報復，而不管後果如何？臺灣的婚姻暴力以91年至96年的統計，被害人數從二千五上升到四千人，增加五成以上（林慈玲，2008），而各種性別暴力的受害者仍以女性占絕大多數（都在九成以上），但是防治工作「徒法不足以自行」，社會文化瀰漫的迷思（認為是私人之事，或是男性氣慨的展現）、對暴力的容忍，制度上網路整合不足、社工人力短缺，實際執行時被害人不敢求助、負責人員的消極心態、對加害人的約束不夠，以及民間資源不足都是仍待努力的（林慈玲，2008）。

「情緒上的安全感」是親密關係中很重要的條件（Wheeler, 1994/2009, p. 41），然而暴力卻是危害身體、情緒，甚至心理安全感最大的威脅！親密關係中的暴力一般是以男對女占絕大多數，也就是男性使用暴力在女性身上，女性遭受性暴力較之男性更嚴重、也更頻繁（Romito & Grassi, 2007），通常也有較多的女性遭受仰慕的人跟蹤（stalking），不僅感受不舒服，許多情況下對被跟蹤者來說是一大威脅！有一研究針對一般大學女性的調查，發現有五分之一的女性有被跟蹤的經驗，而且對方幾乎都是：認識的人（48.7%），同學占37.2%，男友或前男友占34.6%（Buhi, Clayton, & Surrency, 2009），這些基本上都是仰慕對方卻被拒絕者，有些甚至會對被仰慕者施加暴力，而被跟蹤者有些是被監視的，或收到一些莫名奇妙的電子郵件，但是絕大多數（90.2%）只會找朋友訴苦（Buhi et al., 2009），很少採取具體行動過止。

男性當然也是遭受暴力侵害的受害者，只是男性基於自己男性氣慨與面子，不願意去報案或承認自己是受害者，因此造成統計上的許多黑數；然而目前國內也成立了男性受暴危機中心（China Post, 6/22/2008, p. 14），以高雄地區去年的統計，男性暴力受害者已經增加到八百多位，

是報案比例的一成多，可見男性受暴機率也在增加之中。美國最近對於青少年所做的一項統計發現，約莫有3%的12-17歲的女性遭到男友肢體或是性暴力，而這些受害者較之未受害的同儕有高達四倍的機會罹患重創後遺症（PTSD）或憂鬱等症狀（China Post, 7/24/2008; Weaver, Allen, Hopper, Maglione, McLaughlin et al., 2007）。美國五角大廈調查發現在軍中遭受過性騷擾的男性是6%、女性為三成以上（China Post, 3/16/2008），雖然說軍中的階層體制與保守的傳統，最容易將類似性騷擾案件歸為無害，但是也說明了需要急速改進的重要性。

與性別有關的暴力事件一旦進入醫療體系，似乎就把政治、社會的因素給踢除了（Kleinman, 1995, cited in Marecek, 2002, p. 9），因此對於未來的預後其實幫助不大，許多受害者與潛在受害者也因此必須隱身在黑暗中獨自啜泣。暴力不是個人的事務，而是整個社會、政府體系都必須要聯手防堵與防治的重要課題。

家庭暴力

一、家庭暴力形式

近年來新聞媒體披露許多家庭暴力案件，許多兒童都成為最無辜與無力的被害者，有的甚至喪失性命，其他肢體與精神受創的就不言可喻！美國的統計每一年有三成雙親家庭的孩子曝露在家暴的情況下（McDonald et al., 2007, cited in Margolin & Vickerman, 2007, p. 613），這些孩子屬於高危險性是因為通常外人「看不見」，因為家暴是不會讓外面人知道的（Fantuzzo et al., 2000, Margolin, 1998, cited in Margolin & Vickerman, 2007, p. 613），許多幾乎都是家庭秘密。家暴的型式也有多種，肢體、精神、行動（限制）、心理、財務等不一而足，婚姻暴力裡最多的還是男性對女性的暴力，肢體暴力通常也伴隨著心理或語言的暴力。有學者將親密伴侶間的心理虐待臚列為：批評、嘲諷、忌妒控制、故意忽略、拋棄威脅、傷

害威脅、毀壞私人物品等，其中以嘲諷的傷害最大（Follingstad, Rutledge, Berg, & Polek, 1990; Sackett & Saubders, 1999, cited in Reed & Enright, 2006, p. 920），也就是家暴幾乎都伴隨著情緒凌虐（emotional abuse），其所造成的傷害更嚴重（Toth & Cicchetti, 2006, cited in Margolin & Vickerman, 2007, p. 614）。在伴侶關係中，加害者本身與受害者之間的關係應該是很親密的、可信任的，但是有家暴存在的同時卻是讓人覺得可怕、有威脅的（Margolin, 1998, van der Kolk, 2005, cited in Margolin & Vickerman, 2007, p. 614），這就如同家庭內性侵害（亂倫）一樣，對加害者身心的傷害更大！

　　家庭暴力不止包括配偶或同居人間的暴力，還包括家人之間或是同居一處者之間的暴力行為，兒童遭受家暴當然也在內。家庭的經濟情況與結構是影響子女是否受虐的預測因素，家庭的收入不僅影響醫療等的照顧、照顧環境的品質，還與體罰有關；而單親家庭或是母親與非原生父親組成的家庭照顧品質最差（Berger, 2004）。

　　臺灣之前發生多起父母親帶孩子自殺的事件，是另一種驚悚的家庭暴力形式，光是2008年就較前一年增加24% 的家庭自殺率，其中受害兒童有21位，這裡顯示雙親依然將子女視為自己的財產（China Post, 4/8/2009a, p. 6），而隨著經濟情況衰退，虐童案件也遽增，主要原因是親職知能不足，加上失業與貧窮，孩子就容易淪為雙親的出氣筒；2009年前3月已經有通報46件，尚不包括未通告的黑數，專家建議父母親發現自己有情緒時應該「暫時休息」（time-out）一下，不要與孩子有緊密接觸，同時也讓自己紓緩一下情緒，等情緒平穩後再來處理（China Post, 4/9/2009, p. 20），就可以減少因為衝動憤怒下而釀成的悲劇。

二、家暴影響

　　女性遭受親密伴侶的暴力相向已經不是新聞，暴力傷害對於個人身心健康的危害更是多面向的，女性受害者會有焦慮、憂鬱、無法專心，甚至記憶喪失，另外自殺企圖、體重增加、抽菸、嗑藥也常見

（Sato-DiLorenzo & Sharps, 2007），甚至會有自傷行為（Sansone, Chu, & Wiederman, 2007），倘若個人遭受過某種暴力，也會增加其遭受其他型式暴力的危險性（Cox et al., 2003, Hanson et al., 2006, cited in Hansonet al., 2008, p. 313）。

男性遭受家暴者估計是十人之中有三人在一生中曾經有過受害經驗，主要是肢體上的暴力，而年長受害者其情緒與心理健康出現更多問題（China Post, 5/21/2008）。受害者可能經歷焦慮、憂慮、重創後遺症、低自尊、習得無助感等（Reed & Enright, 2006），甚至在做一些決定時，常常會面臨道德的兩難情境，像是是否應該離開這樣的關係（擔心這個關係沒處理好會影響其他的人際關係）？是否應該顧慮到女性的自我感或社會將維持關係的責任放在女性身上的壓力？如果抗拒，是否就會因為保留自我而威脅到自己的生命（Belknap, 1999）？儘管這些家暴受害者大部分可以正確預測其再受害的可能性（Bell, Cattaneo, Goodman, & Dutton, 2008），卻遲遲未能脫離這樣的受虐關係，治療者有必要瞭解受害者與加害者之間的動力關係，在做處置時才不會有太大失誤。

三、家暴目擊者

即便只是暴力目擊者，同樣身心受創（Kitzmann, Gaylord, Holt, & Kenny, 2003, cited in Hedtke, Ruggiero, Fitzgerald, Zinzow, Saunders, et al., 2008, p. 633）。目睹暴力者是最近幾年心理衛生學界很關注的問題，這些目擊家暴的孩子在情緒調節上會出現問題，也會增加其焦慮、憂鬱與PTSD症狀（Grych et al., 2000, Scheeringa & Zeanah, 1995, cited in Fosco et al., 2007, p. 8），甚至對於情緒線索的解讀會較為負面、過敏，動輒發怒或與人發生衝突，或者認為暴力是可以接受的（Fosco et al., 2007, p. 8 & 10），也可能在年紀稍長時會出現約會暴力、婚姻與親子暴力等行為模式，雖然大部分的孩童目擊者並不會在成人之後虐待其配偶或小孩（Jouriles, Norwood, MCDonald, & Peters, 2001, cited in Fosco et al., 2007, p. 6）。許多的調查研究都證明了家暴的負面影響（如低自尊、情緒疾患、

人際關係問題等），不管是父親對與母親，或是母親對父親的暴力，都讓孩子在情感上覺得不安全，也會有適應不良的結果（如內、外化行為與PTSD徵狀）（El-Sheikh et al., 2008）。

　　男性或女性目睹家暴的頻率差不多，而女性的反應較之男性要更負面（Romito & Grassi, 2007），這可能與女性重視關係的傾向有關，因此即便是家庭內夫妻間的暴力，也會影響到其他家庭成員；有研究者針對受家暴婦女其一歲幼兒的觀察，也發現這些目睹暴力的嬰幼兒出現創傷症狀（Bogat, DeJonghe, Levendosky, Davidson, & von Eye, 2006）。父母不和的家庭帶給孩子的負面影響比離異家庭更大，因為衝突與壓力是持續不斷的，就如慢性壓力一般，帶來的負面影響比父母離異更糟，雖然孩子因為個性不同，因應的成果也有差異（Hughes & Luke, 1998, cited in El-Sheikh, Cummings, Kouros, Elmore-Station, & Buckhalt, 2008, p. 139），而孩子情緒的安全感是決定其是否受到婚姻暴力影響而內化其行為的主要因素（El-Sheikh et al., 2008），也因此有研究發現，只要孩子可以感受到被雙親其中一人愛護，是可以對抗負面的影響的。有研究曾指出：曾經遭遇家暴的青少男容易成為下一個施暴者，而青少女則成為受害者，可能是因為許多家暴行為人是男性，受害者為女性之故（Jankowski, Leitenberg, Henning, & Coffey, 1999）。這也是「代間傳承」的一個案例。

 ## 性侵害

一、兒童期性侵害

　　跨文化的研究發現，強暴最常發生在男性掌控的社會，而女性與男性都因社會化的影響而貶低女性的工作與價值（Collins, 2002, pp. 212 & 216），這種「父權複製」的情況發生在女性身上就成為可怕的「惡性循環」（例如多年媳婦熬成婆，卻也繼續虐待媳婦）。性侵害不只是發生在家庭外、配偶或親密伴侶之間，更多是在兒童身上。國內兒童性侵害的情

況較之我們所預想的更嚴重，據估計一年有近兩萬人受害，但是其中卻只有三千件被發現，警方在2007年接獲報案數有四千多件，其中59%的受害者未滿18歲（China Post, 8/28/2008），這個數據其實也反映了許多實際案例並未被發現。國人的文化習慣追求「人和」與「家和萬事興」，也擔心家醜被宣揚，因此通報上去的更是少數，相對地也讓受害者的受害期間更長、創傷更劇！網路性侵是科技新現象，目前國內每年有2%的成長，受害者介於12-18歲者居最多數（民視新聞，9/20/2008），因為網路發達也讓許多無辜者受害！

　　遭受性侵害者在後續長、短期的負面影響最大（Hedtke et al., 2008, p. 643），在家庭內遭受性侵害者不只影響到當事人的性與行為、感覺被背叛與無力，也有發展停滯的危險（Finkelhor & Browne, 1985, cited in Hedtke, 2008, p. 643），有些兒童期遭受性侵害者甚至有「親職化」（parentification）現象，也就是表現出超乎年齡，或替代親職的照顧功能，但是可能只是在長期受害，或遭受家庭亂倫的受害者身上較多此現象（Fitzgerald, Schneider, Salstrom, Zinzow, & Jackson, et al., 2008）。一個長期的追蹤研究發現，兒童期性侵受害者後來出現性問題與約會暴力的機率很高，主要是因為創傷之後的心理「停滯」（羞愧與自責）所引起的（Feiring, Simon, & Cleland, 2009），倘若成年之後另一半沒有足夠的支持，甚至會對其人際關係、工作或學業表現有負面影響（Schilling, Aseltine, & Gore, 2007）。

二、男性受害者

　　男性也可能是性侵害的受害者，尤以兒童期最多。美國性侵害之前的統計發現，受害者女性有12%-53%，男性有3%-20%，其中男性受害者通常加害者亦為男性（Fields, Malebranche, & Feist-Price, 2008, p. 385; Briere, Evans, Runtz, & Wall, 1988, cited in Anderson Jacob & McCarthy Veach, 2005, p. 284），增加其對自己性別與性傾向認同的混淆；而對男性受害者而言，其加害者較多為比自己年長的親友，虐待期間較長且重複，這些

男性受害者也將自己目前的同性傾向視爲幼時受性侵害的影響，憂鬱、感覺孤立、自殺傾向等都是常見的徵狀（Fields, et al., 2008, p. 388）。兒童時遭受性侵的成年男性除了與女性受害者有共通的徵狀（如低自尊、自殺傾向、憂鬱、焦慮、親密關係問題、信任問題、婚姻問題）之外，還可能出現外化問題（如攻擊、危險性行爲），以及性取向與認同混淆的問題（Ramano & DeLuca, 2001, cited in Anderson Jacob & McCarthy Veach, 2005, p. 284）。對於被性侵男性受害者的統計有很多黑數，主要是因爲男性在這個父權社會下成長，即便受到性侵，卻有許多不能爲外人道的禁忌（如被性侵是弱者、同志，不能爲自我防衛不是男人等標籤，甚至對男性而言可以提早有性經驗是「轉大人」的正面涵義），而這些禁忌是與個人、人際關係與社會文化有關的（Sorsoli, Kia-Keating, & Grossman, 2008）。

　　兒童虐待與家庭暴力都屬於「複雜創傷」（complex trauma）的類別，主要是因爲承受多重、長期、慢性且對發展有害的不幸創傷經驗，而且多半是與人際有關的，也在生命早期就出現，會影響到受害者情緒管理（如氣憤、自我傷害行爲）、注意力問題（學習障礙、遺忘或解離）、自我觀念（罪惡感與羞愧）、行爲掌控（攻擊性或藥物濫用）、人際關係（信任問題與親密關係）與生理狀況（身心症或發展遲滯）（van der Kolk, 2005, cited in Margolin & Vickerman, 2007, p. 615）。我在臨床經驗中所碰到的家暴案例，發現有孩童「退化」（regression）到嬰兒期，女性對於親密關係的害怕、不敢相信人，甚至懷疑自己的親職能力等。

 ## 被害人處遇

　　受虐人往往是在精神受苦、自認爲沒有價值、失落以及無力的情況下才求助，若干研究發現許多受虐婦女在尋求宗教的協助之後，其情緒傷痛並沒有減少（Copel, 2008），這也提醒助人專業的確需要事先，或是同步介入處遇，才可以收到事半功倍的效果。敘事治療的Michael White曾說：「重點工作在協助當事人（創傷受害者）重獲『我是誰』的認同感，以

對抗施虐者欲摧毀她的認同感而強加自身觀點在她身上。」（引自Martin Payne, 2006/2008, p. 249）。

對於受害者來說，確定「責任」的歸屬是第一步，也就是加害者該負起全部責任，特別是對於兒童受害者來說更是如此！「界限」（boundary）議題是一般在談與人的關係時很重要的觀念，不僅是個人設定與他人之間關係親密的程度和彈性，「自我界限」更是自我保護的最後一道防線。「界限」可以規範情感、身體、性、角色與其他層面（Johnson & Hopper, 2003, p. 104），倘若可以維持與人健康、適當的自我界限，不只可以讓個人有適度的自由與安全，也可以讓人際關係維持健康良好。「界限」的維持與家庭教育有關，也因此學者強烈建議雙親或家長在教養孩子時，要特別注意「健康而彈性」的界限，也可以免除許多不請自來的侵犯或是虐待。目前對於家暴或性侵相關受害者的治療中比較有實證效果的是認知行為治療（Feeny et al., 2004, cited in Vickerman & Margolin, 2007, p. 620），臨床經驗中還要特別注意「復發」（relapse）以及其他相關心理疾病（如空曠恐懼症、憂鬱）同時出現的情況。

雖然政府可能先對婚姻暴力受害女性做安置動作，但是美國的研究發現：「永久離家」與「選擇持續待在家中」的婦女在健康狀態上較之「進進出出」者（有時回家或受安置）要更好（Bell, Goodman, & Dutton, 2007），這可能說明了受害女性必須常常適應不同（家庭與安置所）環境與關係（合與分），導致壓力更大，而實際上也有不少家暴受害者是死在家庭外的處所或空間，主要是因為沒有待在家中，少了之前對於暴力即將發生的警覺性與準備，而遭家暴者殺害。

在治療過程中也可能會運用「原諒」的技術，但不是給加害者找藉口，也不是和解或妥協，而是讓受害者可以站在道德的高度，拋開過去、重新得力，為自己的新人生做努力（Reed & Enright, 2006）。有研究也發現，即使是家暴受害者，也可以自創傷經驗中學習成長，特別是對於生命的欣賞（Cobb, Tedeschi, Calhoun, & Cann, 2006）。

加害人處遇

　　對於家暴受害者的治療，目前也逐漸受到重視，有許多研究證實認知行為治療可以減少再犯率，但是有學者質疑其忽略社會因素，可能讓加害者更為自己的暴力行為找藉口（McMurran & Gilchrist, 2008, p. 108）。對家暴加害人處遇內容主要還是：㈠釐清責任歸屬，加害者本身要擔負起主要責任（Smith & Vanstone, 2002, cited in McMurran & Gilchrist, 2008, p. 107）；㈡釐清父權至上的男流霸權裡的迷思（如性別角色與男性氣慨、女性與孩子並非個人私產）（Kagan & Tindall, 2003）；㈢問題解決技巧；㈣氣忿控制與情緒管理；㈤同理心的訓練與培養；㈥適當溝通模式與技巧。有學者（Gondolf & Russell, 1986, cited in McMurran & Gilchrist, 2008, pp. 108-109）認為只是處理憤怒與情緒效果不彰，因為：家暴不是因為氣憤所引發，而是想要「控制」女人，未將預謀列入考慮，暗示是受害者挑起的暴力，對受害者宣稱自己已經痊癒，卻更增加受害者再度受暴的危險，允許加害者可以使用較不暴力之方式施暴。雖然酒精、氣憤與攻擊性在家暴型態裡有不同影響力，但是必須更針對加害者的特殊需求調整處置方式才是重要的（McMurran & Gilchrist, 2008, p. 114）。另有研究者（Taft & Murphy, 2007）提醒：與家暴加害者的治療關係很重要，也要小心處理「面質」（confrontation）的情況。

 ## 創傷經驗的處置

　　在因應校園暴力事件時，美國健康與人類資源部門（U.S. Deaprtment of Health & Human Services, 2004）在「立即反應」（immediate response）動作上提供了基本四個階段的動作：㈠以提升安全為最優先考量，㈡包括設定處理（需求、問題與可能解決方法）的先後次序，㈢評估目前的功能與因應策略，與㈣提供保證，恢復正常生活次序，心理教育的進行與實際協助等（cited in Vickerman & Margolin, 2007, p. 655）。此外，還

有「短期反應」（short-term response）機制（篩選需要做緊急處理與治療的當事人，師生都需要列入評估，相關的心理教育也要施行）與「長期反應」（long-term response）機制（通常是個別諮商或是團體諮商）──主要任務有：㈠平復與穩定當事人情緒，㈡以正向因應機制來取代負向因應策略，㈢重新建構當事人的核心信念，㈣沿襲正統途徑繼續發展任務，以及㈤恢復當事人健康與適應的生態系統（社會與社區的連結）（Collins & Collins, 2005, cited in Vickerman & Margolin, 2007, p. 656）。

　　這些重大創傷經驗都需要紓解，才可以避免往後的一些後遺症，因此在創傷發生後要做適度的介入處理，可以避免往後的負面影響，許多的創傷處置都需要讓當事人再一次經驗（re-experience）創傷情境，讓他／她可以宣洩與整理情緒；一般人也相信創痛之後需要有表達情緒的管道（Petrie & Pennebaker, 2005），然而針對911事件的存活者所做的研究發現，並不需要表達出對創傷經驗的感受才有助於後續的療傷過程，不表達出來的受害者反而展現了良好的復原力（Seery, Silver, Holman, Ence, & Chu, 2008）。

　　澳洲的一項研究也發現，若是適當處理過創傷經驗（如車禍、被攻擊），使用「延長曝露治療」（prolonged exposure therapy）可以減輕焦慮，也避免重創後遺症產生（China Post, 6/4/2008）。女性常常是暴力的受害者，而倘若經歷的暴力不只一類，對於身心的傷害是更大的，不僅在情緒上有憂鬱等徵狀，也容易再度受害（Banyard, Williams, Saunders, & Fitzgerald, 2008）。使用認知治療在家暴孩童身上時，有三點必須要強調且納入治療內容：暴力與凌虐是不可以接受的行為，暴力行為是一種選擇（不是必然），孩童不需為父母的攻擊與暴力行為負責；此外還教導孩童一些認知技巧（如「停止思考」、「自我對話」、「正向想像」，瞭解情緒、思考與行為之間的關係，發展情緒語言來做更正確的表達），放鬆訓練及人際與問題解決技巧等（Vickerman & Margolin, 2007, pp. 621-622）。

　　目前專業人員訓練不足等於「二度暴力」。有警察帶著受害者去「指認」加害人，受害者最後還與加害人在同一屋簷下生活，隨時有再度受害

之可能，而司法與社工人員素質參差不齊，對於案件的最佳處理仍有待努力！關於受害者與加害者的處置與治療，請讀者詳讀相關書籍與研究，概念會更清楚。

 自傷與自殺

　　自殺或自傷也是暴力的一種，只是對象是向內對自己。我國的研究報告（China Post, 5/6/2008, p. 20）指出：對男性而言主要自殺原因是心理疾病，其次為關係問題與家庭因素，女性則是以關係破裂居首位，家庭因素與心理疾病次之。自傷也有文化的意涵，有學者就曾經以「超文化」（transcultural）的觀點來解讀自傷：宗教的轉型、青春期的過度儀式、巫師的魔法，以及從大自然或靈界擷取力量的方式（Walsh, 2006, p. 43），然而在本書中不將自傷行為置入超文化議題中討論。

　　Walsh（2006, p. 5）整理自傷與自殺的區別如下表：

評估焦點	自殺企圖	自傷
想要表達的與未表達的意圖為何？	逃避痛苦、終結意識	自不快樂的情緒（緊張、生氣、空虛、無生命感）中解脫
生理傷害程度與潛在致命性如何？	嚴重生理傷害、自我傷害的方式為致命的	生理上小傷害、使用非致命方式
是否為慢性、重複的自我傷害行為？	極少是慢性或有重複性，有些人會重複服用藥物過量	常常是慢性、頻率高的行為
長時間之內是否使用多種方式來自我傷害？	通常只使用一種方式	長時間內通常使用一種以上方式
心理上的疼痛程度如何？	不能忍受、且持續性的	不舒服、斷斷續續的
是否有認知上的箝制？	極端受到限制——將自殺視為唯一出路，有隧道視覺、找尋最後解決之道	極少或無限制，有許多選項在前面，只是尋找暫時性的解決方式
有無望、無助感嗎？	無望與無助感最明顯	偶爾有樂觀或控制感

行為之後不舒適感受會減少嗎？	沒有立即的改善，需要治療才可能改善	急速改善，很快就回復一般的認知與情緒狀態，成功地「轉換意識」
核心問題為何？	氣憤、對無法逃避的一切感到沮喪、不能忍受的痛苦	疏離身體、在臨床族群中尤其有很差的身體意象

一、自傷行為定義與普遍性

自傷行為有其文化淵源，甚至用來作為個人進入社區的一種儀式，也有人以自傷形式來獲得心靈上的紓解，可以視為個人成長、犧牲，甚至悟道的表現（Favazza, 1996），這些自傷通常不會有致命的危險。時至今日，自傷已經不是文化習俗的意義，在精神病學上發現若干心理疾病者（如邊緣型人格、飲食失調，或有自閉症者）也會有自傷行為，此外，在美國自傷已經是適應問題或情緒障礙的一種指標（Muehlenkamp, 2007），有些青少年將自傷視為轉變為成人的一種儀式，也聲稱自己為獨立個體（Graham & Teall, 2006, McGuinness, 2006, cited in Ryan, Heath, Fisher, & Young, 2008, p. 239），自傷多半以割傷或是燒傷的方式為之（Selekman, 2002, cited in Ryan et al., 2008, p. 240）。自傷與自殺的目的不同，多數自傷者並沒有自殺意圖，而是一種自殺的調適（adaptive alternative to suicide）或企圖溝通的行為（Solomon & Farrand, 1996）。Simeon等人（1992）定義自傷為「刻意傷害自己身體導致組織破壞，但是沒有想死的意味」（cited in Froeschle & Moyer, 2004, p. 231），或是「自傷是一種刻意、自我引發、低致命性、不被社會接受的身體傷害行為，其主要目的是減少心理上的痛苦」（Walsh, 2006, p. 4），因此藉由痛苦與血液的方式來舒緩情緒上的痛楚（Froeschle & Moyer, 2004, p. 231），便成為自傷者的目的之一；因此可以歸納出自傷的三個要素：出於自我意識、刻意地、減少情緒痛苦的行為（Walsh, 2006, p. 5）。而Levenkron（1998）指出自傷者想要達到以下三種功能：重建兒時創傷經驗、表達不能說出口的，以及處理精神

情況的方式。自傷者有哪些特性？有學者整理出：有過肢體、性或心理虐待的歷史，有上癮行為（如藥物、飲食等），較少的因應技巧者，負面自我意象與較少情緒彈性者，較無法用語言表達情緒者，以及嚴重焦慮和憤怒（Ryan et al., 2008, p. 240）；自傷者常常感受到孤立，也較無社會支持（Favazza & Rosenthal, 1993; Walsh, 2006）。

　　許多研究發現女性自傷者較之男性要多、且以割傷居多（Ross & Heath, 2002; Zila & Kiselica, 2001），但是也有學者持不同的看法，主要是尋求諮商協助者以女性居多，造成臨床上的數據較男性為高之故（Kress, 2003）。一般說來，因為自傷的目的不在於「造成死亡」，但是自傷也可能是為後來自殺鋪路的行為，而女性著重關係的特質也減緩了其採用激烈手段自殺的可能性（Joiner, 2005/2008），那麼假設女性以自傷行為取代自殺衝動是否可行？這又是另一個可以思考的面向。

　　自傷行為在青春期中期發生率最高，通常是以割傷最多，發生在女性身上較之男性多四倍，因應能力較差者（如自責或酗酒）也占較多數（Cowie et al., 2004, p. 5）。自傷在年輕族群中似乎成為青少年表達憤怒與疏離的一種方式，當然也可能受到同儕的壓力（社會性增強）使然（Walsh, 2006, p. 4）；而網路世界發達也造成許多意外現象，像是日本以網路相約自殺，不少青少年也以網路方式互相交換自傷訊息，雖然一方面可以獲得社會支持，但是另一方面卻也助長了自傷發生的頻率（Whitlock, Powers, & Eckenrode, 2006）。

　　自傷行為（self-injurious behavior, or SIB）在一般民眾與臨床數據上有極大差異，有一項統計發現一般自傷估計有4%，而有心理疾病歷史者則有21%（Briere & Lees, 1998, cited in Kress, 2003），尤其是邊緣型人格違常者所占比例更有七成五左右（Clarkin, Widiger, & Frances, 1983, cited in cited in Kress, 2003）。臨床經驗裡性傾向少數的「未現身」年輕族群也因為自我身體意象的原因，而以自傷行為來因應（Walsh, 2006, p. 181）；自傷者多數對於自己性傾向或是性認同不滿意（Skegg & Nada-Raja, 2003, cited in Wagner & Rehfuss, 2008, p. 174），或是在表達自我心靈與性向等私人議題

受阻（Wagner & Rehfuss, 2008）。

　　針對康乃爾與普林斯頓兩所大學的大學生與研究生所作的調查也發現：有17%的學生曾刻意以切割或燒灼方式傷害自己，而其中有四成三的人是重複自傷的（Brumberg, 2006）；美國本土的估計約有兩百萬人有自傷行為（Malikow, 2006），但是Walsh（2006, p. 42）依據Briere與Gil（1998）的估計推論可能增至四百萬人，而自傷人數一直增加卻是不爭的事實（Wester & Trepal, 2005）。

　　自傷的類型可以區分為：㈠刻板型（stereotypic SIB──主要是發生在器質性缺陷的智能或發展遲滯者身上，撞頭、搥打自己、甩耳光、咬自己或拔頭髮等）；㈡主要自傷型（major SIB──主要是發生在有嚴重精神疾病者或人格違常者身上，有較具生命威脅性的自傷行為，包括閹割、挖眼或是切除四肢）；㈢強迫型（compulsive SIB──吻合DSM-V裡的強迫拔毛症，這些強迫性自傷行為很奇特，對自傷者來說具有特殊象徵性意義，越焦慮其自傷行為就會增加，自傷方式如重複性的拔髮、摳皮膚或咬指甲）；與㈣衝動型（impulsive SIB──自傷行為可能是單一發生或是一種習慣，偶發型較多，與其他許多心理疾病同時存在，像是邊緣型、反社會、戲劇型或依賴型人格違常、重創後遺症、飲食失調等，自傷方式如割傷或燒灼皮膚、打自己）；研究發現衝動型自傷常常是自傷者為了避免一些強烈焦慮或氣憤、沮喪、幻聽、無聊、孤單、空虛等情緒時所採用的方式，原因不一而足（Kress, 2003, p. 490），自傷行為還包括服用過量藥物或是嗑藥（Cowie et al., 2004, p. 161），不限於在身體上的傷害而已。

　　目前臨床工作者較著重在非器質性或是人格因素的自傷行為，Froeschle與Moyer（2004, p. 232）整理了自傷的危險因素包括：重複自傷並有自傷歷史者，自傷者同時有其他的心理疾病（如飲食失調、藥物濫用），或是從事醫療相關工作，（最近）有失落經驗、人際衝突或問題、性虐待、家族中有人也有自傷行為、目睹家暴者。有研究指出主要是因為生命事件的影響而有自傷行為發生，如：失落經驗（親人或伴侶）、憂鬱、遭受暴力或虐待、雙親酗酒或憂鬱症、人際衝突、衝動控制問題、未

能適當表達或容忍情緒、個人人格問題（如完美主義）、飲食失調、負面身體意象等（White, Trepal-Wollenzier, & Nolan, 2002, pp. 106-107）。

　　有近三十年處理自傷臨床經驗的治療師Michael Hollander（2008）表示：通常容易自傷者基本上是情緒較敏感的人，而自傷提供他們兩大功能，一是舒緩當時激烈而不能忍受的痛苦情緒，二來可以袪除麻木、空洞的感受，提醒他們自己還活著，有極少數人甚至以自傷來避免自殺的極端結果，因此對自傷者來說，自傷行為是他們處理情緒的因應策略，而自傷很弔詭的是：一般說來是帶給肉體痛苦的經驗竟然可以立即減緩情緒上的痛苦（p. 7）。Burns（2005, cited in Ryan et al., 2008, p. 241）等人發現研究文獻上目前沒有對自傷行為有效的治療方式，最有效的還是以團體方式進行的處置，可以想見治療界未來的挑戰仍多。

　　倘若懷疑當事人有自傷行為，治療師應該詢及自傷之現況與歷史，並要瞭解其自傷的頻率、時間長短、任何特殊事件引發與自傷結果，進一步瞭解自傷的功能、動力狀況與嚴重性，除此之外還要詢及當事人是否有自殺意念與行動，必要時啟動危機處理流程（Kress, 2003）。自傷行為對於許多心理衛生人員來說都是極大的挑戰，因為不容易處理、處理也不容易成功，有學者認為自傷通常被視為「操控」與「引起注意」的手段（Simeon & Favazza, 2001）。另外要注意的是同儕壓力，處理時要採用敏銳度夠、非處罰的方式，免得因為原諒或刺激他人效仿；而因為許多自傷者採用割傷皮膚的方式，許多自傷者最後只是被送到醫療機構處理傷口，自傷行為可能因此被忽略（Brumberg, 2006）。Ryan等人（2008, p. 250）給非專業人員的建議是：㈠保持冷靜，㈡讓自傷者知道你可以、也想要協助，㈢允許情緒的表達，㈣知道對方的痛，㈤表現出正面的關切與接納，㈥藉由傾聽與試圖瞭解來表達關切，㈦不帶批判色彩去聽、重視他／她的感受，㈧鼓勵他／她去尋求專業的協助。

二、自傷行為的成因

　　Walsh（2006）探討自傷的歷史，發現以往是在臨床病例上（如受虐

者）較容易看到自傷行為，但是目前的自傷行為又出現新的一代，而且是出現在一般的群眾之中，這些新世代的自傷族群大多沒有受虐歷史或創痛過往，他們包含了：在一般教育體系中的國、高中生，大學裡的年輕人，一般成人等（Walsh, 2006, pp. 34-38）；除非是有嚴重心理疾病者，否則只有極少數的自傷者會持續這樣的行為到中年（Walsh, 2006, p. 41）。

　　Favazza（1996）認為目前越來越多的自傷行為含有三層意義——治療（healing，以傷害來達治療之效）、靈性（spirituality，至少做意識的轉換），與提昇社會次序（promotion of the social order，在社交網路中引起反應）（cited in Walsh, 2006, p. 44），青少年族群的自傷較屬於後者。青少年自傷行為除了個人因素（如情緒困擾、性別認同、創傷經驗）之外，通常與家庭因素有關（包括與雙親關係疏離或衝突、受忽視、不良之家庭氣氛），曾有受虐經驗（家暴、性虐待），或來自失功能家庭，遭遇人際困擾或學校問題（陳毓文，2000；黃雅玲、林妙容，2005；Martin, Bergen, Richardson, Roger, & Allison, 2004; Weierich & Nock, 2008; Ystgaard, Hestetun, Loeb, & Mehlum, 2004），吹毛求疵的父母親職型態，讓孩子感覺到孤立隔離，也容易有非自殺型的自傷出現（Yates, Tracy, & Luthar, 2008）。

　　自我傷害對於自傷者的意義為何？或者說其功能在哪裡？有研究者整理出兩項：作為問題解決的一種方式（因應或是解決情緒問題），或是有特殊目的（引起注意、得到關注、自我懲罰、威脅他人以達自我需求滿足或控制、及其他）（陳毓文，2000, pp. 135-136）。有不少研究者將自傷視為個人適應壓力而採用的一種因應行為（Walsh, 2006, p. 3），給予自傷一個正面的意義與功能，然而這樣的自我傷害只是比自殺程度要輕微而已，相形之下似乎是暗示自傷比自殺的傷害較不嚴重，只是這種自我傷害的方式只是一種「因應」方式，卻不是最佳的因應策略。

　　自傷之所以成為心理衛生相關人員注意的問題，主要是因為這樣的「解決問題方式」不恰當，也就是一般人將其視為普遍社會不能接受的「偏差行為」。陳毓文（2000）的研究發現青少年採取自傷行為，主要是

因為家庭壓力與情緒困擾加乘的因素所導致，其間糾葛複雜，青少年在苦無適當解決或因應策略的情況下，面對負面情緒無出口，只好轉向傷害自己的方向，企圖可以減輕一些痛苦！自傷對這些青少年來說是一種「自我懲罰」，反而沒有見到「引起注意」的動機；黃雅玲與林妙容（2005）發現自傷青少年解讀自己自傷行為是用來：宣洩或控制情緒、轉移痛苦或負面情緒、自虐來測試自己的痛苦忍受閾、引起關注、用來自我警惕、擁有掌控感、好玩，或是一種精神死亡（pp. 116-119）。

黃雅玲與林妙容（2005）還探討青少年自傷歷程，發現青少年經歷：遭遇困境（家庭關係、人際或學業）→自傷導火線（某一事件引發）→自傷行為→情緒轉化→自傷後詮釋等階段，而後二者會引發習慣性的自傷行為。Alderman（1997）認為自傷是自傷者在遭遇不能表達、紓解或認同自己情緒，而企圖調節或控制情緒所採用的一種方式（cited in Wester & Trepal, 2005, p. 181），或者說是個體為了讓自己可以繼續存活、掌控生活時所使用，藉由情緒或痛苦控制的方式，可以讓自己有現實感、表達自我的途徑（Wester & Trepal, 2005, p. 182），Eells（2006）則加入了自傷者為了讓自己模糊的情緒可以透明、清楚，而將其轉化為可以觸碰的生理感受，這應該就是將其「現實化」的一種，「痛」讓他們覺得自己還活著、是有感覺的人類，但是這樣的轉移方式卻不具真正療效（Malikow, 2006）。對於割傷者來說，割傷自己可以讓自己分心，阻擋一些自己不喜歡的感受，也可以讓自己解離（情緒上的麻木是讓人很難過的），有象徵性意義（讓自己不喜歡的情緒藉由血流表現於外）（Malikow, 2006），也是一種紓解。

自傷行為可能受到幾個層面的影響：㈠環境因素——例如學校或工作場所的壓力與競爭，太強調外表或成就，家庭結構的變動或親職忽略等；㈡直接媒體影響——電影、音樂、偶像（如女星Angelina Jolie 與已故的Diana王妃）、網路聊天室、網站等對於此議題的談論與傳播；㈢青少年同儕團體——缺乏情緒管理技巧、藥物濫用、同儕表現讓成人害怕或不贊成的行為，或將自傷視為身體藝術；㈣內在心理因素——自傷可以有效減

輕情緒問題、是一種強烈的溝通、提供控制與賦能感（Walsh, 2006, pp. 46-47）。幼時的創傷也可能會引發自傷行為（Sansone et al., 2007），這也是一種對自我的攻擊形式。

三、自傷的迷思

　　一般人對於自傷有一些錯誤的想法，也因此很少去關切自傷者的內心世界與他們的痛苦，有時候甚至會延誤治療，造成極可怕的後果，因此有必要針對自傷的一些迷思做釐清（Hollander, 2008, pp. 15-23）。

㈠自傷者是為了引起注意

　　研究顯示只有大約4%的自傷者有此目的，事實上絕大部分的自傷者是在私下做自傷動作，而且會掩飾自己的傷口，因此這樣的目的極少見。

㈡每個人都在自傷

　　許多自傷者基本上有心理疾病的徵狀，如躁鬱、思覺失調等；以往自傷者並不會曝露在媒體或是一般大眾眼前，但是也許目前社會的風氣不同以往，許多孩子甚至在不掩飾的情況下做這些自傷動作。許多青少年說，自傷的想法是從媒體與同儕那裡得知的。

㈢同儕壓力是主要罪魁禍首

　　如前一項所示，有五成以上的孩子是從媒體或同儕處知道自傷的，因此粉碎了同儕壓力的影響。當然我們看到報章雜誌的報導，例如國中生集體自傷的情況，這也許可以說是一種對威權或自身處境的一種反抗或宣示，甚至是流行次文化的表現。

㈣藥物與酒精會增加自傷的發生率

　　其實自傷與藥物或酒精一樣，可以達到情緒舒緩的效果，因此自傷是用來紓解情緒上的壓力的。

㈤有些孩子比較能應付生理上的痛，而較不能處理情緒
　上的痛苦

事實正好相反，情緒上的痛楚對於某些人來說反而更難忍受。

㈥自傷是一種失敗或不成功的自殺

事實上，自傷者的目的不是要死亡，而是舒緩情緒上的痛苦，但也可能意外死亡。

　　雖然以自傷作爲引起注意的當事人極爲少數，然而自傷者中也不乏一些對自己深惡痛絕的「自恨者」，企圖以傷害自己身體的方式來懲罰自己，以解除那些罪惡與羞恥感，這種情況在曾經受性侵害者身上較常見（Hollander, 2008, p. 62）。自傷者基本上不以死亡爲目的，而研究有一些自傷與自殺的相關數據出現，也值得關注：㈠自傷時間持續越久者，未來自殺的可能性增加；㈡自傷時未感到痛苦者，較自傷時感到痛苦者，較容易自殺；㈢用多種方式自傷者，較之只用一種方式自傷者，自殺率更高（Hollander, 2008, p. 69）。有研究者發現曾經以不同方式刻意毒害自己的青少年，與一般同儕相形之下，男性有22倍，而女性有14倍的自殺率（Reith, Whyte, Carter, & McPherson, 2003），這也似乎暗示著有過自傷意圖或行動者，後來自殺的可能性大增！

四、自傷的處理與介入

　　在臨床工作上處理自傷個案，第一步需要瞭解當事人自傷的功能，接下來要以同理的技巧瞭解當事人的感受，肯定他（她）的情緒傷痛，以及自傷對他（她）處理情緒傷痛的功能與效果，下一步才是協助當事人以其他可用的方式來舒緩情緒張力。有時候要從改變情緒持續時間與緊張度開始，首先知道自己的這些感受，決定自己不想要有這些感受，然後採取與這些感受相反的行爲（Hollander, 2008, p. 45）。

處理自傷個案，必須要瞭解相關的環境（尤其是家族歷史與情況）、生物（自傷者本身生理因素，包括對疼痛的敏銳度低）、認知（解讀事件方式較爲負向悲觀，或認爲自傷有效）、情感（常有緊張或負面的情緒）與行爲（引發事件、準備自傷地點或工具、自傷之後的行爲）幾個層面（Walsh, 2006, p. 57）。對於自傷者來說，自傷有其象徵性意義與功能，也許可以緩解心理上的痛苦，甚至提醒自己還活著，當然也是心理衛生人員極大的挑戰，因此在處理與介入自傷行爲時需要注意：㈠在不損及自傷者尊嚴的前提下，與自傷者一起找出其他可以替代的方式；㈡鼓勵自傷者以口語方式表達自己的情緒與想法；㈢將家庭成員納入治療團隊，給予適當支持；㈣其他相關議題（如失落經驗、人際問題、藥物問題、暴力、自尊等）都可能要觸及（Froeschle & Moyer, 2004）。

若是強迫自傷者停止自傷行爲可能更危險，也要避免與自傷者的權力鬥爭（White, Trepal-Wollenzier, & Nolan, 2002），儘管治療或是諮商的介入是必需，但是效果卻有限，因爲即便企圖阻止當事人自傷的舉動，但是自傷者的自傷行爲可能會越演越劇，因此有學者提出「給予其他選項」的替代方式，讓這樣的替代方式刺激或視覺效果與原來的自傷等同，卻不至於傷害到身體組織，這些替代方式只是用來減少或減低自傷的嚴重性，卻不是用來治癒自傷的方式（Wester & Trepal, 2005, p. 181）。

減緩自傷行爲的處理步驟需要有：評估自傷的嚴重性、可能原因、自傷的「停損點」（stopping point），接下來才可能提出替代方案；由於每個自傷者的自傷原因不同，因此替代方案就有差異，諮商師可以依據自傷者的自傷原因（如攻擊或氣憤、抗拒、調節情緒），而設計替代方式（滿足視覺與感受上的情況），實施策略可以是讓自傷者專注或是發揮一些創意，當然也有自傷者不願意以替代方式取代（Wester & Trepal, 2005, pp. 184-186），諮商師就要改變策略。另外可以採取的一種策略爲「徵狀干擾」（symptom interruption）（Eells, 2006），也就是企圖打破自傷的惡性循環，以較爲健康的因應方式取代。

協助自傷者記錄自己發生自傷行爲頻率、引發機制、線索以減緩自

傷，若是自傷行為可能危及生命，就需要與自傷者發展出「安全計畫」保障其生命無虞（White, et al., 2002, pp. 108-109）。鼓勵自傷者運用自我紓緩或放鬆的技巧、建立支持系統、要留意可能的意外死亡（Dallam, 1997）（cited in White, et al., 2002, p. 109），都是處理自傷需要注意的。澳洲的研究者甚至印刷有關自傷的急救手冊給有自傷習慣者，希望可以減緩這樣的自我傷害行為與現象（China Post, 8/3/2008）。

 ## 自殺

　　自殺最常發生在25-44歲以及65歲以上的老年人這兩個年齡層，以2007年的統計，15-24歲族群中自殺人數從4人增加到25人，或是每十萬人中有7.5人自殺（China Post, 6/17/2008），根據WHO的統計，一年全球約有877000人死於自殺，其中40名中有10位男性，而芬蘭最近的一項長期研究發現八成以上自殺男性在8歲之前都有情緒困擾（China Post, 4/8/2009c, p. 11）。國內董氏基金會的統計也發現年輕族群的自殺已經高居國內死亡的第三主因（China Post, 7/31/2008, p. 4），美國亦同（National Center for Injury Prevention & Control, 2007, cited in Rosewarski & Dunn, 2009, p. 34）；24到65歲的族群占自殺人數的三分之二（US NCHS, cited in Cvinar, 2005, p. 15），而臺南醫院Lin Chung-yi醫師的調查發現以2006年來說，自殺人數4406人，其中884人為65歲以上老人（占二成），而且這些老人自殺成功率高達二成五（較之其他年齡層的自殺成功率5%）要高出許多（China Post, 2/26/2008），值得注意！尤其是我國敬老尊賢的傳統，對於老人福利沒能做到更好，實在有虧優良傳統，不少老人家仍存有「用進廢退」的觀念，認為老而無用、怕成為家人或他人的負擔；而年老女性企圖自殺率更高，主要是因為社會孤立、孤單與憂鬱症（Lebret, Perret-Vaille, Mulliez, Gerbaud, & Jalenques, 2006）。

　　男性自殺成功率遠高於女性，主要是因為男性較多採取致命性的自殺方式，因此挽回機會較少，此外，男性的友人也較不會認為其自殺的說法

是真的（Kalafat & Elias, 1994）。臺灣男性自殺主要原因是心理疾病，女性則是關係問題居首位，對於15-24歲年齡層的人來說，關係問題是自殺主因，而對在25-44歲年齡層而言，經濟與家庭問題為主要因素（China Post, 5/6/2008; Cvinar, 2005）。

　　蘇聯與日本的自殺率居工業國家之前二位，而臺灣的自殺率已經超過法國、加拿大與英國等先進國家（China Post, 6/17/2008），發展中國家的自殺率也居高不下，身為女性、住在郊區、信仰認可自殺的宗教等因素是發展中國家自殺率攀升主因，然而發展中國家與先進國家共同的自殺危險因素是：年輕與年老族群、低社經地位、濫用藥物與有自殺歷史者自殺率高（Vijayakumar, Sujit, Pirkis, & Whiteford, 2005）。自殺在臺灣青少年族群中是居第三位死因，其中七成以上在自殺前都有情緒上的問題出現（China Post, 7/9/2008），這個問題不能小覷！挪威的研究調查（以1992-1993年為準）發現有三成八的受訪者曾有過自殺企圖，而童年曾有過多種創傷經驗（如性或暴力侵害、欺凌、父母酗酒或精神疾病、學校適應或自身的心理疾病等）者，其自殺次數越多（Rossow & Lauritzen, 2001）。最近美國的一個研究發現：童年期有過受虐經驗者，其腦部有明顯改變，也許忽視或凌虐都可能造成生理上的影響（China Post, 5/8/2008）。

　　自殺迷思與事實（McGlothlin, 2008, pp. 5-6）：

自殺迷思	事實
談論自殺或殺戮的人很少自殺	自殺者都曾經將自己自殺意圖做某種程度的暗示與傳達
自殺傾向是遺傳的，也會一代傳一代	雖然自殺行為似乎會出現在家族內，但是基因上並沒有遺傳的證據
想自殺的人一心想死，認為沒有回頭路	想自殺的人通常對死亡感覺矛盾，常常會在企圖傷害自己之後立刻求助
所有想自殺的人都是極度憂鬱	雖然憂鬱常常與自殺感受連結，但是並不是所有自殺成功者都是如此，事實上有些自殺者在之前過得都比較快樂，只是決定以自殺來「解決」所有的問題，況且嚴重憂鬱者通常無力氣自殺

酗酒與自殺無關	酗酒與自殺常常扣在一起，酗酒者較易有自殺行為，通常無喝酒習慣者也會在自殺前喝酒
大部分的老年人自殺是因為致命的疾病使然	大部分自殺的老年人是因為憂鬱症所苦，有時是因為承受與憂鬱症相關的生理病痛
一個人一旦想自殺就會一直想自殺	大部分人想自殺只是在一段時間內會如此，倘若在企圖自殺時有適當的支持與協助，可能就不會再有自殺的念頭
如果詢問某人想過自殺沒，可能就鼓勵他／她自殺了	正好相反！直接詢問有自殺意圖的人，不僅可以減低其焦慮，也防止其自殺，因為至少讓他／她可以開誠布公地宣洩久蟄的情緒
自殺在低社經階級中較常發生	自殺橫跨各種社經階級，沒有說哪個階層較容易或較不容易自殺
有自殺意圖者很少尋求醫療協助	有四成三的自殺者在自殺一個月內曾經尋求醫療協助
自殺只是年輕人的問題	自殺隨著年齡增長而增加，美國白人在七、八十歲時自殺率最高
很少專業人員自殺	醫師、律師、牙醫與藥劑師占最高自殺比率，但是這是因為同業會去追蹤的緣故，其他行業沒有追蹤是否也如此？
當憂鬱症者情況慢慢改善了，就沒有自殺的危險性了	嚴重憂鬱症者在恢復後的前三個月是最危險的，有最高的自殺成功率
自殺是臨時起意，沒有預警	大部分自殺者在之前就有計畫，也曾經表現出一些自殺意圖與線索
因為是聖誕季節，所以12月自殺率最高	事實上，聖誕季節自殺率最低
自殺是最近才有的現象	自殺行為在紀元前就有了
聖經特別禁止自殺	聖經對自殺沒有好或壞的說法，但是有人刻意去解讀戒律中的「你不能殺人」為「自殺是不被允許的」
因為不想死相難看（disfigure），因此女性很少用槍自殺	女性使用槍械自殺的比使用藥物自殺的更多
許多人在滿月（full moon）時自殺	滿月時自殺率沒有增加
美國人口眾多的城市自殺率自然高	紐約人口為加州的八成七，但是自殺率與加州同，而紐約是美國自殺率第四低的州

寒冷氣候有最高的自殺率	美國境內密蘇里、伊利諾、內布拉斯加與北達科達有最低自殺率,而內華達與佛羅里達卻有最高自殺率

　　自殺的共同點包括:㈠是一種解決問題的方式,㈡用來破壞個人的意識(如活著太痛苦),㈢可以舒緩不能忍受的心理疼痛;㈣「既然活著不能得到我想要的」,自殺就成為一個選項;㈤無望與無助感;㈥處於「我既不想活也不想死」的矛盾;㈦隧道視覺(tunnel vision)(看不到更多的選擇),㈧逃而不戰(flight not fight),不想持續花太多力氣奮鬥下去,㈨溝通意圖(communication of intent),企圖以各種方式告訴他人想自殺;㈩自我傷害行為的歷史(Shneidman, 1985, 2001, Maris, Berman, & Silverman, 2000, cited in McGlothlin, 2008, p. 8)。有學者曾將自殺分成七種類型:㈠現實型自殺(realistic suicide)——生活情境下所做的決定,包括受到極大的痛楚(如癌症);㈡利他型自殺(altruistic suicide)——是團體行為的一種,自殺被視為光榮舉止(如恐怖主義的炸彈客);㈢疏忽型自殺(inadvertent suicide)——想藉自殺來操控他人卻意外死亡;㈣惡意型自殺(spite suicide)——也是想藉自殺來影響他人,但是是有目的地要引起對方的罪惡感;㈤怪異型自殺(bizarre suicide)——因為幻覺或妄想所引起的;㈥無目的型自殺(anomic suicide)——由於突然發生的重大經濟或社交關係失落而造成,與㈦負面自我型自殺(negative self-suicide)——嚴重憂鬱症、自認為是失敗者(McGlothlin, 2008, p. 5)。

　　自殺的三大主要因素為:致命性自我傷害能力、知覺造成他人負擔、及挫敗的歸屬感(Joiner, 2005/2008),三項條件若都成立,自殺危險性就更高。以往在做治療或是諮商現場,都會與企圖自殺的當事人建立一個「不自殺」/「安全」契約,但是最新研究發現必須在契約上註明:萬一有自殺意念時「應該」要做些什麼來防範(China Post, 4/12/2008)?從這些跡象也可以看出以往的協助方向似乎要有所轉變。自殺者基本上是:要解決問題或結束痛苦,因為「沒有未來」的絕望感(Shea, 1999, p. 38),

因此「給予希望」也可以是治療因素。

　　儘管之前提到自殺是一個禁忌的話題，許多想要自殺的人，或是認為自殺可以是解決問題方式的人，也可能因此找不到可以商議的對象，最後走上自殺一途！在處理相關自殺的議題時，必須要注意：與有自殺潛在危險性的人談自殺，並不會增加自殺的危險性，反而會讓對方在心理上的壓力舒緩，因為擔心害怕別人知道他／她有自殺的念頭，讓他／她想盡辦法埋藏這個念頭，唯恐被人發現，這樣的壓力其實是很可怕的，一旦有人注意到並且問起，他／她會感受到被瞭解、不需要再假裝或掩飾下去。在臨床實務上如果評估當事人有自殺的可能性，諮商師通常會直接詢問當事人有無傷害自己的想法或做法？這樣的溝通方式並不會「讓」當事人因此有自殺的想法或動作，因為想自殺絕不是一句話或是短時間內形成，而是已經醞釀了很長的一段時間。Shea（1999, pp. 111-112）與McGlothlin（2008, p. 4）提到不願意分享自己有自殺意念者其通常會有幾個考量：自殺是懦弱或丟臉的事；自殺是不道德的或是一種罪惡，談論自殺是一種禁忌，擔心別人認為自己瘋了，害怕一旦承認有自殺念頭就會被關起來，真正想要自殺而不希望他人知道，以及不認為有人能夠幫上忙。然而一旦將隱藏許久的自殺意圖做了表白，就將「藏匿的罪惡轉變成可以解決的問題了」（Shea, 1999, p. 111）！

　　雖然一般人視談論自殺為禁忌，但是也有一些歌曲讚揚或美化自殺（Shea, 1999, p. 33），這是另一個極端。對於談論死亡或是自殺的人，基本上我們都視其為「真的」想自殺，也會以真誠的態度去處理，畢竟專業助人者雖然尊重個人選擇，但是以挽救生命為首要。人們自殺絕大多數不是因為單一事件，而是因為感到絕望所引發（Shea, 1999, p. 34），因此如果只是詢問原因，即便知道了也無助於情況的改善。詢問當事人「為什麼」主要是滿足詢問者，而非當事人本身，即便是意外或自殺死亡，也只有生者想知道原因。

自殺對於家庭的影響

當自殺者已經死亡，卻沒有把問題帶走或解決，甚至讓存活的家人或親友必須承受更多未解決的問題。有學者將相關研究結果做整理發現：㈠存活的家人有許多的罪惡感、自責、沮喪與悔恨，在身、心、人際關係與工作或學業表現上都受到影響，青少年可能會有許多危險行為（如喝酒、嗑藥、打架、逃學等）出現，而對老年人來說就可能覺得被拒絕、有停滯與羞愧情緒；㈡對年紀幼小的兒童來說，在父母之一自殺身亡前可能已經經歷慢性的生活變動，如之前雙親關係不佳、違法問題或是家暴，也因此必須要將家庭自殺前的狀況（功能正常、自殺者個人問題或混亂）也納入考量；㈢自殺者家庭成員較之一般自然或意外死亡的家庭成員較少受到社會支持，可能遭受譴責較多，也因此會主動或被動孤立自己，甚至將自殺視為家庭祕密，更造成家人間溝通問題與疏離；㈣因家人自殺的存活者也會認為自己未盡責任去預防或阻止自殺的發生，尤其對失去孩子的父母而言更是如此，罪惡感更深（Cerel, Jordan, & Duberstein, 2008）。

許多文化將自殺視為「非法」或「不正常」死亡，也因此會有許多社會禁忌或是羞辱環繞，也讓那些因為家人自殺的存活者更難堪，彷彿是責怪死者，也同時責怪生者（Cvinar, 2005, p. 14）；據估計一位自殺者可以影響六到二十八個與其有關係的親人或朋友，也就是自殺者所留下的悲傷與負面影響可能遠超過幾百萬人（Cvinar, 2005）。自殺者的家人或親朋會因為事前沒有發現徵兆或阻止而感到罪惡感或悔恨，也會因為家中有人是因為自殺而死亡感到羞愧與害怕，甚至長期受憂鬱情緒困擾，也常常就在他們最需要社會支援的時候，社會支援卻因為這些禁忌而沒有到位，迫使其情境更孤立（Cvinar, 2005）。精神醫師與心理師常常因為病患自殺而必須承受個人與專業上的壓力，他們的反應都是驚嚇、氣憤、罪惡感、自信喪失，甚至常常有自殺畫面侵入腦海（VanLith, 1996）。我記得自己第一次遭遇當事人突然死亡時，以為自己沒有受到什麼影響，當天還是照常工作、接案，後來發現心力耗竭、常常想起當事人最後跟我打招呼的模樣，

只好被逼著休假幾天，也與督導做諮詢及找諮商師晤談。

　　對於自殺者而言，「死亡」可能就是他／她解決問題的方法，但是許多問題並不會因為當事人香消玉殞而消失，問題還是存在，反而是留給其他存活者來處理，這個議題也可以在治療中談及。

 自殺預防的處理

一、注意自殺警訊

　　臨床上「預防」勝於一切，有些人格特質者較容易以自殺為解決問題之手段：低自尊、感覺無助或無望、孤立的社交網路、以成就來肯定自己（不能忍受失敗）、當時承受多重或極大壓力、憂鬱、較無主見者（以他人之意見為意見）、有罪惡感等（Capuzzi & Gross, 1989, pp. 228-291）。除了要特別注意一些性格傾向的人與其感受外，還要留意可能自殺的一些線索，如：睡眠飲食習慣改變、情緒低落或憂鬱症、覺得無望或無助、覺得無聊、焦慮或緊張、覺得自己沒有價值、生理上有病痛、藥物濫用、自殺意念、有過自殺歷史、社會孤立或退縮，或是行為或個性突然改變（如暴力或叛逆行為）、威脅要採取自殺行動、談論死亡絕望或暴力、親密親人或偶像最近自殺或死亡了、把珍貴東西送人或安排後事、無法集中精神、翹家或逃學、課業表現上有變化等（Capuzzi & Gross, 1989; Roswarski & Dunn, 2009, p. 34）。

二、資訊提供與社會支持

　　企圖自殺者基本上在思考上有一些謬誤存在，像是過度類化（如「完了，我連這個都考不好，還有什麼會成功呢？」）、災難化（如「完了，這下子完蛋了！」）、自我貶抑（如「我真是太差勁，果然是扶不起的阿斗！」）、黑白二分的思考（如「如果沒考上我要的，就沒希望了。」）（Shea, 1999, p. 42），也因此從認知重建的角度來做自殺預防也是可行之

道（Bridge, Hanssens, & Santhanam, 2007）。有學者認為既然自殺是因為無望與無助感，因此若能讓當事人感覺有希望，甚至是需要援助時救助可以確定到位，必然可以減少生命的損失，也因為青少年多半時候是不願意向外求救的，因此家長、同學與相關教育專業人員就必得要特別留意一些危險跡象，採取必要且適當措施（Roswarski & Dunn, 2009）。有研究者針對南非青少年作自殺意念與因應策略的調查發現：有一半以上的參與者對生命與未來都懷有正向思考，也都使用較具功能性的因應方式（認知評估與尋求支持），而女性較容易向家人或朋友求助，男性則是轉向網路或出版資訊的協助（Meehan, Peirson, & Fridjhon, 2007），可見提供適當資訊與支持是絕對必要的，而且要持續，不能因為當事人情況好轉了就減少或忽略。

三、諮商與治療

必要時治療師會視情況的嚴重性先讓當事人住院治療，限制其行動、又有藥物治療的搭配，還有較為嚴密的監控系統，甚至可以讓當事人缺乏的社會支援都集合到位，但是同時還必須要有心理治療同步進行，因為心理的癥結未解，仍然有可能會再度企圖自我了斷。目前諮商治療有許多取向都可以配合藥物治療，效果都相當不錯，唯一最重要的關鍵在於：怎麼讓當事人願意求助、出現在諮商室裡？也許有不少專業治療師已經改變策略，必要時就像社工師一樣，會登門拜訪做治療，這就是所謂的「延展」工作（reaching-out）。

四、不自殺契約與緊急聯絡方式

以往治療師會與當事人訂下「不自殺契約」（安全契約），作為行為的承諾，但是這樣還不夠，必須讓當事人知道自己有自殺衝動時該如何做，因此Joiner（2005/2008, p. 281）提出「危機卡」給當事人，在當事人心煩意亂想以自殺了結生命時可以使用：(1)指出讓自己煩擾的事物，具體聚焦在「我是他人負擔」的感受與「我無法有所歸屬」的事實；(2)寫下對

擾人事物理性、與自殺無關的回應，並做檢視；⑶試著去從事曾經帶給我美好感受的事物（如音樂、運動）；⑷如果自殺念頭一直持續、也漸漸具體化，或是發現自己準備要自殺了，會打緊急電話給○○○（電話號碼為×××××××）；⑸如果我感到無法控制自己的自殺行為時，就直接到醫院急診室或打一一九求救。而對於曾經企圖自殺的青少年，在做兩年追蹤研究後發現：企圖自殺未果之後的半年內是危險期，因為他們可能不願意遵照指示服藥，或再度企圖自殺，尤其是那些被診斷為有情感疾患或焦慮症者更危險（Brown University, 2008）。

　　有一些可以暫時阻擋自殺行為的因素，例如一般人在想要以死了結一切前，會想要告訴自己最在乎的人或親人，因此打電話找人講是可能的，也因此有時候接電話的人若有直覺、感覺不對勁，就可以想辦法拖延，甚至請救護人員及時趕到現場救援，企圖自殺的當事人打電話做最後的交代，也可以是緩衝因素之一。此外，當事人認為痛苦有其意義，考慮到自殺是否會傷害重要他人，或破壞了自己的信仰或道德標準（Shea, 1999, p. 39），也可能暫時阻擋其自殺行為。

家 庭 作 業

一、上網查閱官方資料，瞭解國內最近十年來各種形式的暴力統計情況。

二、閱讀一本（或一則）關於暴力受害者的自我陳述，並將心得做分享。

三、訪問（各級）學校學生各一名，詢問其在校內有無聽過霸凌或受霸凌之經驗？過程如何？

Chapter 9

環境、適應問題與心理疾病

　　現代社會儘管科技與醫學發達、交通與通訊便利，但是不可否認地，世界各地依然有戰爭、災難、疾病、汙染等慘絕人寰的事件陸續上演。我們談心理衛生已經明白不是個人事件，而是與周遭環境及人文社會有緊密關聯。地球暖化不只影響氣候，造成聖嬰現象，還讓許多物種瀕臨滅亡危機，甚至美國德州大學的一項研究發現，環境暖化也可能增加腎結石的可能性，特別是那些從溫帶地區遷移到更暖和地區的人（China Post, 7/16/2008, p. 11）。

　　現代人的生活較之以往世代，在物質生活上都要優渥，也因此造成肥胖或其他文明病的問題，目前世界各國（尤其是開發國家），對於兒童的肥胖問題特別重視，也有研究證明因為飲食習慣的改變（如我國西方食物的進入），造成兒童族群的肥胖與第二類（後天）糖尿病的案例增加很多，而心臟疾病也是危險後果之一，丹麥之前的研究指出特別是對男孩子此風險更大（China Post, c, 12/21/2007, p. 5）。有關肥胖的研究幾乎都與疾病掛勾，像是女性的乳癌也是其一，尤其是停經婦女（China Post, 10/7/2007），中年「中廣」（腹部很大）的人較之一般民眾得失智症的比率高三倍（China Post, 3/27/2008）；而食物也與癌症有若干相關，若能多攝取多樣的蔬果，可以減低癌症的罹患率（China Post, a, 12/9/2007, p. 5），這些研究也提醒現代人回歸樸實、生蔬粗食的飲食習慣，有助於預防或遠離疾病。高脂肪與高碳水化合物的食品對於已經過胖的人來說更是有害（China Post, a, 12/30/2007, p. 5），而高脂與高碳水化合物正是許多西

式與過度烹煮食物的特色。

　　胎兒出生，母親的身體就是胎兒成長的環境，我國人對於「胎教」的重視可見一斑，而目前許多的科學研究也就「母體」環境對胎兒的可能影響來探討。母親對嬰兒的垂直傳染（如遺傳疾病、愛滋、酗酒或嗑藥問題），已經有研究陸續出爐，證實其影響，而母親若是在懷孕前一個月內，或是懷孕後的前三個月抽菸，其出生的嬰兒也較容易有心臟方面的缺損（China Post, 4/11/2008a, p. 5）；母親在懷孕期間使用藥物（嗑藥、喝酒或抽菸），也會影響嬰兒的腦部大小與成長（China Post, 4/16/2008b）。男性荷爾蒙趨動性慾與成就動機，高成就男性體內有較多的男性荷爾蒙，但高成就女性卻不是靠男性荷爾蒙驅動其成就動機的，然而環境中過多的雌性激素會影響孩子的成長，也使得孩子們更肥胖；不僅環境因素對男嬰神經發展與行為改變比對女嬰有更大傷害（Sax, 2007/2008, pp. 157-159），我們看《美國心理疾病統計與診斷手冊》（DSM-V, 2013）也發現男嬰夭折與發展上遲緩現象（如自閉症或唐氏症兒）的機率大於女嬰。

　　21世紀的人類遭遇到前所未有的浩劫，雖然沒有世界大戰，但卻是災難不斷，尤其是人為的災禍、戰爭、軍事衝突、饑荒、政治暴力、與氣候變化等（Miller, 2007, p. 890），已經不是單一區域的問題，而是會連帶影響到世界其他區域。「地球村」（global village）的概念已經不是交通與互通有無的便捷而已，包括資訊的無遠弗屆，而且也彼此影響，像是全球暖化已經不是單獨一個國家的問題，甚至是流行疾病（如二十年前的SARS、現在的禽流感與COVID-19），都可能在極短的時間內成為寰宇的災難。根據世界衛生組織（World Health Organization, WHO）的估計，每年全世界有二十五萬到五十萬人死於流行性感冒，雖然在大多數國家流感是冬季才有的疾病，但是H3N2病毒（如禽流感）在若干東南亞國家幾乎是常常啟動（China Post, 4/17/2008a, p. 3），而之前的H1N1（豬流感）也是；疾病的感染依然是目前全球的主要死因（World Health Organization, 1999, cited in Sarafino, 2005, p. 2）。

　　許多國家為了要爭取經濟或科技優勢，也犧牲了自己生存的優質

環境，而科技與環境到底孰重也是目前許多先進國家的關切議題。近年來世界各國也注意到環境保護的議題，希望可以讓子孫共享自然的美麗資源，許多措施像是公共場所禁菸、垃圾減量、減少塑膠袋或衛生筷的使用、回收可再利用資源，這都是環保意識的抬頭與實踐。塑膠的化學分子有礙健康，人們從食物或飲料容器（包括奶瓶）裡所吸收的化學藥劑（如Bisphenol A），也會導致癌症或是生理早熟的結果（China Post, 4/17/2008b, p. 3），只是以紙製品替代塑膠，不僅需要犧牲更多樹木，國內許多紙製容器為了可以容納湯類或一般食物，在容器內另外添加了化學物品，其對健康的負面影響也不容忽視！大自然的反撲我們也看到，地球暖化、天災頻仍、地層下陷等等，人類的生存空間遭受破壞、被擠壓，若是還沒有覺醒、有所動作，以後的子孫將無生存與立足之地。

　　若是身處在治安敗壞、犯罪率高地區的人們，其每日所面臨身家性命的安全問題，又會對其健康有何影響？我們常常在電視或其他媒體上看到類似暴力犯罪的消息或電影，甚至是常有內戰的國家（如印尼與中東國家），雖與自己目前身處的情境有極大懸殊、感受沒有那麼深刻，但是他們又是如何生活的？美國的研究發現許多低收入、少數民族所居住的區域通常也是犯罪情況最嚴重的地區，尤其是非裔青年有三到七成成為城市暴力受害者，常出現行為或心理問題，焦慮更是常見（Cooley-Quille, et al., 2001, cited in Edlynn et al., 2008）。有研究發現：曝露在社區暴力的青少年雖然會有攻擊的幻想，但是不會出現內化或外化的問題，然而卻會增加在家庭與學校的暴力問題（Mrug et al., 2008），因此居住在高犯罪區域或常常曝露在暴力情況下（Farrington, 2002, cited in Cowie et al., 2004, p. 82; Mrug et al., 2008），或是經濟環境情況的變化（如衰退、高失業率）（WHO, 1999, cited in Cowie et al., 2004, p. 82），都可能造成犯罪或暴力事件增加，這也都會影響到在其中生活的人們。孩子放學後所參與的活動若是運動，會呈現較少的焦慮或憂鬱情緒，卻會增加偏差行為與濫用藥物的機會，而在暴力社區的孩子雖然參與社區團體，卻有焦慮與憂鬱情緒，宗教信仰只有在無暴力社區才有保護孩子不濫用藥物的效果（Fauth, Roth, &

Brooks-Gunn, 2007）。

　　甚至所居住地區也會影響個人的健康習慣，哈佛公共衛生學院的Mujahid博士與其同事（2008）就以美國數州的居民為對象做了一個研究，發現居民若是居住在較容易接觸到健康食物、較佳步行環境社區，也會養成較為健康的習慣（China Post, 6/13/2008, p. 5）。怪不得古代孟母要三遷，而現代人想要遷往郊區或是環境生活品質較優良地區。

　　由於電腦科技的發達，網路已經成為全球化最迅捷的一個表徵，即便是相隔千里，也可以是「天涯咫尺」，許多網路的便利性帶給人類的方便無可厚非，但是衍生而來的許多問題也不容忽視，如網路援交、詐騙、駭客、集體自殺等犯罪行為或是霸凌行為（cyber bullying）等，也是網路世代必須要面對的挑戰。日本是霸凌行為最嚴重的地方，根據統計目前有超過三萬八千個學校非正式網站是不受到監督的，裡面充斥著騷擾、性相關內容，以及粗暴的語言（China Post, 4/17/2008e, p. 5），有時即便是對某人的一些不實謠言都可以造成重大傷害（自殺、輟學、心理疾病等）（China Post, 12/27/2007, p. 5）！Louv（2005）的研究特別將目前在電腦與科技環境下誕生的新一代稱為「文化自閉症」（cultural autism）——指的是這些孩子足不出戶，花更多時間在電視／腦螢幕前，甚至將虛擬世界視為真實，也因此造成更多的過動兒診斷（cited in Sax, 2007/2008），這也許是現代人必須面臨的一項重大考驗。

 ## 文化與社會習俗

　　西方國家喜高油脂與肉食，所以有體重過胖或心臟血管疾病較多，地中海國家的輕食與日本人的淡食習慣，也都與文化、社會習俗相關。亞洲國家中許多民眾都信奉佛教或道教，燒香所引發的問題也對身體有害，之前媒體披露的紙錢對人體有危害，最近新加坡的一項十二年追蹤研究也指出香可能與呼吸道方面的癌症有關（China Post, 8/27/2008）。

　　儘管現代人對於心理疾病的看法較開明，而罹患心理疾病的機率也

大增，如近年來發現兒童與青少年族群的ADHD患者增加許多，當然也有必要釐清其他不適應問題或疾病的可能性，如失語症等（China Post, 6/24/2008），只是對於心理疾病患者，我們還是未能提供善意的環境，如Iscoe與Harris在1984年所言：「許多案例在出院後，是曝露在敵意漸增的環境、缺乏健康照護、居住情況也越糟。」（cited in Tudor, 1996, p. 103）我們社會對於罹患心理疾病者的知識還是需要改進，即便是遭遇到行為表現較不同的人（如罹患妥瑞氏症、智能障礙者，甚或是街頭流浪漢），甚至是失智症者，總是表現出漠然、不關己事的態度，有時甚至還有嫌惡表情，如果有運作流暢的通報系統，加上一般人願意伸手協助，也許就能改善這樣的敵意環境。

我們一般比較注意硬體的環境與設備，往往忽略掉其他軟體的設施，例如人與人之間的關係、社區一體感都是很重要的健康生活條件。我們中華民族自詡為「禮儀之邦」，也就是很重視人際之間的和諧，與人的對待也以禮出之，不僅可以讓彼此關係更和諧融洽，更增添了人味與友善氣氛，只是隨著競爭力與社會變動，近年來許多的暴力事件，讓社會中充滿暴戾氛圍，人與人之間互相猜忌，甚至仇恨，過世的聖嚴法師倡導「第六倫」，就是希望可以恢復我們以往的人際和諧，前陣子不少國家也流行「愛的擁抱」可見一斑。禮貌不僅是在對待陌生人時需要，有時候很親密的家人或伴侶間也需要禮貌的潤滑，要不然常常假藉關係之名，行「赤裸裸的」直言「傷害」之實，也不是我們所樂見！

文化習俗規範在其中生活的人們，因此也與心理衛生息息相關。例如回教國家女權低落，不只影響其受教權、身體自主權、婚姻權等，還有許多不合理對待（如夫死必須殉節的印度，女性出門需要有男性親人陪伴的塔利班政府等），都是影響心理健康的因素。

政治與政策對健康的影響

許多國家的政治不安定，不只是內戰頻仍、造成許多無辜生命的損

傷，也有許多社會治安的問題衍生而來。美國參與中東內戰，不管其是為了石油或經濟利益，至少其子弟兵參戰、有許多死傷，許多人擔心會變成第二次「越戰」，也相對造成國內反戰勢力的抗爭，以及許多軍人親友的反彈，前任總統歐巴馬希望可以慢慢撤兵，以緩和國內的反對聲浪。我國雖然近半世紀以來沒有戰爭的紛擾，但是世界各地所發生的征戰也都可能會影響到我們所居住的地區（例如是否會引爆第三次世界大戰？）。

此外，政府的政策也會讓國人的安全感受到考驗。二十年的SARS風波、最近的新冠肺炎，除了表示疾病的「全球化」之外，也相對說明無人可以置身度外，而各國的防疫措施也說明了政策執行的有效與否，影響國人的健康情況。我國施行的全民健保雖然耗費國力甚多，虧損亦大，但是到目前為止是最關照到全民的健康措施，生病不再是有錢人的專利。當然健保制度也有許多為人詬病之處，例如還是有人繳不出健保費、影響醫生看診數，或是醫院會以不同方式來降低成本，以及藥價黑洞等等，這都是擬定政策者需要去評估與修正的方向。其他像是禁菸場所的規範、菸價調整、鼓勵採用環保筷或產品等，這種種政策都是為了更好的人民福祉著想。

政治暴力不僅個人受到影響，其所生存的社區與整個社會都難逃其害，因為意識型態不同而造成人與人之間的區隔（「你」、「我」，Volkan, 2002, cited in Miller, 2007, p. 892）或是敵意、甚或暴力相向，倘若不加以釐清或處理，將暴力「正規化」、「合理化」，就可能以暴力為唯一解決途徑，其所營造的「仇恨」氛圍更是可怕；最令人恐懼的應該是政治暴力可以不同形式展現（如家暴、兄弟鬩牆、群毆），讓生活環境更不安全，遑論在其中成長的下一代，是否也成為仇恨暴力的犧牲與傳承者（Miller, 2007, p. 892）？鄰近韓國的激烈政治抗爭，可能與其民族性有關，而選舉的熱潮也導致許多人的心理疾病（China Post, 3/3/2008），尤其最近八年來臺灣的選舉氛圍，使得不少熱心政治的民眾，在這種強力環境因素影響下，併發許多情緒上的疾病（例如焦慮、憂鬱、躁鬱，以及自殺），甚至影響到家人關係；之前還有因為中華棒隊出賽成績欠佳，甚至

有人在觀賞之後情緒激動、腦溢血猝死！臺灣近年來政治與經濟上的不安，造成許多人口外移的情況，其中一項調查也發現：有三成三的臺灣生意人希望退休之後到國外去生活，其理想退休地點包括上海、澳洲雪梨、多倫多、日內瓦與洛杉磯（China Post, 8/28/2008），當然這是這些社經地位較高者的期望，而若無能力外移的臺灣居民也只能勉強留在這塊土地上，如何在現實環境裡過得較舒適自在，就是我們的智慧選擇了。

適應問題與心理疾病

　　現代人生活步調緊張，競爭的情況也越劇，因此有不少適應問題與心理疾病的產生，有研究發現兒童時期罹患心理疾病者，其進入成年生活之後會影響與其工作或生涯相關的活動，其負面影響甚至延伸到中年以後（China Post, 4/12/2008）。這一章所談的適應問題，主要是指人一生中經過不同發展階段所需要經歷的一些變化，不屬於「一般」會發生的一些適應事件。在第六章裡提到生活事件也是壓力源之一，因此本章不多做贅述，只先就第六章所提到的發展階段的適應做一些眩要切入，另外還包括老年、慢性疼痛、種族與新移民、失落與創傷等的適應議題。

　　雙親因為經濟與社會因素，中產階級的少子化，也造成對獨生子女照顧過於周密，甚至過度寵愛，使得孩子進入學齡期產生許多適應上的問題。雖然按照發展歷程來說，每一個生命的轉換階段（像入學、升上國中、搬家等），都可能發生適應危機，但是多半都可以安然度過，然而新世代的族群，也因為需要面對與調適的功課不同，從現在流行「草莓」、「水蜜桃」族的稱謂可見一斑，主要也是針對這些新新人類的適應情況而發。我國年輕世代最關切的事物包括學校表現、時間管理與同儕關係（China Post, 7/31/2008, p. 4），這些都可能造成生活適應上的問題。面對新的人生或發展階段，有一些角色的轉換或增減，都可能是需要因應的挑戰，同時也是一種壓力源。

　　發展階段的轉換當然伴隨著時間而有所變化更迭，此外，所生存環境

的其他因素也會影響居住在其中的個人，是不是每一個人本身可以適應不同的生命轉變？這也是考驗個人能力的關鍵。

一、人口老化與老年階段

人類發展階段的最後兩期是年老與死亡，也是每個人需要去面對的課題。神經醫學期刊刊載芝加哥Rush大學醫學中心的研究（China Post, b, 12/30/2007, p. 5），發現絕大部分的老年人在過世時都有腦部病變的情況，最常見的是老年癡呆與中風所引發的腦部疾病，只有近14.2%的老年人完全無腦病變的跡象，若是同時有一種以上的腦病變才容易顯示出失智或其他可觀察到的徵狀。臺灣人口老化也跟上全球趨勢，經建會的統計在2017年就會有14%的65歲老年人口，2025年則老年人口會達到全部人口的兩成（China Post, 8/20/2008）；壽命延長、人口老化、加上少子化現象，屆時一個生產人口可能要負擔三到四個依賴人口，老年人力與退休政策的修正及擬定已經迫在眉睫！壽命延長固然是好事，然而相對地也必須要忍受更多的（本身的）失能與（生命過程中的）失去。

現代人要活得長壽，也要活得健康、活得好，老年失智不僅影響著個人生活品質、也會讓家人與社會增加照顧負擔和成本。老年癡呆症占失智症者的七成，是腦部有蛋白質異常聚集的斑塊與纏結（最先干擾顳葉的功能，使得記憶喪失與閱讀困難）；失智是一種「嚴重且進階性的記憶衰退、伴隨著另外一或多方面的認知問題。」（Fotuhi, 2003, p. 46）目前已經有研究證實老年人也可以學習新技能，而且這樣的好奇與行動可以激發腦部的細胞活化，不僅可以減緩失智的徵狀、也減少罹患失智症的機率。

也因為人類壽命增加，現代人的另一層擔心就是害怕自己罹患失智症，目前有研究發現輕度認知問題或是記憶問題並不一定就是失智症，倘若在短期三、五年之內記憶衰退許多，才需要做進一步檢驗。造成記憶喪失的原因有憂鬱症、小中風、酒精中毒或維他命缺乏、甲狀腺機能低下、藥物副作用、視力與聽力問題（妨礙資訊接收）、睡眠問題與譫妄（Fotuhi, 2003, p. 61），高血壓與失智症有關，也因此預防高血壓也很重

要（如減少飲食中的鈉與鹽、減重、戒菸與運動），而膽固醇過高也是危險因子，預防之道除了之前提到的戒菸、運動外，還有每日攝取膽固醇量少於300毫克以下、食用高纖麵包或其他高纖食品、每週至少吃兩次魚等（Fotuhi, 2003, pp. 101 & 109）。

預防記憶喪失的方式有：每日攝取五、六種不同水果，每日飲食包含乳製品、麵包與蔬菜，每週吃兩次魚，若蔬菜不足時服用適量維他命E（400-1000國際單位），晚餐前喝一點酒等（Fotuhi, 2003, p. 125）；另外睡得好、防止腦部受傷、減少壓力或過得愉快、適當社交生活等，都有助於記憶的維持。生活態度的轉變或調適是維持老年生活品質的最佳方式，也是我們面對生活中不同適應問題可以採用的正面心態。

老年人口增加，自然影響到社會福利政策，我國也引用外籍勞工來協助國內建設與照顧弱勢族群（包含老人）。就失能老人的照顧，也有諸多措施（如居家照顧、喘息服務，或是外傭申請），然而這樣的服務是否宣傳足夠？申請程序是否有利於需要的人（或家庭）？經濟上的考量與行政過程的繁複與緩慢（2007年私下與社工談話；邱珍琬，2008），甚至讓需要的家庭無意申請這些資源，徒然造成浪費！照顧有失智症的親人，不僅容易有沮喪、壓力、負擔沉重與耗竭的感受（Waite, Bebbington, Skelton-Robinson, & Orrell, 2004, cited in Vickrey, Strickland, Fitten, Adams, Ortiz et al., 2007, p. 234），目睹至親的人慢慢失去自我、認不出自己，是多大的一種失落與傷痛！

除了生理或醫療照顧的需要之外，一般老年人也需要心理或心靈上的慰藉，特別是在人生最後這一階段，因此有許多心理衛生的措施與政策待舉，讓我國人老年生活更臻完善與圓滿。老年父母照護與教養下一代最大的不同在於：前者有太多不可預測的變數、較不易看到正面的改進或效果，後者則是可以看見其成長，而且許多年老父母照護工作是落在女性肩上，想想中、老年女性照護年老父母，自己的體力與精力都走下坡的情況下，照護工作勢必成為另一種壓力源，可能也會造成家庭崩裂的危機（Abel, 1986, p. 482），因此不同子女對於應該涉入老年父母照護的期待

為何、個人與家庭又如何定義照顧者的角色，甚至父母是否要同性別子女的照顧都應該列入考量（Radina, 2007）。

人口老化也帶動新的經濟熱潮，包括旅遊、退休生活規劃、保險等，更多老年人願意投身義務工作與奉獻，並不是「老而無用」！日本有些老年人移居到國外，尋找退休的「優勝美地」就是很好的案例，我國南投等地也有類似的日本居住民，可以依照自己經濟現況做最好的生活規劃，也是老年人維持身心健康的要訣。

二、慢性疼痛

現代人壽命延長，也更懂得生命品質的維護，有些疾病可能發現之後就必須與之共存（如憂鬱症與癌症），但是總不能老把時間放在擔憂下一次復發上，因此維持日常生活與功能，或將疼痛做適當控制，就是最好的結果。疼痛不是一件獨立事件（Lair, 1996/2007, p. 171），其所牽扯的層面還包含生理之外的心理與社會面向，也因此一般人會發現每個人的疼痛忍受閾不同，表現疼痛的方式或程度也不一樣，甚至我們也可以看出男性通常是在忍受一些小病痛、直到疼痛忍受不了才去就醫，但是女性的忍痛能力更強，要不然許多婦女經歷了生產之痛，仍然希望再生一個，不就是證明？

有慢性疼痛的人，疼痛不只影響其生活品質、也影響其對於疼痛的感受，讓他們一直感覺到疼痛似乎沒有停歇的時候，這與一般人對疼痛的正常感受不同，研究者發現腦的感受區域擴大、也影響人對疼痛的認知（China Post, 2/7/2008）。影響疼痛的心理因素占了很大的一個部分，包括焦慮、緊張、沮喪、聚焦在疼痛上，都會增加疼痛感（Sarafino, 2005, p. 13）。慢性疾病也是現代人享受長壽需要付出的代價，幸好醫學發達，基本上可以讓疼痛控制在個人可忍受的範疇內，也增進生命品質，然而儘管如此，有研究調查發現：有四成病人基本上是不遵照醫師的指示維持健康的（DiMatteo, 1985; Rand & Weeks, 1998; cited in Sarafino, 2005, p. 13），當然有些醫生是希望病人改變長久以來的習慣（如戒菸、開始運動等），

對許多病人來說，即便知道醫師是善意，卻較不可能遵循（Burke, Dunbar-Jacob & Hill, 1997, Haynes, 1976; Parrish, , 1986; cited in Sarafino, 2005, p. 13）。

三、種族與新移民

臺灣是一個移民社會，不管是之前殖民階段或是目前，種族問題都一直存在，只是沒有太突顯而已。以前會有本省與外省之分，後來有原住民與臺灣人之爭，現在又有新移民加入，之前也許是基於政治的操作，但是也逼得政府與一般大眾要正視種族與文化背景不同的問題，因此發展「多元文化」也成為重要政策之一。

種族問題不僅會影響個人健康，也限制了個人求職、受教育、享受社會資源的機會（Lee, 2005, p. 108）。以往美國是採用「民族大熔爐」的政策，但卻是以白人、中產階級的文化為主流，當然經不起時代的考驗，近幾十年來政策開始變更為「多元文化」，立意是希望可以容納不同文化的優勢與創意，讓美國文化品質更佳！

臺灣近三十年來新移（住）民增加快速，從93年的336483人到97年9月已經增加為409843人，大部分來自大陸港澳地區，越南其次，再其次為印尼等國（戶政司網站），2007年內政部外籍配偶占每年結婚人口的14%到30%，其中女性人數是男性的十多倍（引自魏麗敏，2008, p. 66）；2008年的統計發現有稍緩的趨勢，只有21729對國際配偶，占當年所有配偶的14.03%（China Post, 3/17/2009, p. 20）。許多新移民主要是因為婚姻關係進入臺灣，除了語言、風俗與生活習慣的許多差異需要適應之外，還受到標籤與歧視等負面待遇，新移民嫁入臺灣的對象，主要是在臺灣婚姻市場較為弱勢的男性（社經地位較低、偏遠地區、身心障礙或年齡偏高）（張書銘，2002，引自魏麗敏，2008, p. 66），其主要「功能」與傳宗接代有關。而這樣的婚姻與後代，可能也因為教育資源不足等因素，無法讓下一代新臺灣之子跳脫原本的社會階層，而重蹈「階級複製」之憾（莊維貞，2007）！

以往主要是臺灣的男性（或以交易方式）娶外籍新娘，之前有人蛇集團假結婚之名、行買賣之實，騙取無辜外籍女性進入臺灣從事性交易，後來政府基於人權原則，讓外籍新娘可以重新定位、也接納多元文化的事實，對新移民家庭的女性與子女才開始有較佳的對待。然而目前研究最常出現的不只是新移民適應問題，而是其子女在教育資源上的缺乏，魏麗敏（2008）指出新住民家庭需要面臨的挑戰有：語言、婚姻適應、子女教養、經濟壓力、社會負面觀點、自我價值感低、缺乏生涯規劃、法律問題等。新住民家庭面臨的一些不利因素影響其親職功能的發揮，包括了：家庭生活氛圍（如夫妻問題、家庭不和、威權與男性至上、經濟或財務不足等）不利於孩子成長與學習，父親缺席、母親教養能力不足，教養缺乏支持系統，學校與其他資源不足或傳輸不到（黃馨慧，2005），也因此，親職教育也是需要關注的一塊！新移民家庭有許多是傳統家庭「子嗣」的考量，因此其家庭本身沿襲著大男人主義的威權體制與思考，將女性或是子女當成所有財產的一部分，加上經濟弱勢，可能因為大環境衰退或個人挫折，就會有虐待與家暴事件發生。

　　我國人雖然對原住民與新移民較無明顯的敵意，但是歧視與偏見還是極普遍，固然沒有發展成像美國那樣因為「不同」（如種族、膚色、社經地位、性傾向等）而產生的「仇恨犯罪」（hate crime，以暴力或殺害手段對付與自己不同或歧視的人），對於外來移民，本國人多少對其還是存有偏見，加上新移民來臺的原因不一，也有假藉結婚之實從事性交易，或者是變成買賣人口的受害者，加上政府還是希望新移民可以儘快融入「主流」社會，希望加強新移民對於本國國語文與文化的瞭解，就可能淪為一以本國文化為尊的偏誤，也讓新移民子女無形中被灌輸自己母親是較為「次等」的公民，使得新移民在親職教育的執行上產生諸多困擾，而新移民子女也可能背負一些莫名的「原罪」！能夠讓臺灣因為多元文化的納入而發展為現代新興、創意的國家，這才是趨勢、也是真正文化尊重的展現，也許我們需要努力的仍有許多！

四、新型心理疾患是網路世代的產物

「啃老」（NEET或尼特族）或「繭居」族也是新時代下的產物，兩者有其共通處，這當然也造成不同層面的社會問題。日本在2010年的統計，全國有近七十萬人是所謂的「繭居族」，繭居的定義是：與社會疏離，除與家人、學校及職場的人互動外，不願與他人接觸；整天窩在家裡，即便出門範圍（如超商）也限縮；這樣的情況持續很長一段時間（通常是三至六個月以上）（田村毅，2014/2015，pp. 46-47）。

繭居主要是因為難以踏出家門、適應社會，伴隨著對人的畏懼，雖然精神醫師也在探索繭居族與學習動機消退（因為繭居族通常是從拒學開始）、其他心理疾患（如思覺失調、強迫症、憂鬱症、青春期妄想、迴避型人格或邊緣型人格違常）的相似處，然而還是有些微的不同，繭居族大部分會沉溺在網路與手機上，雖然作為打發時間或退縮到虛擬世界的方式、用來麻痺痛苦的情緒，但是他們內心卻深懷罪惡感（田村毅，2014/2015，p. 49）。不同於手機或網路上癮者，繭居族是渴望與人接觸的（齋藤環，1998/2016），有不少繭居族也有網路或手機上癮的情況。啃老族也有社會適應的問題，加上自己無法獨立就業、謀生，於是退回父母親的羽翼下生活。繭居族通常是在青少年時期開始有拒學的情況，以男性居多，多半是因為生活中遭受困挫、無法做有效解決，最後造成待在家裡的時間增多，甚至無法步出家門（齋藤環，1998/2016）。繭居族特色除了不走出家門、展現強烈的社會退縮外，經常日夜顛倒、迴避與家人接觸，自尊、對自我看法及與家人關係惡化，後來也會出現一些強迫症狀、家暴、自殺企圖等精神症狀，無法自行痊癒（齋藤環，1998/2016, p. 28）。繭居或許與文化有關，注重個人主義的西方社會或許會認為是焦慮或畏懼的表現，其治療非立竿見影，而是需要結合個人、家庭與社會的共同努力（齋藤環，1998/2016）。繭居若不治療，「啃老」就是接下來的結果，繭居與啃老族都是從青春期開始出現徵象，而啃老族則是經過出社會或求職過程，最後退入家庭的結果，兩者與家庭之間都可能發生「共依存」（codependency）現象，需要進一步介入與治療，田村毅（2014/2015）則是建議以家族治療爲主，同時也提及繭居是青春期發育不全所致、也是由母親世界轉爲父親世界的時期，應納入父親進入治療才會有效。

　　而長期仰賴家庭、不願意走出家門求職或工作的尼特族，又有哪些徵狀？許妮婷（2015）的研究發現：受訪的尼特族以「放棄」爲核心模式，而在面對原生家庭的持續支持、對自我認同的逃避與恐懼，還有成長歷程的挫敗累積而成，凸顯了父母親虧欠與補償的金錢援助（同時以金錢來維繫親子關係），缺乏心靈層面的親子關係，以及次系統間的界限模糊是主要原因。林孟瑋（2013）試圖了解尼特族家庭關係，發現東西方文化差異是關鍵（亦即亞洲雙親多願意提供子女成家立業前的一切開銷，讓子女對父母的「依賴」性增加，而提供經濟資助正是權力的展現）。鄭楚菲（2015）的研究則看見尼特族群從青春期自我概念模糊，到青年期的生涯未定向，其過高或過低的自我效能感，加上性格中的固執與容易受挫，以及在家庭與人際關係系統的不適意種種情況。張致維（2009）調查尼特族群多數的工作價值觀是依賴、被動、諉過、重視報酬與回饋、不願意挑戰，加上能力不足、有著眼高手低的心態，最後會選擇不去就業。因此除了要處理個人與家庭的議題之外，教育、社會及政府政策上也需要作彈性調整與改變（賴婷妤，2010；楊小慧，2010）。

　　綜上所述，不管是繭居或啃老族都是無法對社會有正向貢獻與生產力，甚至進一步成爲他人或國家負擔，需要付出無數的社會成本及資源，也是政府或政策擬定者需要注意與擬定有效解決方式的警訊。

五、失落與創傷

　　我們的教育系統中缺乏「轉銜」的協助與輔導，轉銜包括轉學、轉換新的學級（如國小到國中、國中到高中、高中到大學）或進入社會前的適應與準備。通常在小學一年級、上國中高中或大學時有「新生訓練」，但是只有兩三天的膚淺介紹其實不夠，因此似乎是暗示由班級任老師或導師接手的意思。國小升上國中或國中升上高中，或許會有一些課程的銜接動

作（如升國中的數學先修班），但是似乎只著重在知識層面，未顧及身、心、社會等面向的適應，導致許多學生或社會新鮮人卻步或焦慮。轉學（系）生需要適應新的文化與人群、也失落了之前熟悉的環境與人際，加上在課程上需要銜接與調適，倘若本身之前有一些議題（如搬遷、喪親或被霸凌等）存在，新的環境與任務無疑是另一種壓力源。

　　倘若在生命轉折階段同時遭遇到其他不可預期的事件，當然也會影響個體的適應（Boyce et al., 2007）。在生命過程之中若有非計劃中的事件發生，也會對個體產生壓力源，像是車禍，也許是個人或是集體意外，身歷其境者會有較多的創傷反應，甚至需要長期治療以恢復之前的功能（陳慶福、邱珍琬、楊妙芬、黃素雲，2006），然而光是身體的外傷還不足以預測是否有重創後遺症，主要還是傷者或目睹者主觀解讀意外事件，以及本身曝露在壓力多少下有關（de Vries & Kassam-Adams, 1999），而其復原的情況也與家長的情緒狀況、家庭經濟等相關（Applebaum & Burns, 1991, Breton et al., 1993, Rutter, 1994a, cited in Winje & Ulvik, 1998, p. 636）。女孩子較之男孩子出現較多的PTSD徵狀，之前有過創傷經驗者，或是認為車禍對他們生命而言是真實的威脅者也出現更多的PTSD（Child Health Alert, 1999），追蹤研究也發現許多孩子出現PTSD相關症狀，但孩子車禍後復原情況較之家長要快（Salter & Stallard, 2004; Winje & Ulvik, 1998），這也似乎暗示了成人雖然有較佳的因應策略與成熟情緒，但是也因為要負的責任與事務更多，不一定會去尋求協助資源或接受治療，因此煩惱更多，不一定有更佳復原率。

　　對於創傷受害者的治療，最重要的是讓其可以慢慢恢復掌控權與安全感（Ogawa, 2004），因為意外的發生是出乎意料，挑戰了其對於世界或生活原先的假設，也不是自己可以掌握的情況，因此恢復正常生活，讓當事人可以感受到掌控權的恢復是相當重要的。這一節會針對生命中的失落與調適做詳述。

(一)分手與情感失落

生命中總是有得有失，在失去的同時有獲得，在獲得的同時有失去（如吳淡如所說「生命不是賺到就是學到」），反正就是不一定都如我們所願。許多的健康心理學會提到「慢性疾病」與生命品質的關係，「慢性疾病」就是一種失去，失去健康與正常生活，但是仍然可以控制疼痛在可以忍受的範圍內，享受更佳品質的生活。情感上的失去譬如分手，也是一種失落經驗，不管分手的原因（溝通不良或條件不合）為何，基本上因應的方式有：投入活動或工作來轉移注意力，或者是從經驗中獲得成長與領悟（顧瑜君，1989d, pp. 219-222），或是馬上找另一個伴侶來替代（邱珍琬，2007/2008課堂筆記），最不希望的就是將矛頭指向自己，讓自己憂鬱，甚至認為都是自己的錯，或要讓對方後悔而做了傷害自己或他人的事。女性在傳統觀念影響之下，若是仍有強烈的「處女情結」，在自己與男性發生性行為之後，反而更難分手，或是在分手之後需要更長的恢復期（王幼玲，1989, p. 252）。戀愛與失戀都可以讓彼此成長，可以有機會與一個人親密相處，不僅可以讓我們更瞭解自己、也發現自己的「利他」能力，甚至在愛中讓人發現生命的美好！

一般人遭遇生命中的重大失落之後，都會期待其漸漸恢復到事件發生之前的狀態，但是「恢復」（recovery）這一詞也有爭議，因為一切都不可能像以往一樣了（Tedeschi & Calhoun, 2008），也許用「自我轉化」（self-transformation）較為適當（Paletti, 2008）。對大部分失落經驗的人來說，時間可以是治療因子之一（Bonanno, 2004, cited in Tedeschi & Calhoun, 2008, p. 28），許多人也發現在失落事件發生之後，自己的生命不一樣了、也有新的領悟與行動，稱之為「創傷後成長」（posttraumatic growth, Tedeschi & Calhoun, 1996, cited in Tedeschi & Calhoun, 2008, p. 31）；然而若是需要恢復的時間太長，可能就會被視為是一種「適應不良」，或是「慢性哀傷」（chronic mourning）。

㈡喪失親人

　　美國在2000年的統計發現，約有三成五的孩子在18歲之前喪失雙親之中的一位（Social Security Administration, 2000, cited in Haine, Ayers, Sandler, & Wolchik, 2008），而這些孩童會顯現出一些心理健康的問題，包括情緒問題（憂鬱、焦慮、重創後遺症、壓力症候等）、創傷哀慟（不接受親人已死的事實）、學業成就與自尊低落、較容易受外在事件影響（認為自己無控制力）等（Haine, Ayers, Sandler, & Wolchik, 2008, p. 113）。一項針對喪失家長的兒童的研究，發現只有三分之一的兒童有情緒上的困擾需要協助，大部分喪親兒童都可以在家人與朋友的支持下調適得很好（Silverman & Worden, 1993, cited in Cowie et al., 2004, p. 146; Worden & Silverman, 1996），這其實也說明了一般人對於生命中的失落經驗是有能力調適過來的，只有若干少數個體需要進一步的介入與協助。然而也要特別注意一些經歷失落、卻沒有表現出適當哀傷反應的個人，一般人較會注意到表現出來的人，而較少注意將哀傷「內化」（internalized）的個人（Cowie et al., 2004, p. 146）。

　　孩子在喪親之後會有一些負面反應是正常的，也可能因為受到存活家長的嚴厲管教而較無自信（Wolchik, Tein, Sandler, & Ayers, 2006）；性別不同的孩子也會有不同的反應，女孩子較容易內化自己的情緒（如情緒憂鬱），男孩子則是較多向外宣洩的行為（如破壞公物、打架）出現（Dowdney, 2000），其實說穿了就是性別刻板印象的影響。家人若是以較為主動的方式（如一起玩遊戲或野餐，而不是一起看電視）重新讓整個家庭凝聚起來，也是讓家人重新建立信心與生活的良好途徑（Haine et al., 2008, p. 117）；一項研究發現，對於小時候喪親的青少年或成人，如果認為存活的家長提供了足夠的關愛與支持，那麼就較不會感受到生活上的壓力或相關負面情緒（Luecken, Kraft, Appelhans, Enders, 2009），可見家長本身的調適影響重大。對於年幼的孩子，成人或是諮商師必須要確定幾件事：⑴孩子可能會有許多的情緒反應出現（包含氣憤與罪惡感），⑵

親人之死不是他／她的錯，(3)談論逝去的親人是可以的，(4)孩子說看見或是夢到逝去的親人是正常的，(5)孩子不會忘記已逝的親人（Haine, Ayers, Sandler, & Wolchik, 2008, p. 114）。在哀傷治療裡，主要就是讓當事人有機會可以表達自己的傷痛與感受，而不是受到社會或其他因素的限制，不敢表現自己的哀傷、憤怒、痛苦與悔恨等情緒，然後才可以重整與逝去人（物）的關係，爲自己重新定位。

　　對於身爲父母親卻必須要面對子女先自己離開人世的事實，基本上較不能接受，因爲「白髮送黑髮」畢竟不是大家接受的自然原則（或邏輯），父母親會帶有較多的罪惡感與不捨。有學者將喪子（女）父母的哀傷分析歸因爲：重聚（reunion）──孩子已經上天堂，終有一天彼此會重聚；尊敬（reverence）──激勵父母親去行善；與報應（retribution）──孩子死亡是在懲罰父母親（Cook & Wimberly, 1983, cited in Marrone, 1999, p. 503），父母親的歸因不同，當然也影響其哀傷反應。

　　悲慟（bereavement）主要有四個階段（Marrone, 1997, cited in Marrone, 1999, p. 498）：(1)認知重建（cognitive restructuring）──重組或重建自己的想法與觀點來調適所愛的人不在世上的事實；(2)情感表達（emotional expression）──要感受、認清與接受失落的事實所伴隨的情緒的紊亂、認知混淆、與生理上的疼痛，並有適當的表達機會；(3)心理統整（psychological reintergration）──將新的因應行爲與認知策略做統整，可以讓自己對於所愛的人不再存在的新世界有較好的調適；(4)心靈轉換（psychospiritual transformation）──一種深度、成長導向的心靈／存在轉換，基本上改變了我們原先的信仰與世界觀。

　　一般的喪禮儀式其實就是協助哀悼的一種過程，提供一個適當場合讓人們有表達哀傷的機會，基本上在喪禮上可以讓家人團聚、共同爲一個逝去的人哀傷與紀念，同時也可以聯繫感情、互相取暖安慰。將不同國家人們的療癒過程做比較，Bloom（2005）發現的共通點是：身體語言表現出利他行爲，也運用身體的接觸來安慰失落者；提供病理方面的資訊來解釋病情，也可以減少失落者的罪惡感等。而死後生命繼續是一般有宗教信仰

者因應失落經驗的基本策略（Marrone, 1999, pp. 499-500），讓一般信眾知道死後依然可以相聚，彼此關係沒有因為死亡而斷絕或不再持續。因為關係斷絕就會讓個體陷於孤單無依的情境，因此確定或是保證關係可以持續是相當重要的，畢竟人的存在處境之一就是孤單，而死亡是最令人焦慮的孤單。

生命中的重大失落會殘忍地挑戰我們原先對於世界與生命的信念或假設，因此也必須要經歷失落之後做一番統整；主動因應哀傷，可以讓個體去發現失落的意義，甚至認為「沒有白死」（Marrone, 1999, p. 501）。Shuchter（1986）研究鰥寡者，大部分的受訪者認為哀慟有「促進成長」（growth promoting）的功能，讓他們有機會去檢視自我價值觀、自不同角度看事件，也珍惜生命中的許多重要事物（cited in Marrone, 1999, p. 507），甚至將逝去人的那部分生命或夢想去實現與完成。

(三)死亡

面對親密關係人的死亡，是重大失落，如果彼此關係親密，其失落更大，即便彼此關係可能有誤解，但是因為是親人，或是有未竟事務，可能就會讓失落蒙上更多的陰影、也更為複雜。

死亡是有其個別性的，也就是每個人的死亡或是面對死亡是不同的，而最難的部分在於「放掉自我」（Lair, 1996/2007），因為我們終其一生都是在為自我定位、彰顯自我的價值與意義，而面臨生命終了，卻必須要放棄肉身自我，以及隨著這個身體而存在的所有經驗、記憶、與關係，這是最不能承受的部分。「絕症往往會奪去個人控制自己身體的能力和作用，因此也就會奪去個人自我概念的一部分」（Lair, 1996/2007, p. 63），自我的失落也是個人面臨最大的存在焦慮。

而面臨絕症的病人失去的還有「未來時間」（Crossley, 2000/2004），我們一般人不會太意識到自己其實是活在未來的時間框架裡，一旦發現自己的生命不知何時要結束，那種驚慌竟然是從「沒有未來」所引發的！我記得之前在美國時曾經邀請一位罹患愛滋的青年來演講，當他提到自己連

分期付款的車子都不敢買時，淚水就潰堤了，當時在場的諮商師幾乎很難同理他的這番話，包括我自己在內，一直到我讀到相關的研究、後來又經歷一位好友罹癌復發的驚慌，才恍然大悟！我們將時間與未來視為理所當然，卻只有在重大事件發生時才意識到時間的另一層意義！

　　面對自己的死亡，年紀越長者反而較不能適應，有時候孩童較之成人更能坦然面對死亡，如周大觀雖然只有短短十年生命，卻活得相當有意義、有質感，13歲就過世的小畫家吳冠億也不遑多讓！面對自己的死亡有三項任務要完成：需要找到生命的意義或終極意義，需要死得其所，需要超越死亡（Doka, 1993, cited in Marrone, 1999, p. 512）。罹患HIV病患中願意直接採取行動、正向重新評估病情者，在身體與情緒健康行為的表現，以及實際健康情況都較佳，反之，若是採取不處理，或使用藥物酒精者，實際的健康與情緒情況都較差（Moskowitz, Hult, Bussolari, & Acree, 2009），即便未來生命已經在倒數階段，願意面對、接受自己的情況，然後做處理者，在情緒健康與實際健康上都獲益甚多。

　　「失落」是人生中的常態，長大是失去童年、卻獲得成長與更多自主性，自主性也代表著必須要負起更多的責任；失戀是喪失了一段對自己有意義的關係，卻也自中學習如何對待自己、與人親密相處；搬家可能是失去熟悉的環境與人物，卻也為自己開啟了探索新環境與事物、認識新朋友的機會。「失落」的同時基本上都有「獲得」，因此所謂的「得」與「失」其實是一體兩面。

家 庭 作 業

一、訪問本地人五位：「哪些硬體設施可以改進，讓我們生活更安全舒適？」

二、訪問一成人：「目前為止生命中最大的失落為何？自己是怎麼走過那一個階段的？以一個過來人立場，可以給相同際遇的人一些忠告嗎？」

三、畫一條生命線，將生命的起伏（或重要事件）做標示，兩人一組做分享。

Chapter 10

職場心理衛生

　　職場的心理衛生議題近十年甚囂塵上，主要也因為現代人壽命延長、健康受到更好的照顧，因此待在工作崗位上的時間也越長、相對也延後了退休時間；此外，現代人工作不像以往年代只為金錢或家計而賣命，相反地會較著重在工作上的發展與福祉，因此企業主或雇主就必須考量增進員工的福利與持續的「創造力」。最近幾十年來，不少企業為了延攬與留住人才，機構內有托幼或是心理諮商師的設置，不僅顧及員工的家庭生活、也注重其在身心各方面的健康。

　　工作是肯定自我的一部分，目前經濟衰退，造成許多人失業或是找不到工作，許多家庭在唯一的戶長被資遣或失業之後，不僅家計陷入困境，也造成成員自尊與心理上極大困擾，許多人為了經濟問題無著落，甚至有輕生的念頭與行為，可見「工作」的意義不僅是養家活口、獨立自主的一種表現，也是個人建立自尊自信、認為自己有價值與貢獻的重要基石；也因此在經濟情況不佳的情況下，政府與相關單位若能好好解決失業問題，不只可以減少許多生命悲劇、犯罪率，也節省了許多社會成本！

　　經濟的大環境影響職場心理衛生最鉅，倘若沒有一個穩定的工作或保障，許多延伸而來的問題會產生；近年來的經濟衰退，不少企業面臨裁員的窘境，造成不少中年失業率，而大家想擠進公營企業的壓力也大增；對於學歷的要求也更多了，大學畢業已經不稀奇，進而要求碩士層級的學歷，此外，個人的能力也是攸關重大，因此許多證照考試也應運而生！

　　職場上的心理衛生主要是可以看到尊重多元與不同、民主式的參與、合作關係、角色清楚、有參與及學習機會（Prilleltensky & Prilleltensky, 2007, p. 64）等，倘若機構裡的員工對於作決定的控制感、自主性或

選擇較有限，上級監督太過緊密，對其心理衛生是最有妨礙的（Warr,
1999, cited in Prilleltensky & Prilleltensky, 2007, p. 66）。所謂的「控制核
心」（locus of control）是學習而來的預期值（Rotter, 1966, 1990, cited in
Haworth, 2007, p. 247），如果個人認為某件事超出其自我掌控（或「內
控」）範疇，可能就會產生焦慮。而不同人格特質也反映出其歸因型態：
歸因於「外控」因素——譴責自己的部分少，怪罪自己之外的變因；歸因
於「內控」因素——認為自己需要負責的部分較多。綜合上述可以知道：
職場心理衛生所涉及的因素很廣，工作場域的物理環境、物質回饋、適才
適任、人際互動、主管要求與支持、升遷制度、人性的運作與要求等，都
需要顧及。

　　工作做得好，但是卻缺乏支持與賞識，甚至升遷制度不佳，或是與機
構裡成員關係不良等，也都可能影響一個人決定是否繼續在機構停留，或
是即便留下來、也沒有太大的動力在工作中發揮創意與能力，只是作一天
和尚撞一天鐘，對個人與企業本身都沒有好處！沒有適當的社會支持與不
自在感是讓員工情緒沮喪的主要原因，甚至較之組織裡的不公平，工作要
求與控制更為關鍵（Cho et al., 2008）！

　　Peterson 與 Wilson（2004）特別將美國文化與工作壓力做聯結，他們
強調美國文化價值裡的許多因素就是職場壓力的癥結，像是：㈠重視工作
與財富的價值，㈡相信人性可預測，㈢信仰個人自主性的重要性，㈣重視
平等的價值，㈤重視自我利益，與㈥重視時間節約（p. 93）。也因此相對
地，就會重視「努力工作」與「物質主義」，要求進度與進步，因此不免
競爭與改變；甚至因為太注重個人，造成人際疏離與合作困難；而同時要
求業績、創意與工作表現，時間的運用就更精簡與更有壓力；怪不得作者
最後說到：「在美國工作壓力的矛盾在於：我們最重視的價值也是壓力之
根源所在！」（Peterson & Wilson, 2004, p. 110），這也提醒我們工作的價
值與文化期待是否必須一併考量？也許可以據以擬定健康工作與生活的最
佳策略。以下會分別就職場健康的相關議題做討論。

職場的壓力與挑戰

一、升遷與願景

　　許多人都希望不是將工作當作糊口的工具而已，還可以創造出意義，而這也是目前最大的問題之一——如何在工作中衍生出意義（André, 1991, p. 131）。許多人希望在工作中獲得成就感、展現自己的能力，進一步對社會有貢獻，因此升遷可以是證明自我能力與成就的一種方式。在工作中有適當且公平的機會升遷，也表示機構的制度是很合理的、適才適任，然而若是升遷制度受到許多的人為干擾或運作（如利用關係、家族企業、考核不透明公正），也會讓成員認為「前途無望」、「在公司沒有發展」而另覓良枝而棲。

　　女性在職場上的升遷一直是被關注的議題，即便在現代社會，女性在機構中擔任高階主管的機率相較於男性還是很低。在國內私人企業中的女性主管人數偏低，僅占一成四左右，在公營機構或擔任公職的女性主管比例更低，約莫一成二，而女性薪資與報酬所得依然遠遜於男性同僚，大概占男性所得之七成左右（與新加坡近似，但較之香港的統計七成五略遜一疇，Yuen, 1992；Women's International Network News, 1994），這些主要受到傳統價值觀與性別刻板印象的影響。另外還必須將女性在生涯發展與家庭內擔任的角色衝突考量在內（賴碧蘭，2002），也就是女性還是受到傳統性別刻板印象影響，被歸為在「私領域」（家庭）活動，即使進入公領域工作，也受到許多有形無形的限制。

　　女性先天的生理限制（如體力、懷孕生子）以及其他社會環境因素（如治安影響其出差或外派工作機會，男性自成的社會網路與經驗），使得女性的生涯發展受挫（高立文，2002）；女性在生涯發展上一般遭遇到兩類型——家庭與工作——的挑戰，前者包括女性在從事工作的同時，對於其家庭角色與職責的投入程度，以及家人的支持，後者包括機構內對於女性正式（機構或政策）與非正式（個人）的歧視或不公平待遇（Yuen,

1992）。男性的升遷通常被視為是能力因素，女性則被視為暫時性或是機運，而許多機構在升遷制度與機會上是以男性為尊的思考的，也因此無形中剝奪了女性許多接觸良師、擔任高階或是管理工作的機會（Yuen, 1992）。Yuen（1992）將不同生涯發展階段（未婚、新婚、第一個小孩出生、與有學齡前孩子）的新加坡商場女性納入研究，發現與家庭相關的因素並不影響這些管理階層女性的生涯發展，主要是組織與工作方面的因素影響較大，包括職責分派（支持性職務較多）、少受訓與升等機會，而有學齡前孩童的女性主管最可能因為其性別或私人生活的因素受到機構或是上級的不平對待；這其實也說明了社會的男女不均觀念依然反映在制度層面上。

雖然女性主管的自我認知與滿意度均屬中上（林珍枚，2003），然而也看到傳統社會價值觀在女性公職主管身上的影響，包括選擇公職是因為工作穩固安定、可以兼顧家庭，但是也被期待必須要負起更多的家庭責任，因此在事業上投注多會因為疏於對家庭的照顧而覺得愧疚（賴碧蘭，2002），這應該是屬於所謂的「個人內在衝突」（莊惠敏，2003）。種種刻板印象的運作都需要女性以更多的時間與心力去「證明」自己可以與男性競逐（高立文，2002；張艾潔，2003），或必須刻意去「忘記」自己的性別，才能與男性一爭短長（高立文，2002），因此家庭角色衝突與干擾、職場上考評升遷制度與運作的性別歧視，甚至認為女性不適宜管理職位等，都會對女性主管生涯發展有負面影響（張艾潔，2003；賴碧蘭，2002）；雖然近年來已經有些改進，但是傳統企業或是具歷史性的公私營機構依然沿習舊制，而我國的情況在相形之下就顯得保守了（張艾潔，2003）。

當然「滾石不生苔」，若是一直換工作，在某一職位上沒有足夠的基礎，要能有效升遷畢竟不是易事，初出校園的社會新鮮人卻也必須經過這個摸索階段，才慢慢確定自己的目標，找到自己願意工作，甚至奉獻的職涯，因此剛自學校畢業的社會人，最好耐住性子，給自己幾年時間，仔細去探索自己想要發展的方向，然後朝這個目標加強自己的能力與相關為人

處世之道。

二、工作與職務壓力

有研究者（Sauter, Murphy, & Hurrell, 1990, cited in Kelloway & Day, 2005, p. 224）曾經就工作有關的壓力區分為：工作量與步調、角色壓力、生涯考量、工作時間安排、人際關係、及工作內容與控制等項目。也就是說明工作分配與量要與個人能力相當，適才適所，也要有適當的步調配合其進行；角色的壓力可以是來自同事又是主管，或者是朋友又兼同事，甚至是家庭與職業角色上的衝突等；生涯的發展也是員工進入某機構工作的重要因素，良好公平的升遷制度會讓員工預見遠景，願意努力去達成目標；而工作時間的安排主要是彈性，讓員工可以以自己的步調、順利完成工作項目，而不是只將員工當成使役對象，沒有顧慮到其他人性面，不固定的工作表也會讓員工無法顧及家庭與其他生活面向的安排；人際關係也是留住員工很重要的因素，機構裡缺乏支持或團隊感，甚至你爭我奪、惡性競爭，或是有攻擊行為，不只消耗心力，也塑造了不良工作氛圍，因此領導人的帶領以及做法（包括企業文化）很重要；工作內容是否一成不變、無挑戰性或自主性，或是讓成員感到控制力低，對於員工身心也是一大耗損。

Darr與Johns（2008）對於曠職的研究發現，曠職只能解釋極少部分的工作壓力結果，而壓力與其他工作經驗與態度有關。我們的工作場所或機構比較少去顧慮到員工心理的健康福祉，曠職被扣錢，或是影響升遷，似乎呈現的依然是「老闆最大」的權力位階意識，休假或是心理諮詢服務的制度還沒有建立起來，這一陣子因應經濟衰退的「無薪假」，其實也成為另一股壓力源。工作的不穩定、心理上對自我的要求高低都會影響身體質量的指數（BMI），讓胖的人更胖、瘦的人更瘦（Hannerz, Albertsen, Nielsen, TÃchsen, & Burr, 2004），也是身心症的一種表現。

工作上的角色表現與挑戰壓力（如工作量、時間壓力、責任）有正相關，與阻礙壓力（如機構政策、文書作業、模糊角色）成負相關，而機構

本身的支持可以讓挑戰壓力與表現的關係更正向（Wallace, et al., 2009），可見工作上的一些壓力反而能讓人發揮潛能、表現創意，而一些無關緊要的要求則會減少生產力。倘若壓力太大、資源又缺乏，長此以往就會造成工作上的「耗竭」現象，最後不得不離開（Moliner et al., 2005）。如果工作的特性是資源相當豐富的，對工作與家庭都有正面影響，也就是成員的工作是較複雜、需要社交技巧的，就會感受較自主、有變化，更有助於個人成長（Grzywacz & Butler, 2005），換句話說，如果工作複雜度高、但是成員卻得不到適當的援助與資源，自然減少工作成功率，也影響工作士氣。

三、同事相處

工作若無搭配良好的人際網路與壓力紓解，通常很容易有耗竭的情況發生，對於工作不再感到熱誠與興趣，每天像行屍走肉一般，甚至有心理疾病產生。同事相處不是一件容易的事，尤其是出了社會，許多人發現每個人幾乎是站在「利己」的角度出發，特別在工作上又有競爭對手時，想要與人維持良好關係，有時也是身不由己，況且每位同事的個性不同，加上又有年資或是職務上的差異，因此需要考量的就更多，但是在工作上還是需要碰面，甚至合作，該如何自處？這就端賴個人的人際智慧與需求而定。人有隸屬的需求，而工作場所也是個人的歸屬之一，感覺自己屬於一個團隊也會增加正面情緒、減少壓力（West & Patterson, 1999, cited in De Dreu, West, Fischer, & MacCurtain, 2001, p. 207），相反地，若是沒有歸屬感，甚至被排擠，其影響就適得其反。

女性在工作場域中比男性更常受到職場關係的影響，不像男性認為影響較多的是工作量與工作情況的變動（Rowlands, 2008），這也再度反應了女性重視關係的習慣。人際的公平對待是影響工作氣氛與工作耗竭最重要的因素（Moliner et al., 2005），這也說明了主管人員的立場要儘量吻合公平、人性原則，而個人在與他人互動的時候，也需要培養自己的人際智商，必要時懂得向外求助、尋求支持。

　　即便是人際關係不差，但是想要在工作場合遇見知音或好友，也是不容易，雖然彼此在同一工作場域、相處時間很多，但是也許各有自己的家庭需要兼顧，私人時間不多，平日都較少與同事互動，若是被同仁或是自己刻意孤離，一般人很難在這樣的情況下繼續待下去，而倘若有衝突，又該如何解決？造成現代人在工作職場中疏離的感受，主要是因為高度分工、為他人工作缺乏自我意義，再加上成天與一群人一起工作卻沒有親密感（André, 1991, pp. 132-135）。

　　對男性來說，工作場上的社會支持相當重要（Etzion, 1984），對某些人來說，甚至是唯一的社會支持網路來源，而有研究也發現：對工作的滿意度主要與同事的工具性及情感性支持有關（Ducharme & Martin, 2000）。如果公司鼓勵同事間的友誼發展，會讓職員們對於自己的工作更滿意（Crabtree, 2004, cited in Jacob, et al., 2008, p. 145），即便是電腦公司的成員，面對電腦機會多，還是需要與人接觸，因為這是人類的基本需求！同事間的團隊合作與支持，是希望工作更成功、效率或業績更好，而不是因為彼此競爭、敵意，因此也特別強調團隊合作與支持是以「工作的成功」為目標（Jacob, et al., 2008）。

　　人際相處當然會出現一些問題需要因應或處理，畢竟每個人都是不同的個體，個性需求也不一樣；有一項在義大利所做的調查發現：中、高階白領階級報告最多被同事圍攻（mobbing）的經驗，最需要心理復健或治療的以在管理、健康照護、社會工作、工商業界工作者最多，受騷擾所呈現的後遺症最多的是憂鬱症與重創後遺症（Nolfe, Petrella, Blasi, Zontini, & Nolfe, 2007）。職場上的欺凌（或「霸凌」）行為也時有耳聞，基本上職場的欺凌主要指標是：㈠直接或間接成為負面行為的標靶（或對象）（可以從最細微的不文明動作到明顯刻意的情感虐待），㈡有問題的負面行為是一直重複出現的，㈢這種負面經驗持續一段長時間，㈣欺凌人與被欺凌的對象間有權力不平衡存在（Einarsen, Hoel, Zaft, & Cooper, 2003, cited in Nielsen, Mathiesen, & Einarsen, 2008, p. 128），當然有些欺凌行為是隱而未顯的（如歧視、孤立某人、散布謠言或用網路方式攻擊等），卻也都是

職場可能發生的人際問題。雖然存在主義者強調，在人群中人也會覺得孤單，不是因為人際不佳，而是人類共有的宿命，然而也正因為如此，人際互動就變得相當重要。

四、兼顧家庭

現在經濟發展不同，以前是朝九晚五的工作，或是只有一位養家者，現在因為雙薪工作的情況增加，男性較少家庭與工作角色的衝突，而女性則是較容易有這樣的角色衝突出現。女性生涯發展固然受到本身教育、成長經驗與原生家庭的影響，但是自己的成就動機、自我提升的努力也十分重要，當然也有機緣的因素（高立文，2002）。對許多女性而言，工作是為了「自我實現」（高立文，2002），可以讓自己的才能有發揮的舞臺、被別人「看到」自己，經濟上的酬賞或是社會地位可能不是主要目的。女性要在職場上崢嶸頭角就必須要去對抗傳統文化對於女性的既定期待與規約，除了有較高的自我成就動機、願意對工作投入更多也創造競爭優勢、做適當的自我舉薦、有良師願意指導、拓展人脈，以及懂得上司的旨意（邱桂芬，2003；賴碧蘭，2002），或謂在對上司時多採「順應」，對下屬時則是強硬與合作策略（吳金鍊，2004）。

女人也需要自工作中獲得自我實現與成就，儘管她們工作的理由不同於男性（Schwartzberg & Dytell, 1996, p. 211），因此也需要做不同的調配，如果工作的要求與家庭角色的要求都很高，自然造成女性更大的壓力（Brennan & Poertner, 1997）；然而現代社會也要求「新好男人」（new man）必須也兼顧家庭角色，因而也有研究發現男性對於其親職角色的重視與身體健康有相關（Barnett & Marshall, 1993），機構若是能兼顧家庭支持政策與工作管理，可以讓員工更滿意自己的工作（Thomas & Ganster, 1995）。

對於雙薪家庭來說，女性會認為伴侶對家事的分攤少是較大的問題，而家庭與工作角色間的干擾會影響其身心健康，工作的壓力也較會影響女性對自己的自信心，反之，男性對缺乏伴侶的支持較敏銳（Schwartzberg

& Dytell, 1996）。彈性上班時間不僅讓員工可以兼顧家庭生活，也可以
讓他們對工作更投入、增加對工作的滿意度、維持工作、也增進心理健康
（Jacob, et al., 2008）。目前政府所擬定的「育嬰假」就是希望可以讓雙薪
家庭獲得一些喘息的立意，但是是否機構都可以配合與執行，還需要一段
時間的觀察。

　　之前提到職業女性較多角色衝突，而角色衝突也會影響到職場女性在
婚姻與親子關係的滿意度，子女年幼而工作資歷又較低者，其角色衝突與
工作壓力更高，也因此對於「能力」負荷的壓力最高（莊惠敏，2003），
除非在認知上認為職業是自己的，而家庭事務可以經由分工或請人代勞方
式完成（張艾潔，2003），這樣的壓力就會較小，當然普遍地將「工作」
視為「選擇」、「家庭」視為「責任」的也大有人在（高立文，2002）。
在普遍的文化氛圍中，不僅社會大眾認為「家庭」是女人的領域，女性本
身也是接受了這樣的觀點（高立文，2002），儘管職場女性在工作上有成
就感，但是其對於個人成長方面的滿意度是最低的（莊惠敏，2003），這
似乎也透露了女性的許多時間與精力都用在照顧他人或他人的事務上，根
本無暇或是願意去關照自我的需求。

　　女性想要在事業與家庭之間取得認可和平衡，當然要有許多的投入與
協調，「知汝自己」是最重要的，清楚瞭解自己要的是什麼，才會用心去
努力經營，此外，良好溝通、安排效率生活也很重要（高立文，2002），
誠如Dr. Irene Hau-Siu Chow（1994, Women's International Network News）
在一份研究結論中說明：家庭支持、育兒系統與可靠的家務協助是一些經
理級女性所迫切需要的。

五、職場性騷擾

　　職場上因為性騷擾或是侵害也時有所聞，只是受害者礙於位居下階，
或是有失去工作的危險而忍氣吞聲，雖然我國已經有法律明定工作平等法
及性騷擾與性侵害防治法，但是要「確定」一個案件還是遭遇到許多阻
礙，包括性騷擾定義模糊，許多的觀感是很主觀的，加上處理的人專業知

能不足（包括司法人員、警察或社會工作者），常常讓勇於檢舉的受害者遭受二度創傷。對於職場的性騷擾，不管是專業或非專業女性，主要還是以離開、逃避協調與尋求支持等三個方式因應（Cortina & Wasti, 2005），聽起來似乎還是歸於「各自處理」的型態，其效果有限。上司假借權力、地位，或是以交換、威脅方式進行性騷擾或侵害，只會讓弱勢者更弱勢，也更增添身心健康的變數！

男性當然也可能是受性騷擾與性侵害的對象，然而父權文化對於性暗示或性接觸卻有不同的解讀：男性對女性說髒話、黃色笑話，或是具有性別歧視的語言與行動，就是表現出「男人天性」與「男性氣慨」，男性對女性動手動腳，女性覺得不舒服、感受到被侵犯，相反地，若女性對男性做出同樣的行為，男性會認為「賺到」或「爽到」，認為自己的「行情」很高！我們整個文化氛圍還是父權至上，充斥著男性大沙文主義，如果沒有可行的法律與專業人員配合，職場上的性別歧視、性騷擾與性侵害還是不能有效遏止！

六、職業病的預防與定期健康檢查

有些職業場所本身就充滿危險，當然也會對人體造成影響，像是曝露在有毒物質之中、噪音，也可能是讓個人覺得自己是沒有主控權的、被羞辱、失敗，或是受到不平對待等心理上的因素（Rugulies, Aust & Syme, 2005, p. 49）。許多的職業或工作都有其危險性或潛在危險因子，尤以勞動界或是工業界最多，有時必須要冒著身體受傷或生命危險，甚至是接觸有害人體的物質賺取生活費，因此有特定的職業疾病（如礦工的肺吸塵症、法醫的屍毒等），即使是心理衛生人員有時候也因為工作之故，容易有所謂的職業病產生，包括之前所提的倦怠、耗竭，此外還有所謂的「替代性創傷」（vicarious trauma），特別是在重大災害之後參與的救援與善後工作。即便是助人專業，如醫院裡的社工，也會在目睹創傷或受害人之後，產生所謂的「二度創傷壓力」（second traumatic stress, or STS）（Badger, Royse, & Craig, 2008, p. 63），像是災難現場慘狀不請自入

（flashback），或是有睡眠困擾、解離症狀等，需要做適當處置與治療，要不然就可能像921大地震或是美國911恐怖攻擊之後，許多救難人員自殺或是有PTSD癥狀的出現，然而很奇怪也矛盾的是：專業救難人員以「區隔情感」（emotional separation）的方式來因應、怕自己太投入，是爲了避免自己心力耗竭，這卻也是PTSD的診斷標準之一（Badger, Royse, & Craig, 2008, p. 69）。

因爲平日所遭遇的當事人基本上都是碰到生命瓶頸或是困頓經驗，治療師吸收了太多的負面能量，也可能引發這個專業的相關疾病，甚至是PTSD，特別是本身也曾經有類似創傷經驗的治療師（Adams & Riggs, 2008; Pearlman & MacIan, 1995, cited in Sexton, p. 396），這不只對於治療師個人專業效能有害（無法發揮專業助人能力，甚至退出此行業），也會影響其工作時與他人的關係和互動（如情緒疏離、未能同理當事人處境）（Adams & Riggs, 2008），因此治療師本身的自我照護工作不能免，像是尋求諮詢、個人治療、同事或是其他社會支持系統、運動休閒等（Sexton, 1999）。

七、職場耗竭

職場壓力可以定義爲「反應個人主觀評估工作對個人有威脅或是有傷害的情況」（Darr & Johns, 2008, p. 294），也就是說，客觀條件還不足以作爲壓力的唯一判定標準，得加上個人對於情況的評估與感受；譬如某項工作有些人認爲是「挑戰」自己能力的機會，但是另一些人卻視爲「壓力」。職場的壓力也不是單獨存在，工作上的條件與因素之外，還要顧及個人能力、家庭因素等的交互關係彼此影響。

所謂的「耗竭」指的是「長期對於慢性工作場所壓力的反應」（Maslach, Schaufeli, & Leiter, 2001, cited in Darr & Johns, 2008, p. 294），這些壓力雖然經過處理，卻無法獲得有效結果，可能造成個人身心上的耗損與傷害，對於整體公司業績而言沒有利益，有些人可能就因此離開工作崗位，因此雇主也要對於生產力與員工的身心福祉負責。

工作壓力固然是壓力源之一，但是造成耗竭的因素相當多，工作不是唯一因素，而是許多壓力（如個人、家庭、環境）與資源不足（所需資訊、支持）所呈現的結果。有不少研究針對職場耗竭現象做探討，發現工作負荷過重、體內膽固醇升高與男性的耗竭有關，而女性血清脂質（serum lipids）的改變可以用來預測情緒耗竭（Shirom, Westman, Shamai, & Carel, 1997）。曾有研究者調查職場員工在壓力與耗竭情境下體重BMI質的改變發現：工作不穩定、心理要求高或低會影響體重，讓胖者更胖、瘦者更瘦（Hannerz et al., 2004），但是也有研究沒有發現顯著差異（Armon, Shirom, Berliner, Shapira, & Melamed, 2008）。

　　鄰國日本男性的工作狂時有所聞，根據日本警方的調查，單是2007年，就有二千二百人因為工作相關因素而自殺，工作或是職場上的壓力實在不可輕忽（China Post, 2/3/2009b, p. 6）。有人要經常出差、適應不同的時差，有人因為工廠或是工作外移（如到大陸），必須與家人相隔很長一段時間才能相聚，而近年來中年失業嚴重，使得許多機構為了經濟因素考量，寧可僱用年輕、願意出國出差的族群，或是「約聘人員」，甚至是「一人多用」，自然也讓個人工作量與種類遽增。工作時間投入的意義主要是工作必須在與個人投入家庭與朋友的時間、精力、與滿意度之間維持健康的平衡（Myers & Sweeney, 2005b, p. 26），倘若失衡嚴重，甚至持續相當長久的一段時間，就會產生諸多問題。

　　依據Veninga 與Spradley（1981）對於耗竭的發展階段研究，發現有幾種形式：㈠「蜜月期」（honey moon）——沒有精力、熱情、也不滿意工作；㈡「能源短缺」（fuel shortage）——工作無效率、很不滿意自己的工作、疲累、失眠、也會增加酒精與其他藥物的使用；㈢「慢性徵狀」（chronic symptoms）——退縮、容易生病或請假；㈣「危機期」（crisis）——問題更嚴重，開始困擾個人，容易有病痛與氣憤；㈤「撞牆期」（hitting the wall）——表現出專業上的無能，生心理的失能（cited in Hamann & Gordon, 2000, p. 34）。構成耗竭的三個元素為：情緒耗竭、非個人化（depersonalization，就是一切按照規矩來、制式化，以減少情緒的

緊張）、與個人成就感降低（Hamann & Gordon, 2000）。

avoid避免職場耗竭也就是維護健康必要的一環，接下來的章節會做詳述。

八、職場霸凌

學生在學期間遭遇網路或手機霸凌已經不是罕見之事，學校與家庭也因爲霸凌事件的無遠弗屆及嚴重影響傷透腦筋，似乎沒有更有效的方式來防堵與預防。不同的霸凌形式其實是同時發生的（如關係霸凌伴隨著言語、精神或網路霸凌，肢體霸凌伴隨著精神與語言霸凌），而當關係霸凌似乎成爲女性的「專擅」之際，更可怕的是這些霸凌行爲並不會因爲成長而消除，進入職場，因爲職位、權力、性別、利益等因素，孤立或造謠、讓對方每日的工作都是夢魘的職場霸凌（workplace bullying），是身爲主管或政策擬定者需要關注的重要議題。校園霸凌造成日韓等國青少年拒學或自殺，職場霸凌造成離職或轉業頻繁、生產力削弱、身心疾患，以及消極的工作氛圍。就如同校園霸凌的旁觀者一樣，職場霸凌也有最多數「不作爲」的旁觀者，有的或與霸凌者結盟、有的認爲事不關己，這些所造成的負面影響遠遠大於研究所能看見。

所謂的「職場霸凌」是指在工作場域以威脅、脅迫、羞辱或貶低、孤立，或損其聲譽及工作表現的行爲（Fox & Stallworth, 2009, p. 220），然而也因爲定義多元而不清，影響研究與調查之進行，職場霸凌也常被視爲是個人、不可避免之人際衝突而受到忽視（Fox & Stallworth, 2009, p. 221）。較受到引用的職場霸凌定義包含幾項因素：重複行爲、針對一或多人、是受害者不想要的，可能是刻意或無意識的行爲，然而卻造成明顯羞辱、冒犯、挫敗，影響工作表現或造成不愉快的工作氣氛（Einarsen, Goel, Zapf, & Cooper, 2003, p. 6, cited in Fox & Stallworth, 2009, p. 221）。

職場霸凌形式包括騷擾、歧視、欺凌、施虐上司、粗魯無禮、孤立、人際衝突與攻擊（McCord, Joseph, Dhanani, & Beus, 2017, p. 1），也就是有直接而公開的攻擊行爲（如語言侮辱、控訴或公開差辱），或是細微間接的表現（如八卦、謠言或社會孤立）（Hauge et al., 2011, p. 307），而其

中尤以「施虐的上司」的影響最大（Fox & Stallworth, 2009），造成下屬整體的心理挫敗感、壓力、無力感、低自尊、高焦慮，認為機構不公平，因而對工作與生活滿意度降低，不願意投入工作與信任、孤立自我，影響其工作表現（Fox & Stallworth, 2009, p. 223），對機構及個人都造成重大影響。

霸凌牽涉多層次過程，包含情緒、認知與社會現實的面向（Løkkevie, Glasø, & Einarsen, 2010, p. 68）。歐洲在2003的統計，發現有5%-30%的職員曝露在霸凌行為之下（Einarsen, Hoel, Zapf et al., 2003, cited in Løkkevie, et al., 2010, p. 67），國外針對職場霸凌的研究近二十多年來似乎成為顯學，所謂的權力包括法定位階（行政權）以及可運用的資源（包括金錢、人脈等）。運用控制、篩選可接近資源者，或是進行一般的關係霸凌（孤立或排擠某特定人），也都是職場霸凌常見的形式。

(一)職場霸凌的嚴重性

職場霸凌無所不在，在一般的工作場域都會發現，大學教育現場當然也不例外。霸凌是人際關係的問題，有別於一般校園中的同儕霸凌（加害與受害者或許不明顯），其發生主要是因為權力的不對等，只要相對方感覺委屈、受威脅或迫害、影響其心理健康都是霸凌的徵象。

職場霸凌並非一開始就很嚴重，而是從輕微、非刻意的行為，隨著時間推進、加上主管人員的不在意與輕忽，才演變成嚴重的情況（Hoel & Einarsen, 2009, cited in Namie & Namie, 2009, p. 206）；職場霸凌被視為是造成「不公義」的結果（Namie & Namie, 2009, p. 203），而不良的工作環境與不適當的領導或管理，也是造成職場霸凌的重要因素（Hauge, Einarsen, Knardahl, Lau, Notelaers, & Skogstad, 2011, p. 306）。醫務人員是在職場霸凌中最常被研究的對象，目前的研究發現職場霸凌幾乎無所不在，尤其以有嚴格位階或權力制度的機構最為嚴重。

職場霸凌不僅影響個人身心狀況、社會資源（如自尊、自我形象、社交關係與體力精神）（Raja, Javed, & Abbas, 2017）、工作效率或離職率，

也與家庭—工作間的衝突有關。工作與家庭是息息相關的，倘若在職場上遭受霸凌，較易有情緒與生理的耗竭發生，而耗竭會間接影響到家庭與工作之間的衝突（Raja et al., 2017）。

(二)職場霸凌的加害者受害者

到底誰是霸凌者、誰又是容易成為被霸凌的目標？基本上認定職場霸凌之加害者在人格上有較大缺陷。有研究（Wilson & Nagy, 2017）針對五大人格類型（Big Five Personality factors）進行分析，發現盡責性（conscientiousness）與親和性（agreeableness）與職場暴力呈現負相關，但情緒不穩定性 （neuroticism）則與職場暴力有正相關，也就是謙和有禮者、自我控制強者，較不容易是霸凌加害者，反之容易感受壓力且焦慮者，較易有霸凌他人之行為。職場霸凌加害者往往是低盡責性或情緒較不穩定（高壓力）的主管，而這些主管會欺負親和性較高、較小壓力的下屬（Mathisen, Einarsen, Mytletun, 2011, cited in Wilson & Nagy, 2017, p. 130）。另有研究者針對領導者做調查，發現自戀型與病態人格者（所謂的「暗黑人格」——dark traits，是指心理病態、具權謀與自戀三項）與職員的低落情緒有關，自戀者對於批評較敏感，常藉由攻擊方式來捍衛自己，而心理病態者其自我較脆弱，經常藉由傷害或羞辱他人來獲得滿足（Tokarev, Phillips, Hughes, & Irwing, 2017）。

反之，誰容易成為職場霸凌的受害者？有學者整理出較容易成為職場霸凌受害者的通常是情緒較不穩定、低自尊及有高度責任感的人（Glasø, Mattiesen, Nielsen, & Einarsen, 2007, cited in Wilson & Nagy, 2017, p. 129），或展現負向情緒者（如同情緒不穩定）（Bowing, Beehr, Bennett, & Watson, 2010, cited in Wilson & Nagy, 2017, p. 129）、較不具親和力者（舉止較不文明，可能引發他人之報復）（Milam, Spitzmueller, & Penney, 2009, cited in Wilson & Nagy, 2017, p. 129），以及盡責性較高者（較易引發他人之忌妒），也就是受害者可能主被動引發職場暴力（Mathisen et al., 2011, cited in Wilson & Nagy, 2017, p. 130）；有焦慮特質者，容易從負面角度看事情

與生活，也可能會將曖昧的社會資訊解讀爲具威脅性的；氣憤特質者可能以生氣感受做反應、較容易是「反擊型」的受害者，而經常曝露在負面工作行爲者也常將自己視爲霸凌受害者（Løkkevie, et al, 2010, p. 70）。

EsCartin、Salin與Rodriguez-Carballeria（2011）發現女性職員較男性職員將情緒凌虐與專業的不信任視爲霸凌，而男性職員則強調凌虐的工作環境，女性比男性更易將許多負面行爲（如孤立、貶低專業、控制與操弄資訊）視爲霸凌；之所以有這樣的性別差異可能是因爲性別社會化之故，女性較之男性對於攻擊行爲的敏感度較高，因此在解讀霸凌行爲與否時應考慮社會脈絡（Richardson & Hammock, 2007, cited in EsCartin et al., 2011, p. 162）。

(三)如何防堵與杜絕職場霸凌

儘管瑞典在校園霸凌防治上是先驅、且頗具成效，針對職場霸凌所造成的嚴重不良後果，也在1993年首先制定了「反欺凌法」（antimobbing law），但是因爲非強制性，所以成效不大（Namie & Namie, 2009, p. 205）。機構主管人員要求霸凌者與受害者「自行解決」的指示是錯誤的（Ferris, 2004, cited in Namie & Namie, 2009, p. 211），即便有些機構會以「仲裁」或「協調」者的方式企圖私下解決這些紛爭，但因爲是「私下」，常因爲協調者本身對於職場霸凌了解不足或有誤解，反而讓情況更嚴重（Namie & Namie, 2009, p. 211）。

既然職場霸凌與機構的工作環境及管理型態有關，然而避免責怪受害者還不足，應該設有杜絕政策、更積極的實際作爲與措施，才能夠真正減少職場不友善行爲（Hauge et al., 2011, p. 317）。

職場健康與維護

一、建立健康職場環境

㈠健康職場條件

健康的工作場所應該要顧及物理、心理與社會的因素（Kelloway & Day, 2005a, p. 309）。健康職場環境的首要條件應該是物理環境上的舒適與方便，狹窄的空間讓人窒息，不良的空氣品質或是流通也會妨礙工作效率，有效的工作環境除了物理環境（健康與安全）因素外，主要必須要吻合幾個條件：給予員工支持、成長與發展的策略、彈性合理的福利、公平對待、預防工作壓力（American Psychological Association, 1999, cited in Kelloway & Day, p. 223）、工作自主性、提供學習機會、督導對工作成功的支持、同事對工作成功的團隊支持、可以參與管理的決定，以及工作的彈性等（Jacob, Bond, Galinsky, & Hill, 2008, p. 142），這些是比較屬於軟性的心理層面。Warr（1987, 1994）整理出在工作場域中有關職場健康的因素有：可以有個人掌控力、有機會運用所學技能、工作的多變性、外在目標（工作要求或工作量、相關資源、角色責任或衝突、工作與家庭衝突等）、環境的清晰度（行為結果的資訊、工作回饋、未來資訊或確定性、工作安全、角色明確等）、安全的物理環境、支持的上級、與人互動機會、有價值的社會地位等（cited in Warr, 1999, p. 396）。健康的職場環境不只可以增加生產力，也會讓置身其中的成員有幸福感，願意繼續效力，是一種健康的良性循環。

倘若瞭解哪些因素可以讓職場成為健康、讓員工願意投入，甚至將其視為自己生命意義衍生之處，將可以讓生產力增加，在職員工身心都有安適感。Kelloway 與 Day（2005b, p. 229）開發了一個「健康工作場所」的模式，裡面包含了：(1)支持、尊重與公平的文化，(2)工作－生活的平衡，(3)工作環境的安全性，(4)雇員的投入與發展，(5)工作內容與特色，(6)工作上

的人際關係，⑺個人結果（心理、生理與行為），⑻組織結果（移交、表現、名聲、顧客滿意度等），⑼社會結果（健康保險支出、政府計畫）。換句話說，建立健康職場就是減少工作場所壓力，可以運用的策略有：重新規劃工作及工作環境、建立彈性工作表或流程、鼓勵參與性的管理、顧慮員工的生涯發展、分析工作角色與建立目標、提供社會支持與回饋、建立和諧的團隊、設立公平僱用政策，以及分享酬賞（Elkin & Rosch, 1990, cited in Cooper & Cartwright, 2001, p. 270）。

㈡健康職場政策與施行

另有學者提出工作場域中的「公平性」（或「正義」，justice）也會影響成員職場健康與耗竭的情況（Brotheridge, 2003, cited in Moliner et al., 2005, p. 100）。職員基本上會在乎：⑴從機構所獲得的結果，⑵程序正義（機構政策或執行過程），與⑶人際正義（對待員工的情況）（Cohen-Charash & Spector, 2001, cited in Moliner et al., 2005, p. 101），如果員工感受到督導或上級主管對待公平且適當，其耗竭情況就會減少，而人際間的公平尤其重要（Moliner et al., 2005）。

機構或是工作場所可以提供政策（如彈性工作時間）、服務（如托嬰照顧選擇、資訊或資源）與福利（如照顧孩子的補貼），讓職員兼顧家庭與工作（Neal, Chapman, Ingersoll-Dayton, & Emlen, 1993, cited in Hammer, Neal, Newsom, Brockwood, & Colton, 2005, p. 799）。有研究者調查職場提供彈性工作時段與托嬰照顧，對雙薪家庭的女性而言較少因為家庭而影響工作的困擾，工作場上提供的支持也與工作滿意度相關，但是夫婦都使用這些支持機制並不會增加個人因為工作而影響家庭的困擾或工作滿意度，可見這樣的安排只是對職業女性較有正面影響，可能是因為女性本身即便工作，但是還是必須兼顧家庭責任，因此這樣的政策特別符合職場女性的需要（Hammer et al., 2005）。其他像是附設托兒所、嬰幼兒園，讓員工可以不必擔心孩子的照顧或臨時有疾病無法及時處理，員工餐廳可以讓成員享受健康、均衡、價格合理的食物，設置一些娛樂與健康中心器具或休息

室，可以讓員工有更多的互動與交流等，這些都是周邊的一些設備，而讓員工可以在機構內繼續進修，或是鼓勵員工在職進修，也都是可以增加生產力與促進身心健康的措施，其他諸多不勝枚舉，端賴管理者的理念與目標。

機構負責人與主管將員工當成自己家人，這是日本中小企業運作的模式，也因此讓員工對機構的承諾很高；管理方式當然也影響員工士氣，目前流行的「行（走）動管理」就是希望主管人員可以深入員工工作與生活，瞭解員工需求，也做迅速處理，是屬於人性化管理的一部分。

二、調適與養生之道

身為工作族中的一員，平日應該有哪些健康意識或是行為呢？接下來提供幾個（但不限於此）方式以為參考，而這章節也可以與「壓力」一章做對照：

㈠飲食平衡

均衡飲食可以讓身體保持最佳狀態，現代人飲食較為精緻，也就是食物處理過程太多，也添加許多增進味覺的物品，因此發展出另一勢力倡導「輕食」或「粗食」，「輕食」是指不吃太多、造成身體的負擔（如少去「吃到飽」餐廳），「粗食」則是倡導食物處理過程儘量簡單，甚至可以生食。早餐是每天最重要的一餐，晚餐不需要吃得太豐盛，晚上八點之後就可以禁食，甚至不要有吃宵夜的習慣，這些都是耳熟能詳的養生之道。另外也有人提倡適度的「禁食」，例如一週禁食一次，禁食期間只喝流質或是開水，等於是讓腸胃休息、清清體內的穢物或毒物。有專家也建議：不要在太飢餓的情況下進食，因為容易在極短時間內攝取過量的食物，也妨礙健康；進食時要細嚼慢嚥，進食時間近二十分鐘，讓腦有時間去反應滿足感，就不會吃過多。

聰明飲食乃重質不重量，除了多方攝取營養（多樣、天然食物）、不偏食，也要注意量的均衡（不過多或過少）。美國農業部及美國健康與人

類服務機構建議一個金字塔型的食物攝取量，越底層的應攝取更多，越高層攝取越少：

脂肪、油、甜食
（少量）

牛奶、優格、乳酪類
（2-3份）

蔬菜類
（3-5份）

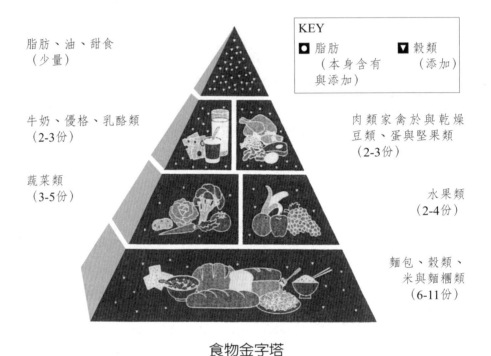

KEY
◨ 脂肪
（本身含有
與添加）
▽ 穀類
（添加）

肉類家禽於與乾燥
豆類、蛋與堅果類
（2-3份）

水果類
（2-4份）

麵包、穀類、
米與麵糰類
（6-11份）

食物金字塔

資料來源：美國農業部與美國健康與人類服務機構。（食物金字塔，取自「不要養大你的癌細胞」，馬雨沛譯，2009, p. 163）

(二)健康作息與活動

正常作息對於現代人來說幾乎是很難，因為工作或是學業忙碌，連國小學生都可能需要熬夜才可以完成作業，加上夜生活的種類與引誘多了，讓不少人流連忘返，以及網路的便利，現代人不熬夜也很少見，因此若能在平日維持最佳的作息習慣，不僅可以讓自己精力恢復、體能充沛，也增加行事效率。因為拜科技之便，現代人「坐」得太久，缺乏運動，連上網都可能引發中風或猝死，養成運動或活動習慣也有助於身心健康。正確的

坐姿也要注意，許多上班族整天待在冷氣房裡，不僅呼吸道或皮膚會感到乾澀，整天盯著電腦螢幕也會有眼部的毛病（如乾眼症），而若是姿勢不良，還可能會有脊椎病變，之前臺北醫學院發現一名女士常常有翹二郎腿方式的坐姿，長期下來腰部、左臀部與左腿感到劇烈疼痛，就醫之後發現其椎間盤上竟然長了很大的骨刺（China Post, 3/11/2009, p. 20）！

㈢適當與親密的人際關係

適當的社交與人際關係都是身心健康重要條件，如何維持良好或令人滿意的人際，也是現代人面臨的重要課題。然而現代人常常感受到人際關係的複雜與難處理，不只是一般的人際關係，更難處理的卻是親密或家人關係。不僅社會新聞出現可怕又醜陋的分手（如在分手情人之前自殺或是殺害情人與對手），家庭這個溫暖堡壘也出現暴力、虐待與忽略。在工作場上與人為善，彼此可以有機會一起在同一屋簷下工作，也要珍惜這樣的緣分，若是可以在工作之外有其他的交流與互動，不僅可以豐富生活、增加自我成長，也感到工作的趣味；也要有適當的同理心與處理衝突的能力。與家人維持正向良好互動，彼此可以適當、坦然表達關愛；親密關係也應投注心力經營，不要只看見不同或不滿意，而是可以欣賞差異之美、互補之樂，仔細去體驗對彼此的愛意與無私；維持工作同盟與友誼關係，可以稍解存在的孤單，讓自己的生命更有意義與具豐實感。

㈣注意紓壓與適當休閒

一般稱「紓壓」就是壓力管理（stress management）的能力。學會簡單的放鬆練習，也可以避免自我的耗竭，此外，個人需要留意到一些警訊，包括過度承諾或工作、超時、覺得疲累，甚至發現自己比較不想參與社交活動；當然平日維持健康生活型態、均衡飲食與充足睡眠、固定的散步，都是放鬆練習之外還必須要注意的（China Post, 6/17/2008）。偷得浮生半日閑不應該是「奢華」的行為，而是生活中必要，現代人忙著「做事」（doing），卻忘記要「生活」（being），生命的目的不應該只是衣

食溫飽的生存而已，而是有更高的意義與目的，雖然「勞動」之後換取食物是中國老祖先的良好傳統，然而隨著時代的更迭，現代人的生活還注意到其他層面的意義。機構的休假制度其實很重要，不僅是例假日休息而已，還可以讓員工自行安排休假、調整一下身心與生活，甚至可以舉辦員工旅遊，或進修機會等，增加互動與交流、獲得成長，也讓員工願意更為企業付出。

放鬆練習可以很簡易，小自深呼吸、伸展肢體、簡單體操，或是閉目養神，或者是走出工作場地、看看戶外與不同的事物，也許聽聽音樂、聊個天、泡個澡、做一些按摩，都可以達到放鬆的效果。有時只是閉目放空、想像讓自己輕鬆舒服的畫面，也都可以減緩壓力的生理症狀。

冥想或是靜坐，雖然源自宗教修行，現代人已經將其納為養生之道之一種，也有研究證實冥想可以讓情緒沉靜下來，甚至可以再度創造熱情與溫暖（China Post, 4/14/2008）。採用簡單解決方式、生活的平衡（工作與工作外的生活、運動）、放鬆與充能（度個假、調整飲食、平衡工作與其他活動）都有助於工作壓力的紓解（Hamann & Gordon, 2000），最怕是人懶、又不願意採取行動或策略解決。

(五)在工作中尋求意義與成就

意義感或是目的感對於個人的快樂與福祉是非常重要的（Baumeister & Vohs, 2002, cited in Iwasaki, 2008, p. 232），Kleiber（2001, p. 9）提到忙碌卻無意義是會讓人崩潰的，如果工作只是糊口的工具，每天朝九晚五拼命，也容易產生耗竭！工作可以是志業（career），是自己一生想要投注心力、發揮與自我實現的所在，因為在工作中，自己覺得有意義、可以有貢獻、也成就自我，即便只是販賣食品，可以讓顧客吃到最好的東西、享受最佳服務、讓他人的生命因此更豐富，也就是意義之所在！在一項對醫護人員的調查裡發現：他們之所以選擇臨終照護的工作，主要是希望安慰與紓解病者痛苦、得到平靜與安適感、有心靈寄託和意義感是他們對工作投入的主因（Evans & Hallett, 2007）。

雖然每個人工作性質與種類不同，但是都是人類社會中不可或缺的一環，工作無貴賤，都可以服務他人、貢獻社會、成就或實現自己，即使只是一個超商服務員，也可以讓自己的工作變得很重要。我曾經在一家二十四小時超商發現一名男性員工，其服務態度是童叟無欺，將每個人都當成貴人在服務，只要有機會去光顧，我都能夠感受到他服務的熱誠與真心，覺得世界上有這樣的人真好！工作是需要灌注熱誠才持續得久，熱誠的前提就是自工作中找尋意義，以及可以追求的目標。

(六)信仰或生活哲學的引導

有些人即便沒有一個固定的宗教或信仰，也有自己相信的生活哲學與價值觀，不上教堂或做禮拜，還是可以從閱讀或聆聽他人生命經驗中獲得一些生活的智慧與引導。這也可以與前項「在工作中找尋意義」做呼應，也許工作並不是自己最重要的追求，但是至少可以打發時間、安頓生活，也可以與世界接觸。在工作之外還有自己的生活，因此有信仰或生活哲學的引領，可以讓自己每天的生命都有所期待與發揮。許多人在生活中所頓悟的道理也運用在工作上，反之亦然。有人說沒有信仰或哲學的生活是空的，其實就是說明了生命意義的創造。人世間的許多事似乎不是人自身可以掌控或預測，倘若已經盡力，其他就交諸更高階層的神祇或力量，也可以較無牽掛與遺憾。

(七)充實自己的專業知能或是自我成長

希望在自己的生涯發展上可以更進一步，不管是機構對於升遷的規定如何，可以讓自己配備與能力更好，不僅可以發揮在工作場域上，也可以讓自己自我效能增加。有些人比較喜愛拓展自己的生命與生活領域，讓自己在智性與心靈上更有進展，不管是經由教育課程、團體、閱讀或自己修為，都可以增厚自己的生命質感。現代人的C型（一直循環的）生活，已經不只在工作上的轉換（可能退休之後再從事其他工作，或是生命過程中有許多轉換的機會）而已，由於壽命更長、知識經濟以及求知慾的關係，

終身學習也已經成為一股風潮，不只可以減緩老化，也可以讓一個人的生活更豐富（Dychtwald, 2003/2003），因此可以說以前的繼續進修是為了升等或工作上的需要，但是現在已經不限於此！

㈧自我強度

自我強度包含自己對自己能力的看法、自信、忍受曖昧與不確定的程度、耐心、可以運用的資源與能力，以及挫折忍受力等等。

處理壓力的能力與自我認知及強度有關，這是屬於個人特質與修為，然而即便是較樂觀、自信心較強的人，雖然在因應壓力上可能較能掌控，但是也不適合長期曝露在嚴重的壓力氛圍下（Nielsen et al., 2008），因此個人懂得調適之道非常重要，也要知道求助管道、願意尋求支援。

因應壓力也是表現自我強度的一種，包含了個人能力與資源多寡，以及運用資源的能力。在工作場合中男、女性因應壓力的方式或有不同，有研究顯示，女性較常用社會支持（或緩和因應，palliative coping）的方式，男性則是以直接行動的方式因應（Matud, 2004, Ptacek, Smith, & Dodge, 1994, cited in Gonzalez-Morales et al., 2006, p. 230），但是也有學者在後設分析中沒有發現性別因應方式的顯著差異（Martocchio & O'Leary, 1989）；而有時候卻必須將工作場合是以男性或女性為主導的情況考量進去，有研究發現女性在男性主導的工作場域中雖然也能有效運用其社會支持方式因應壓力，但是在採用直接行動的因應方式上，沒有性別差異（Gonzalez-Morales et al., 2006），這是否也意味著因應方式也要視性別或工作場域的氛圍而定？

自我強度也與個人性格有關，有些人挫折忍受力較大，可以承受的壓力或不快較多，也不會影響其生活功能與運作；有人自信心強，不怕他人眼光或批判，甚至有轉換負面能量為正向的力量（如樂觀、幽默）等。

㈨求助

有些壓力或是問題不是自己、依賴家人或朋友可以協助理解或解決

的，就需要專業的協助，目前有一些企業已經引進心理諮商與治療人員進駐，或是與相關心理衛生機構合作，讓員工可以在沒有階級壓迫或洩密的安全情境下接受專業協助。此外，機構也要設立一些正式的訴求或求助管道，讓下階員工有機會表達自己的需求或困擾，而不是只透過某些特定主管的方式才能申訴或求助，礙於工作前途或是其他私人恩怨，這樣的管道反而無法發揮作用。我們國內企業的一些階層體制還是很嚴明，固然這樣的規範有其考量，但是也應該瞭解制度的可能不足處，並加以適當改善或提供其他有效途徑。

㈩創意生活

精神分析大師佛洛伊德曾經將工作（work）、愛（love）與玩樂（play）視為人生要務，自我心理學派的創始者阿德勒也提到工作、社會興趣與玩樂是人生重要課題，現實治療學派的William Glasser也不諱言「好玩」（fun）是人生的重要需求，尤其是在創意生活中一定會有「玩樂」（play）的成分（Storr, 1988, p. 71）。創意生活除了玩樂、好玩的因子之外，還有一個因素就是「幽默」，幽默可以是自不同角度看世界，也可以是童心、童真的展現。工作努力、安排生活樂趣、偶爾變化一下生活步調、嘗試一些新鮮事物，都是創意生活的展現，另外，培養嗜好、做自己喜愛的活動也都是創意生活的一種，不一而足。

家 庭 作 業

一、去一個（或雙親之一的）工作場所作半天近身觀察，注意其
　　負責事務與流程。

二、訪問家中已經在工作的一人，請教其在職場中的滿意情況與
　　困擾，如何因應？

三、訪問一職場從業人員三位：「工作中的壓力如何紓解？」將
　　答案做一個統整。

信仰與宗教

　　在本書最前面，我已經說明所謂的「健康」其實不只是生理的層面而已，還包括個人對生活的滿意度或幸福感、需求的滿意程度，以及心理學家所提的幾個需求階層是否達到令個人覺得不錯的程度（Crossley, 2000, p. 55），也因此一般所謂的心理衛生其實牽涉到身、心、靈的層面，含括生理、心理、社會與心靈，前面章節所談的聚焦在身體與心理與社會層面，心靈部分則包括信仰、宗教、與生活哲學等方面。

　　科技與手機帶來的便利，讓人類生活便捷，同時也產生了不少新興行業，但是許多職業或工作被取代，人類空閒時間增加，存在的空虛與無意義感更強，不僅造成更多人罹患心理疾病，甚至讓自戕與自殺更為普遍！自殺與心理疾病遞增的事實，讓許多人尋求生命意義的渴望增加，希望從靈性或是更高層次找答案，宗教與信仰就成為許多人追求的歸屬之所。

　　心靈或是精神的需求（spirituality）是優質生活很重要的一環（Fahey, Insel, & Roth, 2003, cited in Yampolsky, Wittich, Webb, & Overbury, 2008, p. 28），主要是指「個人對生命意義與深度建構，是所謂『存在的福祉』（existential well-being）」（Corrigan, McCorkle, Schell, & Kidder, 2003, cited in Yampolsky et al., 2008, p. 28），而且一般人都有這樣的需求，只是較少去留意，除非有特殊的遭遇或挑戰產生，特別是悲劇或創痛發生，或是生命面臨威脅時（Carmel, 1998, cited in 蕭雅竹、黃松元、陳美燕，2007, p. 271）。

　　每個人多多少少都會有一些信仰，不一定有特別的宗教皈依，而是「相信」某些事情或是原則，而這些原則就是引導生活的重要標準或圭臬；不少人會隨著年紀增長而更體會到靈性與宗教的需求（Dalby,

2006），也許是因為經歷了許多生活經驗（還有哪些事沒看過？），也許是因為按照邏輯來說更接近生命終點，所以這樣的需求就越明顯。宗教教義強調善念善行、關懷他人與寬恕，也說明生命最終的去處，不僅可以豐富生命、增加生命質感、可以讓人樂觀向上、也增加因應生活困境的能力（Larson, Larson, & Koenig, 2002, cited in 蕭雅竹等，2007, p. 276）。Adams與Hyde（2008）整理相關文獻發現：宗教信仰、公平與否是影響人類福祉的最重要議題，而隨著年齡的增長，人類對於工具性的價值觀就漸漸減少，「終極性」（terminal）的價值觀（包括情感滿意度－如內心和諧與快樂，他人福祉的關切－如公平或世界和平）更多，而且對於世界的看法好多於壞。有宗教信仰者其自覺健康情況較佳、較有幸福感、也較少有心理困擾（Maselko & Kubzansky, 2006; Strawbridge, cited in 蕭雅竹等，2007, p. 272），而個人的信仰也與其選擇的健康生活有關（Daaleman et al., 2002, cited in 蕭雅竹等，2007, p. 272）。

 ## 健康新定義

　　不少人對於疾病與健康的看法已經與之前傳統的定義有不同，如國內許添盛（2001/2006）提到性格、情緒與疾病的關聯（參見《用心醫病》、《你可以喊暫停》），國外Throwald Dethlefsen與Rudiger Dahlke甚至說「病人並不是某種大自然缺陷的無辜受害者，而是自身疾病的創造者。」（1990/2006, p. 25），且將疾病視為療癒的徵兆，倡導身心整合的必要性；而近日荷蘭的一個醫學研究也發現情緒的沮喪（憂鬱症）與女性的乳癌有關（China Post, b, 2007/12/21, p. 5），也為身、心、靈一體的現代健康作了背書。現代人也許感受到物質生活與科技的衝擊，對於心靈生活的需求也更強烈，也因此許多的教派（cults）出現，不管是中西方社會都是如此。

生命意義與靈性需求

一、意義的追尋

人異於其他生物的一個主要差別在於人會尋求生命意義，意義治療大師Frankl建議三個尋找意義的途徑：有意義的工作、愛與面對生活的態度（cited in André, 1991, p. 159）；有深刻的生命意義感的人會有更好的身體健康與心理健康（cited in Krause, 2004, Parquart, 2002, Reker, 1997, cited in Krause, 2007, p. 456）。

「靈性」（spirituality）或是「心靈需求」，指的是「個體深深感受到與宇宙、無限、與超然力量的一體感，完整與聯繫的感受」（Kelly, 1994; Pargament, 1997; cited in Briggs & Rayle, 2005, p. 86），或是定義為「覺察到有超越生命物質界、賦有深層完整意義或與宇宙有連結的一存在體（being）或力量」（Myers & Sweeney, 2005b, p. 20）。靈性經驗可以讓個人去定義與瞭解生命當中所發生的事件，也讓個體對於自己的存在感覺有意義、有目的（Briggs & Rayle, 2005, p. 86）。

所謂的靈性是「一種存在，而這種存在是可以從任何地方學習的，也預先決定了人們如何對於生命經驗或改變作反應」（Muller & Dennis, 2007）。人到底為何存在？存在又為何有痛苦？又為何要死亡？人在找尋自身生存的意義與目的時，就有了靈性的需求，許多人不願意只是求生理上的溫飽與滿足而已，會再進一步思考：到底我的生活為何如此？可以與一般動植物不一樣嗎？在盡人事之後，會發現人的力量其實有限，是不是有另一個更高層次的超然存在在主宰著人類與宇宙的運行？從研究文獻整理中發現，「意義」與許多結果有相關，包括情緒穩定、較少心理挫折、有更積極與利社會的行動、對自我及生命態度更正面等（Melton & Schulenberg, 2008, cited in Schulenberg, Hutzell, Nassif, & Rogina, 2008, p. 448）。King（2004）提到每個人終其一生在自己日常生活中衍生與創造意義，主要的追尋有三：歸屬（關係議題）、做事（參與有意義的活

動）、與瞭解自我與世界。

　　Frankl（1986）（引自金樹人，1998, 157-158）提到生命有幾層重要意義：經驗（體會生命中的眞善美，給生命不同的意義）、創造（藝術、服務或培育人才）、態度（在生命過程中不同的領悟與參透，甚至受苦也有其意義）。Joseph Campbell（1988）說一般人常常提到追求生命意義，事實上我們眞正追尋的只是一種「活著的經驗，以使我們在純粹物理世界的生命經驗中，能夠和內心深處的存有與實在有所共鳴。」（cited in Lair, 1996/2007, pp. 107-108）。人活著，可以體驗、學習、與創造，這些背後是否有特殊的意涵與功用？認爲自己生命有意義的人較之不這麼認爲的人可以活得更長久（Time, 2/23/2009）。

　　即便是痛苦對不同的人也有不同意義（Crossley, 2000, p. 70），當然每個人基本上忍受痛苦的界閾（threshold，痛點）不同，而經驗也不一；存在主義學者（兼意義治療家）Victor Frankl（1984）提到「受苦」（suffering）也是體驗人生意義的一個面向，可以讓人體驗自己是有感受的，而感受可以如此強烈，這樣的感受讓我理解到什麼？對我的意義如何？又增加了對自我的認識嗎？每個人都只能過一個人生（自己的人生），但是在生命的過程中，我們可以與他人做瞭解及互動，知道其他生命的經驗與型態，這些也都可以做爲豐富自我生命很棒的素材，生命意義的尋求也在於將自己的生命過得較少遺憾、可以完成自己想要成就的生命任務。

　　許多關於信仰或生命意義的研究，都是以慢性病患或臨終病人爲對象，或者是遭遇生命中重大創傷或失落者，也許一般人假定人在面臨生死攸關的時機，才會較積極尋求心靈的慰藉，爲生病或失落找尋理由或解釋，重建自我對世界的假設，「使其合理化」或者是「意義化」（Janoff-Bulman & Yopyk, 2004, cited in Pakenham, 2007, p. 381）。遭遇重大災難或失落經驗者往往需要重新去釐清與整理自己平日生活的信仰和哲學，因爲這些意外事件嚴重地挑戰了他們原來的世界觀（Janoff-Bulman, 1992, Silver et al., 1983, cited in Updegraff et al., 2008, p. 710）。Pakenham（2007）在研

究多重硬化症（multiple sclerrsis）患者時發現：重設生命目標、接受自己的現況，與有靈性信仰的患者適應較佳，而且這些患者也認爲自己有較高的自尊、掌控力與預測力。

有研究者以「找尋意義」（searching for meaning）與「找到意義」（finding meaning）做比較發現：後者有較佳的災難後適應、較少重創後遺症徵狀（Updegraff, Cohen, & Holman, 2008），也許可以解釋說：「正在」找尋意義表示仍然不確定，因此會有困惑與焦慮，一旦找到，這樣的焦慮就減少許多！眞正發自內心的虔誠信仰者，在因應隨時存在的恐怖攻擊威脅時，較突顯出對生命不朽的意義感（Jonas & Fisher, 2006）。對於癌末病患來說，「找尋意義的意志」（will to meaning）（不一定要找到答案）與「連結」（connectedness）是相當重要的生命任務（Edser & May, 2007），即使是自助式（self-help activity）的心理活動（如迷信、區分公開的宗教信仰與自己的信仰等），來增進自我發展與改變，也可以延長癌末病人的壽命（Cummingham et al., 2000, cited in Edser & May, 2007, p. 71）。

生命瀕臨末期的生病老人，不僅藉由與聖靈的接近而無懼於將臨的死亡、重新定義死亡意義、積極參與死亡的準備、有超自然的經驗，也將自我掌控歸於更高的力量，這就是所謂的「積極死亡」（positive dying）的表現（Nakasima, 2007）。對於喪子者來說，爲失落事件找尋意義或生命目的，可以助其自傷慟中恢復（Rogers et al., 2008）。對宗教與靈性持開放及成熟態度者，其情緒智商也較高（Saroglou, 2002, cited in Simpson et al., 2007, p. 35）；即使遭遇過車禍，兒童與青少年依然可以從這個事件中學習到成長，尤其是生命哲學的相關議題（Salter & Stallard, 2004）。

「靈性不只是停駐在心裡，也充分呈現在整個的人格面貌、生活的意圖和行爲當中」（Weiss, 2007, p. 331），也有研究發現宗教與性格之間的相關，只是不清楚它們之間是否互爲因果（Emmons & Palouzian, 2003, cited in Simpson et al., 2007, p. 33）。而靈性的課題不在於追隨哪一種宗教信仰或是偶像，而是「你對你的靈魂忠實嗎？你過著有靈性的生活嗎？

你在世界上是有同情心的人嗎？」也自生活中獲得快樂喜悅、爲善惠人（Weiss, 2007, p. 311）。提到靈性生活，許多人耳熟能詳的就是與「物質生活」的對照，也因此許多重視靈性層面生活的人會減少自己在物質生活上的需求，甚至務求簡單、自然，讓自己可以有更多的時間與空間去修養靈性、滿足靈性方面的需求。目前也因爲經濟衰退、物慾橫流所造成的紊亂現象，不少人提倡「簡單生活」，不僅是減少文明器物的使用，也流行一切自己動手做（Do it yourself, or DIY）的哲學。

二、死亡、生命意義與宗教信仰

一般人會希望人生最終可以「善了」或「好死」（Kleinman, 1988, cited in Crossley, 2000, p. 160），所謂「無病無痛過一生」，只是如何死亡也不是絕大多數人可以自行決定的，中國人喜歡用「宿命」來解釋，只是當我們看到好人橫死，或是年幼或年輕人的意外死亡，總是覺得不該是如此。「死亡」讓生命產生意義，沒有死亡的世界可能是沒有積極未來感、不知道要做些什麼的另一種迷失，也因此才有所謂「生命教育」的產生，要爲有限的生命做一些註解。

曾經有一位83歲的忘年之交，就在他去世前一年有一回我到他府上去拜訪，他說：「現在我每天起床，都不知道要做什麼？」當他覺得沒有生之意志，也就是對於生存沒有意義的感受時，是不是死亡就成爲意義的開始？我曾經在課堂上詢問學生：「希望可以有預期的死亡、還是突然無預警的死亡？」當然兩個答案都有人選擇，希望知道自己來日無多的，總想趁著還有機會時將一些未完成的事做完，少些遺憾，而選擇後者的是認爲那一段等待死亡的焦慮不能忍受，也許人都希望可以多多少少掌控自己的生命，連死亡（或生命結束）也不例外。只是凡夫俗子總是在看見生命有危機之時，才意識到生命的短暫，事實卻是我們自出生開始就邁向死亡啊！

有些人會將「死亡往何處去」與宗教信仰連結在一起，宗教的確可以提供一般人「死亡去處」，減少死亡之後可能的「不確定」感，沒有宗教

信仰的人會將死亡視為阻礙生命意義的障礙（Marrone, 1999, p. 500）。但是信仰以及精神上的需求不是因為在瞭解死亡的不可避免才出現，而是很早就在生命中體認到：人為何要活著？活著的意義為何？要如何過活才是我想要的？有人發現年過30就有較強烈的宗教或信仰需求，也許是因為人生歷練到某一個程度，發現許多該發生的都已經發生，而要正視生命的真正課題。存在主義者將人生的存在課題分為：生理與物質環境、社會、個人與心靈（van Deurzen-Smith, 1988, p. 69），也就是個人會體會到本身之外的價值觀、自我在宇宙中的地位與目的。

　　然而當個人面臨生命即將終了，自我即將崩壞，也是最害怕的一環，臨終關懷所關照的是：個人如何超越自我，讓自我成為成長與轉化的核心（Lair, 1996/2007）？Crossley（2000/2004）在研究愛滋末期病患時也發現：一般人都是潛意識活在「未來」的時間框架裡（pp. 256-265），因此很難去想像面對「不可知」或是「短暫」未來的人的焦慮與徬徨心境；我自己見識過好友在發現癌症復發時的驚慌與害怕，就是一種「無未來感」的恐慌；也曾經在一場邀請罹患愛滋病患來談的場合，聽見演說者說：「我連分期付款的車子都不敢買。」的驚懼與慌亂，因為生命已經不是他可以控制的，隨時都會死去的人不敢去承諾未來。

靈性或宗教對健康的影響

一、正面影響

　　一般人對於參與宗教或心靈活動都會感受到：⑴對於自我價值感或自信的提升，⑵可以作為因應壓力或問題的策略，⑶可以因此連結到更大的社會資源或支持，以及⑷給予希望（Fallot, 2007, p. 263）。許多研究將「信仰」視為參與教會活動而已（Miller & Thoreson, 2003, cited in McLeland & Sutton, 2008, p. 105），這樣的定義不免狹隘，也無形中將一些沒有特定信仰的人排除在外；而「靈性」似乎是範疇較廣的一種定義，

將「靈性」視爲多向度的觀念，當然也包含了傳統的宗教表達（McLeland & Sutton, 2008, p. 105）。所謂的「靈性」包含幾個重要主題：接觸（connectedness）、無時間性（timelessness）、意義（meaningfulness）、感激（gratefulness）、和平（peace）與希望（hope）（Mahoney, 2003, p. 164），其範疇較之教堂或儀式要更寬廣，關切的是人與自我、他人、世界（或宇宙）的「連結感」（sense of connectedness）（Adams & Hyde, 2008, p. 59）。靈性經驗讓個體遭遇或是與「非我」或「他者」融爲一體，也讓個體察覺到更高一層力量的存在（Klass, 1995, cited in Marrone, 1999）。

一般文獻對於靈性的探索較少，主要是針對宗教信仰，而最實際的方式就是以參與教會活動爲標準。許多研究也都肯定宗教或信仰在增進健康上的功能，像是生命有意義感、因應個人困難情境、建設性地處理生命有限的議題等（Hathaway, Scott, & Garver, 2004）。普遍說來常去教會者其健康情況較佳（Koenig & Vaillant, 2009），有高度宗教信仰的母親，不僅有較高的自信、職業與教育成就，較少憂鬱症狀、也較少虐童的可能，而其子女也呈現較少的內、外化問題，宗教在此發揮了較多的社會支持力量（Carothers, Borkowski, Lefever, & Whitman, 2005）。有宗教信仰的人動心臟手術，在術後待在醫院的時間較短、也較少併發症（Contrada, Goyal, Cather, Rafalson, Idler et al., 2004），對於脊椎受傷者的預後因應較佳、也增進了生命品質（Matheis, Tulsky, & Matheis, 2006）。

近年不少學者針對愛滋患者與靈性需求做研究，也發現這些愛滋患者將靈性視爲主要因應疾病的方式，而病患或是健康成人都認爲信仰讓他們感到平安，男、女性在追求信仰的行動上有主、被動區別，而愛滋患者特別提到信仰在追求自我的重要意義（Tuck & Thinganjana, 2007, p. 151）。有研究指出大學生與視力障礙者中認爲自己有心靈依託者、在遭遇生活中的挫敗或是壓力時，有較好的因應措施與調整（Graham, Furr, Flowers, & Burke, 2001; Yampolsky et al., 2008），甚至可以用來舒緩一些心理疾病徵狀（Fallot, 2007）。而宗教的確也提供了個人另一個支持系統（包括教會

裡的伙伴與相關資源），不只是教會裡的人脈，也因為大家有共同的信念與所屬團體，感受上較不會孤單。

　　有信仰的人較之無信仰的人有更多正面與負面的靈性經驗，以及預見的夢，也較少失落自我的經驗（Kohls & Walach, 2007）。有研究也發現：靈性健康與知覺壓力，以及憂鬱指數間呈負相關（黃惠貞，2005；Smith, McCullough, & Poll, 2003）；有宗教信仰者，較少不良生活習慣，也有較好的健康意識（如定期看牙醫、服用維他命、繫安全帶等）（Hill, Burdette, Ellison, & Musick, 2006; Shmueli & Tamir, 2007, cited in McCullough & Willoughby, 2009, p. 69），有較佳的生活滿意度、更少的低落（Lee, 2007）或憂鬱情緒（Smith, McCullough & Poll, 2003），有較佳自律習慣（McCullough & Willoughby, 2009），甚至較少離異或婚姻出現問題，有較正面的親職功能、孩子有較好適應等（Mahoney, Pargament, Tarakeshwar, & Swank, 2008），不勝枚舉。

　　科學家與學者們針對宗教或是祈禱等行為進行研究，也再度肯定宗教對健康的正面影響，此外，還在大腦的結構與運作上得到初步證實——即便是冥想也可以增強記憶力與前額葉的功能，而這些改變可以是永久的；不少醫院醫師也以靈性與醫療照顧並重的方式執業，病人覺得受惠良多（Time, 2/23/2009）。對癌症病人的研究也發現：若病人可以從疾病中找出意義，不僅減少其對於世界不公的意念，也讓其病後適應更佳（Park, Edmondson, Fenster, & Blank, 2008），對於長期照顧失智症親人的人來說，心靈與宗教通常是其最大的安慰來源與因應機制（Vickrey et al., 2007）。

　　宗教信仰與健康的關係，可能的解釋是：人們有歸屬感、獲得同儕支持、遵守一些健康的飲食或是生活戒律，對於未知或是死亡之後的世界較有方向感。從以上的研究結果似乎可以一窺宗教對於個人行為約束力（或是自律行為）的關係，有研究者也發現宗教信仰與自我控制的關聯（McCullough & Willoughby, 2009），但是宗教力量不是外塑的，主要還是靠個人對於宗教信仰或教條的履行，也就是內化在自己的價值觀裡、表

現在外在行為上。若是將宗教當成逃避、一般或因外在因素影響而發的行為，缺少了主動尋求與發自內在的渴望，反而有礙健康（Fiorito & Ryan, 2007）。

二、無影響或負面效果

雖然有很多研究發現宗教信仰對健康的正面影響，但是也有無顯著結果者，如比較有宗教信仰或無宗教信仰的青少年，其濫用藥物的結果無差異（Marsiglia, Parsal, Kulis, & Nieri, 2005），去教堂次數多者反而在心臟手術後住院時間更久（Contrada et al., 2004）。然而靈性或是宗教信仰有時候並不一定會增進健康，對於一些嚴守信條、食古不化者，宗教或是信仰反而成為其維持或增進健康的一大阻礙（Pakenham, 2007）。有人因為信仰的關係，不願意進行手術或傷害自己身體，就是案例，也有因為信仰之故而倍感羞愧或自責的結果（Fallot, 2007），或是出現像是因為宗教狂熱產生的強迫性行為或妄想症（Greenberg, Witztum, & Pisante, 1981, cited in Hathaway et al., 2004, p. 98）、過動症等（Hathaway & Barkely, 2003, cited in Hathaway et al., 2004, p. 98），也因此在DSM-V（2013）裡增加一項V62.89（放在V-code內），指的是與宗教或靈性有關的非病態情況（Hathaway et al., 2004, p. 98）。

心靈需求與宗教

「靈性需求」與宗教的區別在於：「靈性」指的是個人信仰與價值觀的廣義觀念，「宗教」是狹義的靈性，指的是社會機構的信仰或行為，「靈性」是較為私人的議題，而宗教則是公共議題，參與者會以團體方式參加相關儀式（Myers & Sweeney, 2005b, p. 20）。宗教基本上有幾個特點：聚焦在生命意義與目標，提供人共同感與如何生活的原則，透過迷思與象徵找尋真理，以及運用儀式典禮等來協助生命轉換（Marty, 2000, cited in Miller, 2005, p. 117）。有不少研究已經證實宗教信仰與死亡率之間的關

係，如上教堂與祈禱較多者死亡率相對較低（McCullough, Hoyt, Larson, Koenig, & Thoresen, 2000），而相信命運或機率者，較容易酗酒或抽菸（Willis, et al., 2000, cited in Nagel & Sgoutas-Emch, 2006, p. 142），女性較男性上教堂的更多、死亡率亦較低（Contrada et al., 2004; McCullogh et al, 2000; Waite et al., 1999, cited in Nagel & Sgoutas-Emch, 2006, p. 142），當然也有不同的結論（如Nagel & Sgoutas-Emch, 2006），很有趣的是有研究發現男性較之女性相信「命運」比「生活型態」更影響其健康（Nagel & Sgoutas-Emch, 2006）。

許多坊間或是不同文化的風俗習慣也都有撫慰心靈的功能，像臺灣習俗的「收驚」、「童乩」，西方也有的「靈媒」或「驅魔儀式」等，許多活著的人有一些疑問或困惑，不是藉由科學方法或一般的世俗方法可以得到解答，因此就需要藉助這些民俗人士的協助，或許是藉由與過逝者的溝通，可以減少一些疑問或遺憾。近年來經濟與政治的不穩定，許多靈異或算命節目如雨後春筍般出現，這也反映了國人對於生活環境與現況的不安及焦慮，既然求人不成，那麼就求神問卜吧！算命家也是很好的觀察家與心理學家，可以知道人所遭遇的一般困境，企圖給予指引或鼓勵；我記得之前在電視節目上也看到日本靈媒替子女早逝的父母做通靈的動作，讓父母親可以知道子女死亡當時的感受、有無未完的話語要交代，這樣的通靈結果讓仍在世的雙親很得安慰，不會持續在悔恨或傷悲裡過生活！

宗教與靈性信仰最重要的就是「創造意義」（meaning-making）（Cashwell & Young, 2005, p. 3），讓生命有意義感，人才會願意繼續好好生活下去，這也是人之所以有別於其他生物的地方。「宗教」是「靈性」的一種形式，有其特殊的組織、儀式與規定，而「靈性」包括了人創造、成長、與發展一套價值體系的能力（Wiggins-Frame, 2005, p. 13）。

很不幸地，宗教與信仰可以助人，也可能被誤用（Plante, 2007, p. 899），國內新聞也披露許多假宗教或信仰之名行騙、詐欺，甚至傷人傷己者，這就讓我們想到了「正念（信）」與否的問題。

一、教派與正信

「教派」（cult）基本上是指對於劇變世界的宗教期待，教眾極為團結、嚴格區分非我族群，且在一威權領袖的領導下（Kelly, 1995, cited in Fukuyama, Siahpoush, & Sevig, 2005, p. 126），普遍的教派也都是勸人為善，當然有些「教派」，也可能會讓人入迷，甚至做出違反人權與法律的行為，像是性虐待未成年少女（China Post, b, 4/11/2008, p. 3），或是像1997年的「天堂門」（Heaven's Gate）集體自殺事件，其主腦Applewhite在內的三十九人以自殺方式了結生命，更之前的有「大衛營」的屠殺事件，有三、四百人被迫喝下毒藥，為他們信仰的教派「獻身」，其他在教派場合發生的許多兒童受虐或謀殺案件也所在多有。臺灣的某些教派也是如此，有些離群索居、自營生活，有些有自己相信的教條，信眾篤信不移，但是也有被騙財騙色的情況發生。幾乎所有的宗教或信仰都是教人為善，但是所謂的「正信」才會有「正念」，若因為倡導人私慾所趨，導致許多無辜生命與精神受到傷害，也是政策擬定者要正視的問題。

二、社會變動與信仰

有九成五以上的美國人認為自己有宗教信仰，其中四成二經常上教堂，因此宗教信仰也成為美國社會很普遍的社會心理變項（Gallup, 2000, cited in Nagel & Sgoutas-Emch, 2006, p. 141）；然而隨著經濟情況的變動，有一項調查顯示美國有越來越多民眾（從2001年的14.2%升高為15%）不再有宗教信仰了（China Post, 3/10/2009, p. 11），是不是因為周遭環境的劇烈變動，出現了許多不可思議的亂象，而宗教或教義本身也未能做適當解讀，才導致這樣的結果？我們不得而知。

我國人對於宗教較為自由，雖然主要還是佛教與道教，基本上大家相處沒有太區分宗教信仰，有一種「萬流皆容」的寬懷，不像中東或有些國家會因為信仰不同彼此殘殺。只是近些年來，隨著經濟與大環境的變動，不僅媒體上出現許多怪力亂神或是算命節目，連坊間許多廟宇也都如雨後

春筍般成立，這似乎反映了人性的一面——當許多事物無法掌控的同時，尋求超個人的力量與慰藉就理所當然。而另一方面，也看見許多人願意遁入隱居生活，脫離紛擾的世俗，進行修身養性的工作。

 ## 諮商師面對當事人靈性與宗教需求的能力

一、靈性、宗教與諮商結合的趨勢

近年來心理治療界與宗教靈性等議題結合，已經是一種必然的趨勢，主要是因為需求所致（Plante, 2007），以往似乎只有存在主義學派比較常觸及類似問題，但是目前已經是現代人的需求之一，而有研究也發現宗教信仰與俗世的心理治療是不相扞格的，反而相輔相成（Mayer, Leavey, Vallianatou, & Barker, 2007）。身為心理衛生專業的諮商師，當然也隨著時代脈動與當事人需求在專業上要更精進，因此當當事人有靈性或是宗教需求時，諮商師也需要具備這些能力。

針對「美國心理學會」（American Psychological Association, APA）其會員所做的調查發現：雖然大部分的心理學家相信信仰對心理健康是有利的，但是心理師本身卻較其所服務的當事人更少有宗教信仰（Delaney, Miller, & Bison, 2007），這也許也會妨礙專業的服務品質。雖然大部分治療師認為自己可以區辨「健康」與「不健康」的信仰（Hathaway et al., 2004, p. 101），但是也要留意自身可能有的主觀偏見。

二、諮商師針對當事人宗教需求的表現

Kelly（1995）提到在談論宗教或靈性議題時有四種類型的取向是諮商師會採用的方式：⑴「拖延」（deferrining approach）取向——諮商師決定規避當事人所觸及的靈性議題；⑵「使無效」（invalidating approach）取向——運用辯論或是面質方式說明某種教派或是教義是有害的；⑶「再修通」（reworking approach）取向——與當事人就已經產生問題的宗教信仰

做修通的努力；(4)「鼓勵取向」（encouraging approach）──協助當事人去發展有效且具功能的宗教信仰（cited in Briggs & Rayle, 2005, p. 94）。諮商師即便與當事人不屬於同一個教派或信仰，還是可以與當事人一起合作，尤其是當地無適當的轉介機構時，只要諮商師願意保持著開放的態度，時時檢視自己可能有的偏見或是歧異，必要時需要諮詢相關熟悉該信仰與實務的人員，也可以為當事人謀求最佳福祉。然而一般心理專業人員承認在靈性與宗教治療上不是自己能力所及，加上當事人可能認為這是個人隱私不便談論，所以目前還不是非常普遍（Fallot, 2007, pp. 266-267）。

三、臨床上處理宗教或相關議題的注意事項

在臨床工作上也需要注意有些當事人的徵狀可能不是心理疾病，而是與宗教或教派有關，包括一些對宗教狂熱者，可能會出現自我攻擊或是攻擊他人的行為，或是「臨床上顯著信仰／靈性失能」（clinically significant religious/spiritual impairment, CSRI）（Hathaway, 2003, cited in Hathaway et al., 2004, p. 97）；倘若治療師發現有類似因為宗教或信仰而產生的不適應情況，可以將這個資訊放入診斷參考裡，像是加V-code，可以讓接下來的處置更正確。兒童在遭遇生命中的失落經驗時，常常會有靈異的夢（夢見已故親人或是與死亡有關的夢境）出現，也可以將之視為「靈性智商」，指的是人類用來找出生命價值與問題解決的智慧（Zohar & Marshall, 2000, cited in Adams & Hyde, 2008, p. 59），儘管關於靈異的夢主題很多，而關於死亡的夢卻是最常出現的（Bulkeley & Bulkeley, 2005, cited in Adams & Hyde, 2008, p. 58）。即使諮商師本身的治療取向不是精神分析，然而不同學派對於夢有其不同解讀與運用，也不能忽略其可能代表的現實或象徵性意義。

建議諮商師要注意當事人在宗教信仰上的「過度」表現，包括否認或壓抑情緒、歸因一切給外在環境，或是藉由宗教來逃避困難，只依照教條行事、沒有考慮到相關環境因素等（Lovinger, 1996, cited in Briggs & Rayle, 2005, pp. 96-97）。諮商師比較需要注意的就是：刻意迴避宗教議題、對宗

教議題有反感，或是急著讓當事人改宗信仰，甚至因此而自我揭露太多或不適宜的自我剖白（Miller, 2003, cited in Miller, 2005, p. 110）。

我在臨床工作中遭遇到有虔誠信仰的教徒時，會先詢問當事人在不在意我沒有與他／她相同的宗教信仰背景？也會先釐清我自己對於他所關切議題的基本看法，因此給當事人選擇的機會，倘若當事人願意與我一起工作，我也會接下這個案子，要是當事人認為與我工作不適當，我也可以轉介相關適當機構。有時候諮商師即便與當事人有不同信仰，還是可以與當事人合作，偶爾也可以從當事人的角度來思考。譬如我曾經與一位遭受二次不幸婚姻、又有一對障礙兒的母親工作，她認為自己一定是受了什麼詛咒，才會有這麼悲慘的命運，後來我肯定她是一位很盡責的母親，她似乎不買帳，於是我問：「如果將這兩個孩子放在別人家會如何？」當事人哭了，她說：「他們一定會很慘！」

「可見妳是一位盡責的好母親。」她終於點頭願意承認，我於是加一句：「可不可能是妳的上帝認為只有把這雙兒女交在妳手中照顧、祂會比較放心？所以才將這對子女安排在妳家？」當事人當場哭了、臉上的光彩不一樣，我只是將其所謂的「不幸」轉化為「上帝的恩賜」（gift），我這句話是從「上帝怕照顧不周，所以安排了母親」而來，其實我連正確的句子都沒有說對，但是意義是相同的。

也有過一對基督徒夫婦來詢問，主要是因為經濟因素才被轉介過來做諮商，他們也先提及有無同樣宗教信仰的諮商師，後來我表明自己非基督徒，他們也願意繼續諮商。來談的是家庭親職問題，雖然教義的規定也很重要，但是因為都是人間事，因此還是有許多共同點可以入手，我當時所用的是「夫妻是家庭的基石，同心協力最重要，不需要去強調彼此原生家庭與價值觀的不同，夫妻共同的目標就是共創一個美好和諧家庭」。

不同專業似乎努力將個人生命世界經由「殖民地化」（colonising）的過程加以壓縮（Habermas, 1987, cited in Crossley, 2000, p. 30），這樣自然侷限了自己的影響範疇；諮商師或治療師當然不應以此自限，即便自己對於靈性議題不擅長，但是只要當事人有需要，就應該精進自己這個部分，

而也不要忘記：當諮商師願意對自我成長負責，當事人也會蒙受其利！目前的趨勢建議將宗教專業人員也納入心理健康領域，讓彼此之間有更多合作與統整的機會（Blanch, 2007），雖然面臨的挑戰仍多，但是如果不同專業可以將最大公約數（當事人的福祉）放在第一位，未來就有樂觀的發展。

 靈性生活與照顧

一、靈性生活

我們一般人「對於靈性力量的幻想，實際上是我們想要逃避的個人關係經驗的投射」（Lair, 1996/2007, p. 334），也許是因為我們對於自我力量無法有效解決問題而發出的求救聲，或許也是認可了人力量的有限性，期待有更高超的力量可以予我們協助。雖然有研究發現長期參與靈修營者在身心健康上沒有顯著的增進（MacLachian, McAuliffe, Page, Altshui, & Tabony, 1999），但是也發現女性似乎較喜愛、也較能堅持到最後；也許是因為評估的工具不同，或許採用質的研究可以獲得較為主觀的看法，畢竟健康與否，個體主觀的想法與感受也是評量標準之一。諮商師參與靈性生活有不同型態，不一定只限於靈修營或是宗教團體或派門，自己可以有不同的搜尋與喜好，也可以與共同信仰者一起修習、討論及分享。

二、過簡單生活

現代人以「物質」的擁有多少來定義自我價值，這就是所謂的「消費主義」，也將人類市場化、商品化了，每天努力工作只是為了購物消費，而慾望是永無止境的！人類又是食物鏈的最頂端，也就是仰賴其他物種最多、最脆弱的一環，但是我們目前的所作所為都是以掠奪、剝削其他物種（資源）的方式來滿足自己的慾望需求。固然物種都會滅絕（包括人類），但是人類卻以加速其滅絕的方式在運作與生活，這也是目前環保人士最擔心憂慮的地方。人類的消費習性與生活方式，已經將地球上的資源

充分耗盡，而地球也開始反撲的動作，倘若人類以一年讓五萬五千物種滅絕的速度（HBO, "The 11th hour", 4/25/2009）繼續下去，在可以預見的未來，人類瀕臨絕種就不是不可能了！所有的生命都是有關聯的，我們目前要做的就是聰明地使用資源，不要做無謂的浪費，然而長久以來的消費與生活習慣怎麼改變呢？

現代流行「反璞歸眞」，過簡單生活，也許就是現代人對於科技發達、物質充斥、複雜亂象的一種反撲。簡單生活就是儘量減少物質濫用、環保導向，甚至看自己內心、從自我的修行做起。簡單生活也意味著減少物質享受，食物採用最簡單養生方式料理，甚至食用有機食品，有些人會自耕自食，也是不錯的方式。

三、學習自處

在第三章裡提及自己獨處的重要性，每個人都是孤單來去這個世間，孤獨是一種存在的現實與焦慮，雖然我們藉由與他人互動來減輕這些焦慮，但是也需要有獨處的智慧。現在人太忙於生活中的一些瑣瑣碎碎，總是用「做事」（doing）來替代「存在」（being），以爲將自己弄得忙碌不堪就是一種充實的生活，其實這就是一種焦慮的防衛動作：害怕一個人也是現代人的一種習慣，想要突顯自我的特殊、卻又擔心自己是那個突出的「錐子」，因此如何在群處與獨處之間取得平衡，也是一種生活的智慧。

四、冥想與靜思

一般人會將冥想或靜思視爲「修身」或「養性」的途徑，與宗教的關聯濃厚，但是已經有越來越多沒有特定宗教信仰的人也使用冥思或靜坐來讓自己的身心獲得紓解或放鬆。有時候即便只是閉眼小憩片刻，也可能達到身心的休息，甚至可以讓思慮更清楚、創意更勃發！

運用意象（image）的方式做冥想也可以達到許多意想不到的效果，可以「促進探索、覺察與接納的力量」（Lair, 1996/2007, p. 296）。即使

只是禱告，不管是爲誰禱告，也可以對生活與關係滿意度產生正面效果（Fincham, Beach, Stillman, & Braithwaite, 2008）。即便是沒有特殊信仰的人，也可以常常使用禱告，將一天的責任與義務盡完了，其他就交由擁有更高能力的神祇來協助，就是所謂的「盡人事、聽天命」；而禱告基本上是說好話，所以也可以減少一些負面的力量或干擾。

家 庭 作 業

一、訪問三位有宗教信仰的人，請他們以最簡單的描述敘述宗教對他們生活或生命的影響面向。

二、妳／你的生命哲學爲何？請以一句話表示。

三、訪問成年人三位：「影響你／妳最重要的一句話爲何？」

結語

　　心理衛生是現代人必修的生命課程，可以讓自己的生命品質更佳，從事心理衛生專業人員更需要有心理衛生的知識與技能，才可以在自我實踐的同時，協助當事人，不只更有信服力、也展現了專業。Kinner（1997, cited in Hagedorn, 2005, p. 67）曾說過心理治療與諮商的首要目標應該就是「自我知識」（self-knowledge），這不僅是指諮商的目標，更重要的是治療師本身的自我知識、自我探索與自我反思的功夫。諮商師是心理衛生專業人員，不只是要瞭解自我，在專業知能上精進，還需要有執行、實踐、運用的能力，倘若心理衛生人員本身只是會說不會做，也未將所學在自己生活中運用，不只說服不了自己，也不太可能說服當事人，其專業服務就大打折扣！

　　雖然現代人早死主要是因為生活型態的緣故（Hamburg et al., 1982, cited in Crossley, 2000, p. 36），包括高熱量與精緻食物，還有高壓力的生活，甚至有藥物的濫用等，因此現在有許多人願意為了健康或信仰改變生活型態，像是飲食清淡、接近自然，或是在物質生活上要求較少、著重在簡單與心靈層次的生活。美國神經心理學家Jaak Panksepp就曾經說過：現代人追求太多，甚至是「沒有目標的追求」，使得人類感覺好像永遠缺少些什麼（cited in Klein, 2006/2008, p. 263）？什麼才是好生活，就如同怎麼過生活才是健康，其實是一樣的。

　　Prilleltensky 與Prilleltensky（2007）曾經提到心理衛生基本上有五個S，指的是「地點」（Sites）──發生所在（個人、關係、機構或社區內），「象徵」（Sign）──掌控程度、「資源」（Sources）──個人、關係、機構與社區等等不同來源的資源，「策略」（Strategies）──增進

心理衛生的策略或計劃，以及「整合」（Synergy）──將資源與策略做統整有效地運用（pp. 59-61）。心理健康的維護政府單位當然責無旁貸，它不祇要維護人民的生活水準與品質，還要擴及工作、生涯、退休、居住環境等等公共措施，也因此所謂的心理健康是一系列的運作（practice），而不是一種狀態（state）（Six, 2007, p. 127）。

雖然我們談「心理衛生」，沒有談到「快樂」，心理衛生是不是就等於快樂生活？也許需要進一步去探究，但是心理衛生的確可以增進生活品質與快樂感受。年紀增長，對於生命的滿意度會更高，可能是因為許多生命事件都經驗過了，有較佳的智慧去因應生活所給予的課題。快樂的人基本上在生活的許多面向上是很滿意的，包括親密關係與社會支持較多、與人互動較頻繁、工作成就高、更有活力、有較好的自我控制與因應能力、表現與人合作、利他人傾向，甚至更長壽等，而這些快樂不是來自物質上的獲得（Lyubomirsky, Sheldon, & Schkade, 2005, p. 112），從這些結果可以看出與心理衛生的緊密關聯。

也因為心理衛生所牽涉的範疇很廣，不是單一個人的努力就可以改善，需要有集體的力量來一起努力，才可能有顯著可見效果（Stokols et al., 2009）。每個人的努力參與當然也不能忽略，因為可以形成「聚沙成塔」的力量，而各國政府的合作與決策，願意捨棄意識型態、經濟、自利等的成見，才可能讓這個世界更好，而生活在其中的個人才可以真正享受到身心靈整體、完整的健康。

家 庭 作 業

一、檢視自己這一學期對於自我身心健康的促進做了哪些改善？

二、訪問三位成人：「自己本身對於環境（或生態）的維護做了
　　哪些事？」

三、討論「心理衛生」還有哪些議題可以加入？

國家圖書館出版品預行編目資料

心理衛生／邱珍琬著. -- 二版. -- 臺北市：
五南圖書出版股份有限公司, 2023.06
　面；　公分

ISBN 978-626-343-870-5（平裝）

1.CST: 心理衛生

172.9　　　　　　　　　112002424

1BWA

心理衛生

作　　　者 ― 邱珍琬(149.2)

發 行 人 ― 楊榮川

總 經 理 ― 楊士清

總 編 輯 ― 楊秀麗

副總編輯 ― 王俐文

責任編輯 ― 金明芬

封面設計 ― 姚孝慈

出 版 者 ― 五南圖書出版股份有限公司

地　　　址：106台北市大安區和平東路二段339號4樓

電　　　話：(02)2705-5066　　傳　　　真：(02)2706-6100

網　　　址：https://www.wunan.com.tw

電子郵件：wunan@wunan.com.tw

劃撥帳號：01068953

戶　　　名：五南圖書出版股份有限公司

法律顧問　林勝安律師

出版日期　2009年9月初版一刷
　　　　　2018年3月初版三刷
　　　　　2023年6月二版一刷

定　　　價　新臺幣520元

經典永恆・名著常在

五十週年的獻禮 —— 經典名著文庫

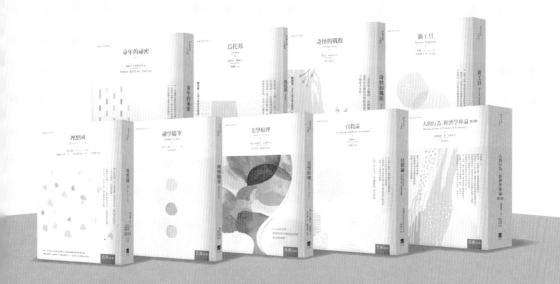

五南，五十年了，半個世紀，人生旅程的一大半，走過來了。
思索著，邁向百年的未來歷程，能為知識界、文化學術界作些什麼？
在速食文化的生態下，有什麼值得讓人雋永品味的？

歷代經典・當今名著，經過時間的洗禮，千錘百鍊，流傳至今，光芒耀人；
不僅使我們能領悟前人的智慧，同時也增深加廣我們思考的深度與視野。
我們決心投入巨資，有計畫的系統梳選，成立「經典名著文庫」，
希望收入古今中外思想性的、充滿睿智與獨見的經典、名著。
這是一項理想性的、永續性的巨大出版工程。
不在意讀者的眾寡，只考慮它的學術價值，力求完整展現先哲思想的軌跡；
為知識界開啟一片智慧之窗，營造一座百花綻放的世界文明公園，
任君遨遊、取菁吸蜜、嘉惠學子！